科技创新对生态文明建设贡献的评估方法体系与应用示范课题
国家重点研发计划课题（2016YFC0503407）研究成果

# 科技创新
## 对生态文明建设贡献的评估方法体系与应用示范研究

杨多贵 孟 浩 周志田 刘开迪 等◎著

CONTRIBUTION OF
SCIENTIFIC AND
TECHNOLOGICAL INNOVATION TO
ECOLOGICAL CIVILIZATION CONSTRUCTION:
EVALUATION SYSTEM AND TYPICAL APPLICATIONS

经济管理出版社
ECONOMY & MANAGEMENT PUBLISHING HOUSE

图书在版编目（CIP）数据

科技创新对生态文明建设贡献的评估方法体系与应用示范研究／杨多贵等著. —北京：经济管理出版社，2020.5

ISBN 978-7-5096-7101-6

Ⅰ.①科… Ⅱ.①杨… Ⅲ.①技术革新—关系—生态环境建设—评估方法—研究—中国 Ⅳ.①F124.3②X321.2

中国版本图书馆 CIP 数据核字（2020）第 075189 号

组稿编辑：丁慧敏
责任编辑：丁慧敏 张广花
责任印制：黄章平
责任校对：陈 颖

出版发行：经济管理出版社
　　　　　（北京市海淀区北蜂窝 8 号中雅大厦 A 座 11 层　100038）
网　　址：www. E-mp. com. cn
电　　话：（010）51915602
印　　刷：三河市延风印装有限公司
经　　销：新华书店
开　　本：720mm×1000mm/16
印　　张：16.75
字　　数：266 千字
版　　次：2020 年 6 月第 1 版　2020 年 6 月第 1 次印刷
书　　号：ISBN 978-7-5096-7101-6
定　　价：69.00 元

# 目录

总　论　开展科技创新对生态文明建设的
　　　　贡献率核算与应用示范

上篇　科技创新对生态文明建设
　　　贡献的评估方法体系

## 下篇　科技创新对生态文明建设贡献的应用示范

# 总　论

开展科技创新对生态文明建设的
贡献率核算与应用示范

# 一、科技创新对生态文明建设的战略意义

生态文明建设关系人民福祉，关乎民族未来，事关"两个一百年"奋斗目标和中华民族伟大复兴中国梦的实现，是中华民族永续发展的根本大计。总体来看，我国先后出台一系列重大决策部署，生态文明建设取得重大进展和积极成效。但我国生态文明建设水平仍相对滞后于经济社会发展，资源约束、环境污染、生态系统退化等问题制约着经济社会的高质量发展。加快推进生态文明建设是加快转变经济发展方式、提高发展质量和效益的内在要求，是坚持以人为本、促进社会和谐的必然选择，是全面建成小康社会、实现中华民族伟大复兴中国梦的时代抉择，是积极应对气候变化、维护全球生态安全的重大举措。加强科技进步和自主创新，是破解资源环境约束、转变增长方式、建设生态文明的根本之计和首要推动力量。只有依靠绿色创新，提升绿色创新能力，才能破解资源和环境的制约，才能更高效地促进环境保护，才能实现"金山银山"与"绿水青山"的有机统一与经济社会的高质量发展。

本书依托国家重点研发计划"科技创新对生态文明建设贡献的评估方法体系与应用示范"课题，建立了科技创新对生态文明建设贡献的评估方法体系，构建了科技创新对生态文明建设贡献指标体系与贡献率核算模型，对我国及各省（自治区、直辖市）2006~2016年科技创新对生态文明建设的贡献率进行了系统核算与评估。在评估方法体系的指导下，对我国科技创新支撑生态文明建设进行了全国、地区、省三个层级的绩效评估与分析；并对科技创新支撑生态文明建设进行系统建模与政策模拟；选择贵州省、海南省、内蒙古自治区、浙江省安吉县4个集成示范区，选择江苏省扬州市、内蒙古自治区呼伦贝尔市、浙江省德清县、福建省长泰县、辽宁省西丰县5个重点示范区，进行科技创新对生态文明建设贡献的应用示范研究。

## 二、科技创新对生态文明建设的贡献率核算

生态文明建设的评估问题是当前的研究热点，已有研究主要集中于对生态文明建设水平的评估，而较少地对生态文明建设过程中各主要作用力量（如资金投入、科技创新、政策因素等）的贡献程度进行区分研究，对于日渐受到关注的科技创新在生态文明建设中的贡献程度的研究则更少，故探究科技创新对生态文明的贡献程度具有重要的研究价值。探究科技创新对生态文明的贡献程度，需要量化科技创新在生态文明建设中的贡献率。

已有文献对于科技创新对生态文明建设的贡献研究主要有以下两个特点：第一，对于科技创新对生态文明建设的作用研究以定性分析为主，定量分析相对较少。第二，大多研究集中于生态文明建设的某一方面，如节能减排、资源集约节约等方面，而对于科技创新对生态文明建设系统性的研究则较少。因此，本书受科技创新对经济增长贡献率的启发，以索洛余值计算方法为指导，在构建科技创新对生态文明建设贡献指标体系的基础上，建立科技创新对生态文明建设的贡献率一般性核算模型与指标体系，核算 2006~2016 年我国及各省份科技创新对生态文明建设水平的贡献率，深入分析我国科技创新对生态文明建设的贡献。

### （一）科技创新对生态文明建设贡献指标体系设计

全面考虑生态文明与科技创新的概念与内涵，系统总结党的"十七大"以来关于生态文明建设的论述和具体要求，分析各类资源环境的普遍和典型问题，在此基础上，构建科技创新对生态文明建设贡献的评价指标体系，对生态文明的科技创新贡献程度进行合理度量。因此，在构建科技创新对生态文明建设贡献的评价指标体系时，考虑了国土空间优化、资源集约节约、环境治理改善、生态环境保护与创新支撑发展五个有机统一、动态联系的评价领域。

运用层次分析法科学把握生态文明建设的评价原则，结合科技创新对生态文明建设贡献的指标体系在具体操作层面应符合的原则，将科技创新对生态文明建设的指标体系分为目标层、要素层和指标层三个层级。

目标层表达科技创新对生态文明建设贡献的水平，代表着宏观识别科技创新对生态文明建设贡献的总体态势和总体效果，以及对于科技创新对生态文明建设贡献程度及表现的总体把握。科技创新对生态文明建设贡献指标体系的目标层包括国土空间优化、资源集约节约、环境治理改善、生态环境保护、创新支撑发展五大板块。

要素层的每一要素反映各目标层内部的组成要素与逻辑关系。科技创新对生态文明建设贡献指标体系的要素层进一步从生活空间优化、生产空间优化、生态空间优化形成国土空间优化的控制要素；从土地集约利用、能源集约利用、用水集约利用三个方面构建资源集约节约的控制要素；从土壤污染控制、大气污染控制、水体污染控制三个方面构建环境治理改善的控制要素；从生态资产增加、生态服务增值、气候变化应对三个方面构建生态环境保护的控制要素；从创新资源投入、新动能培育、高质量发展三个方面构建创新支撑发展的控制要素。

指标层遴选能够从本质上反映及衡量要素的现状、关系、变化等的关键指标。在科技创新对生态文明建设贡献指标体系国土空间优化目标板块的指标层中，选取城镇化率、人均绿地面积、城镇 GDP 占地区 GDP 比重、第三产业增加值、生态空间面积比例、自然保护区面积比例 6 个指标；资源集约节约目标板块的指标层中，选取万元 GDP 地耗、单位播种面积粮食产量、万元 GDP 能耗、能源加工转换效率、万元 GDP 水耗、农业灌溉水有效利用系数 6 个指标；在环境治理改善板块的指标层中，选取土壤污染指数、受污染耕地面积比例、万元工业产值二氧化硫（$SO_2$）排放量、地级及以上城市空气质量优良天数比率、万元工业产值化学需氧量（COD）排放量、地表水达到或好于Ⅲ类水体比例 6 个指标；在生态环境保护板块的指标层中，选取生态资产指数、单位面积生态系统生产总值（GEP）、GEP、人均 GEP、非化石能源占一次能源比重、万元 GDP 的二氧化碳（$CO_2$）排放量 6 个指标；在创新支撑发展板块的指标层中，选取人力资本存量、每万人拥有研发人员数、研发投入强度、信息化发展指数、技术合同成交额、高技术产值占 GDP 比重、全员劳动生产率、生态生产率、人均可支配收入 9 个指标。构建的科技创新对生态文明建设贡献的指标体系如表 0-1 所示。

表 0-1  科技创新对生态文明建设贡献的指标体系

| 目标层 | 要素层 | 指标层 |
|---|---|---|
| 国土空间优化 | 生活空间优化 | 城镇化率 |
| | | 人均绿地面积 |
| | 生产空间优化 | 城镇 GDP 占地区 GDP 比重 |
| | | 第三产业增加值 |
| | 生态空间优化 | 生态空间面积比例 |
| | | 自然保护区面积比例 |
| 资源集约节约 | 土地集约利用 | 万元 GDP 地耗 |
| | | 单位播种面积粮食产量 |
| | 能源集约利用 | 万元 GDP 能耗 |
| | | 能源加工转换效率 |
| | 用水集约利用 | 万元 GDP 水耗 |
| | | 农业灌溉水有效利用系数 |
| 环境治理改善 | 土壤污染控制 | 土壤污染指数 |
| | | 受污染耕地面积比例 |
| | 大气污染控制 | 万元工业产值二氧化硫（$SO_2$）排放量 |
| | | 地级及以上城市空气质量优良天数比率 |
| | 水体污染控制 | 万元工业产值化学需氧量（COD）排放量 |
| | | 地表水达到或好于Ⅲ类水体比例 |
| 生态环境保护 | 生态资产增加 | 生态资产指数 |
| | | 单位面积生态系统生产总值（GEP） |
| | 生态服务增值 | GEP |
| | | 人均 GEP |
| | 气候变化应对 | 非化石能源占一次能源比重 |
| | | 万元 GDP 的二氧化碳（$CO_2$）排放量 |

| 目标层 | 要素层 | 指标层 |
|---|---|---|
| 创新支撑发展 | 创新资源投入 | 人力资本存量 |
| | | 每万人拥有研发人员数 |
| | | 研发投入强度 |
| | 新动能培育 | 信息化发展指数 |
| | | 技术合同成交额 |
| | | 高技术产值占 GDP 比重 |
| | 高质量发展 | 全员劳动生产率 |
| | | 生态生产率 |
| | | 人均可支配收入 |

## （二）科技创新对生态文明建设的贡献率核算模型

以余值法为基础，建立科技创新对生态文明建设贡献率的一般性核算模型。在此，将科技创新定义为技术进步中以科技创新硬产出为代表的纯粹技术进步。参照科技创新对经济增长贡献率的计算原理，构建科技创新对生态文明建设贡献率的核算模型。科技创新对经济增长的贡献率，即扣除了资本和劳动后科技创新等因素对经济增长的贡献份额，反映了科技创新对经济增长的作用程度。为研究科技创新对生态文明建设的贡献程度，将经济产值替换为生态文明建设产值，可得科技创新对生态文明建设的贡献率：$E = \dfrac{r_A}{r_Y} \times 100\% = \dfrac{r_Y - \alpha r_K - \beta r_L}{r_Y} \times 100\%$。其中，Y 为产值，K 为资本，L 为劳动力，A 为技术因素；$r_Y$、$r_K$、$r_L$、$r_A$ 分别为 Y、K、L、A 的增长速度；$\alpha$ 和 $\beta$ 分别为劳动力和资本的弹性系数。

## （三）科技创新对生态文明建设贡献率的核算流程

科技创新对生态文明建设贡献率的核算主要包括 9 个步骤，具体如下：①确定需计算科技创新对生态文明建设贡献率的地区；②计算价格指数；③计算资本和劳动力投入的增长速度；④收集生态文明各个指标的时间序列值，并进行标准化处理；⑤计算出资本和劳动的弹性系数；⑥计算生态文明指数；⑦计算科技创新对生态文明建设的贡献率；⑧采用政策变量校正计算得到的贡献率，得到全国科技创新对生态文明的贡献率；⑨校正核算省、直辖市、自治区的科技创新对生态文明建设贡献率。

### （四）科技创新对生态文明建设贡献率的核算分析

核算结果表明，我国科技创新对生态文明建设的贡献率持续稳步提升。科技创新对生态文明建设的贡献率从 2006 年的 35.3%跃升至 2016 年的 45.5%，年均增长超过 1 个百分点。11 年间，科技创新对生态文明建设贡献率的变化呈现周期性波动，在第一个周期（2006~2009 年）内由 2006年的 35.3%上升至 2008 年的 38.2%，随后在 2009 年发生小幅下跌；2010年贡献率的变动进入第二周期（2010~2014 年），科技创新对生态文明建设贡献率经历了先增加后减小的变化历程，该阶段内贡献率的最大值为2013 年的 42.8%，后降至 2014 年的 42.1%；2015 年我国科技创新对生态文明建设贡献率进入第三周期，此后，科技创新对生态文明建设的贡献率不断增加且增速较快，年均增长超过 1%。2016 年，科技创新对生态文明建设的贡献率首次超过了 45%（见图 0-1）。

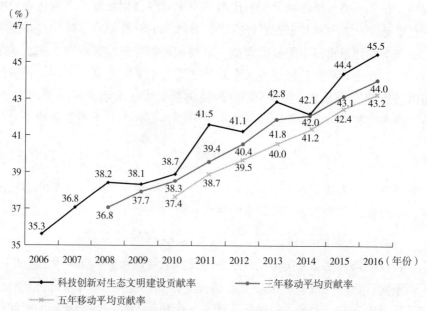

图 0-1　2006~2016 年我国科技创新对生态文明建设年贡献率、移动平均贡献率

资料来源：笔者计算。

　　我国科技创新对生态文明建设的贡献率在"十二五"期间相比"十一五"期间有明显的提高。随着生态文明理念的树立与不断深入，"十二五"规划明确提出必须增强危机意识，树立绿色、低碳发展理念，以节能减排为重点，健全激励与约束机制，加快构建资源节约、环境友好的生产方式和消费模式，增强可持续发展能力，提高生态文明水平。"十一五"期间，我国科技创新对生态文明建设贡献率的年均水平为37.4%，"十二五"期间的科技创新对生态文明建设贡献率的年均水平达42.4%，实现了每年逾1个百分点的增长。

　　2006~2016年科技创新对生态文明建设的平均贡献率前十位的省份依次为北京市、上海市、天津市、广东省、浙江省、江苏省、福建省、重庆市、山西省、四川省。其中，前七位的省份均位于东部沿海地区，四个直辖市（北京市、上海市、天津市、重庆市）的科技创新对生态文明建设贡献率均位于全国前十位。"十二五"时期，科技创新对生态文明建设贡献率前十位的省份中，北京市科技创新对生态文明建设的贡献率水平最高，达46.39%；上海市的贡献率水平达45.37%。北京市与上海市是"十二五"时期仅有的两个科技创新对生态文明建设贡献率超过45%的地区，大幅高于"十二五"时期我国科技创新对生态文明建设贡献率42.37%的整体水平。

　　"十二五"期间，我国区域科技创新对生态文明建设贡献率呈现从东南到西北依次递减的梯队分布特征。第一梯队：科技创新对生态文明建设的贡献率大于44%，依次是北京市、上海市、天津市、广东省4个地区；第二梯队：科技创新对生态文明建设的贡献率为42%~44%，依次是江苏省、浙江省、福建省、重庆市、四川省、陕西省、湖南省7个地区；第三梯队：科技创新对生态文明建设的贡献率为41%~42%，依次是辽宁省、江西省、湖北省、山东省、海南省、云南省、广西壮族自治区、黑龙江省、吉林省、贵州省、安徽省、山西省、青海省13个地区；第四梯队：科技创新对生态文明建设的贡献率小于41%，依次是河南省、河北省、内蒙古自治区、新疆维吾尔自治区、西藏自治区、甘肃省、宁夏回族自治区7个地区。我国区域科技创新对生态文明建设贡献率仍存在较大差距，在生态环境脆弱、科技基础薄弱的"叠加地区"，科技创新对生态文明建设的贡献率明显偏低。

# 三、科技创新对生态文明建设贡献的应用示范

在科技创新对生态文明建设贡献评估方法体系的指导下，选择贵州省、海南省、内蒙古自治区、浙江省安吉县4个集成示范区，选择江苏省扬州市、内蒙古自治区呼伦贝尔市、浙江省德清县、福建省长泰县、辽宁省西丰县5个重点示范区，进行科技创新对生态文明建设贡献的应用示范研究，旨在分析科技创新对生态文明建设在省、市、县不同层级的贡献作用。

## （一）贵州省科技创新对生态文明建设贡献的应用示范

贵州省是我国西南地区最典型、分布最集中、面积最大的喀斯特地区。喀斯特地区环境容量小，土地承载力低，抗干扰能力弱，受干扰后环境系统自然恢复速度慢、难度大，喀斯特生态系统很脆弱。贵州省保留了较多农业文明时期的自然生态和人文生态，也是生态文明最早的先行者。

1. 贵州省科技创新对生态文明建设贡献的经验

贵州省依托科技创新建设生态文明的主要行动体现在六个方面：大力发展生态农业、持续推进生态环境保护、多举措推行节能减排、因地制宜发展绿色经济、大力培育生态文明绿色文化、强化生态文明建设制度改革。

（1）大力发展生态产业。依托科研优势，不断加大节能环保产业投资、技术、建设、运营等，打造"产学研"一体节能增效和环保产业平台。在生态农业方面不断加快技术创新，形成以生态农业为主体的山区特色立体农业产业。政府加大生态旅游产业投资力度，用于基础设施建设与旅游配套项目建设。

（2）持续推进生态环境保护。开展环境综合防治科技攻关和技术示范，提升科技进步对解决区域性水、大气、土壤等环境问题的支撑能力。打造绿色城镇，设立全国"城市修补""生态修复"试点（安顺市、遵义市），市（州）中心城市和经济强县均建设了两期以上的污水处理厂。实施主体功能区规划，不断加快城镇规划编制。启动开展农村人居环境整治三年行动，创建省级新农村示范点157个、新农村环境综合治理省级示范

点 192 个、"百乡千村"建设项目 100 个。

（3）多举措推行节能减排。2014 年以来，贵州省通过实施节能减排重点支撑项目、绿色循环项目以及地方配套项目，实现节能量 68299 吨标准煤，替代燃料超过 19 万吨标准油。大力推动绿色交通行业发展，出台一系列政策推动贵州省绿色交通优先发展，加快应用推广新能源和清洁能源运输装备。通过研究路面材料循环利用技术，提高节能、降耗、减排效率和效果。

（4）因地制宜发展绿色经济。实施绿色经济倍增计划，出台了《关于推动绿色发展建设生态文明的意见》，推进绿色改造提升。以高端化、绿色化、集约化为主攻方向，通过实施"千企引进"和"千企改造"工程，加快发展生态利用型、循环高效型、低碳清洁型、环境治理型"四型产业"。将发展数字经济作为贯彻五大新发展理念，积极搭建"中国数谷"新平台，构建数字流动新通道，释放数据资源新价值，激活实体经济新动能，培育数字应用新业态。

（5）大力培育生态文明绿色文化。一方面，通过举办生态文明贵阳国际论坛，深化同国际社会在生态环境保护、应对气候变化等领域的交流合作。另一方面，全面开展生态文明示范地区创建活动，累计创建国家级生态示范区 11 个、生态县 2 个、生态乡镇 56 个、生态村 14 个、省级生态县 7 个、生态乡镇 374 个、生态村 515 个。

（6）强化生态文明建设制度改革。不断深化生态文明制度改革，率先出台我国首部省级层面生态文明地方性法规《贵州省生态文明建设促进条例》，并颁布 30 余部配套法规；资源环境司法机构实现了全覆盖，贵州省生态环境保护执法司法专门机构达 108 个。取消地处重点生态功能区的 10 个县 GDP 考核，对各市（州）党委、政府生态文明建设开展评价考核，强化环境保护"党政同责""一岗双责"，实行党政领导干部生态环境损害问责。

2. 贵州省科技创新对生态文明建设的贡献率

2006~2016 年，贵州省科技创新对生态文明建设的贡献率总体呈现上升趋势，科技创新对生态文明建设的贡献率由 2006 年的 33.58% 增长至 2016 年的 44.53%（见图 0-2），整体增幅达 10.95%，年均增幅约为 1.10%，高于全国同期水平。"十一五"期间，贵州省科技创新对生态文明建设的平均年贡献率为 35.70%，"十二五"期间的科技创新对生态文明建设平均年贡献率为 41.25%，"十二五"期间比"十一五"期间提高超过5 个百分点。

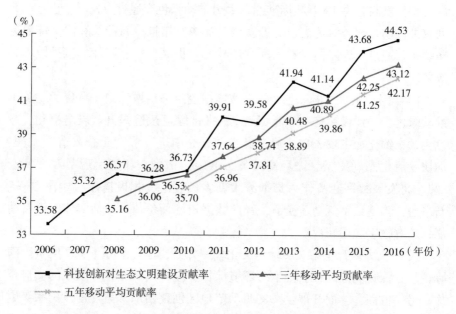

**图 0-2　2006~2016 年贵州省科技创新对生态文明建设贡献率**

资料来源：笔者计算。

贵州省科技创新对生态文明建设贡献率在 2006~2016 年的增长速度相对较快，同时呈现出 2011 年及以后的贡献率增速略高于 2010 年及以前贡献率增速的特征。2006~2010 年贵州省科技创新对生态文明建设贡献率的年均增幅为 0.79%，2010~2016 年贵州省科技创新对生态文明建设贡献率的年均增幅为 1.30%，第二阶段增速是第一阶段增速的 1.65 倍。贵州省相对较晚（2013 年）实现科技创新对生态文明建设贡献率在 40% 水平上的跨越，落后于全国整体水平两年。但贵州省科技创新对生态文明建设贡献率与全国整体水平的差距不断缩小，由 2006 年落后 1.72% 缩小至 2016 年落后 0.97%。

3. 2016 年贵州省科技创新对生态文明建设贡献率的驱动指标分析

贵州省科技创新对生态文明建设贡献存在较多驱动优势指标，反映出近年来贵州省在科技创新对生态文明建设贡献的发展速度和潜力巨大。以2016年为例，贵州省存在驱动优势指标，包括城镇化率、第三产业增加值、万元 GDP 能耗、人均 GEP、全员劳动生产率、居民人均可支配收入等，说明贵州省近年来在空间优化和创新支撑发展方面，尤其是生活空间优化方面取得了较大成绩。

贵州省在资源节约、创新支撑领域存在驱动劣势指标，包括单位播种面积粮食产量、研发投入强度、高技术产值占 GDP 比重等。其中，贵州省2016年单位播种面积粮食产量增长率位于全国第31位，研发投入强度的增速位于全国第25位（见表0-2）。贵州省驱动劣势指标分布于资源节约和创新支撑外板块，说明2016年贵州省在这些板块的发展潜力较小。

表0-2 2016年贵州省科技创新对生态文明建设贡献率的驱动优、劣势指标分析

| 驱动优势指标 | | | 驱动劣势指标 | | |
|---|---|---|---|---|---|
| 指标名称 | 全国排名 | 所属板块 | 指标名称 | 全国排名 | 所属板块 |
| 城镇化率 | 1 | 空间优化 | 单位播种面积粮食产量 | 31 | 资源节约 |
| 第三产业增加值 | 1 | 空间优化 | | | |
| 万元 GDP 能耗 | 1 | 资源节约 | 研发投入强度 | 25 | 创新支撑 |
| 人均 GEP | 1 | 生态保护 | | | |
| 全员劳动生产率 | 1 | 创新支撑 | 高技术产值占 GDP 比重 | 18 | 创新支撑 |
| 居民人均可支配收入 | 1 | 创新支撑 | | | |

资料来源：笔者计算。

4. 2016年贵州省科技创新对生态文明建设贡献率的静态指标分析

2016年贵州省科技创新对生态文明建设的静态优势指标为人均绿地面积、生态空间面积比例、生态生产率、生态资产指数4项，其中生态资产指数位列全国第10位，其余三项均位列全国第7位。4项指标中，有2项属于空间优化板块，1项属于创新支撑板块，1项属于环境治理板块。

2016年贵州省科技创新对生态文明建设的静态劣势指标为城镇化率、单位播种面积粮食产量、人力资本总量、每万人拥有研发人员数4项，4

项指标均排在全国第 30 位，其中两项属于创新支撑板块，说明贵州省在创新支撑方面处于相对弱势地位（见表 0-3）。

表 0-3　2016 年贵州省科技创新对生态文明建设贡献率的静态优、劣势指标分析

| 静态优势指标 | | | 静态劣势指标 | | |
| --- | --- | --- | --- | --- | --- |
| 指标名称 | 全国排名 | 所属板块 | 指标名称 | 全国排名 | 所属板块 |
| 人均绿地面积 | 7 | 空间优化 | 城镇化率 | 30 | 空间优化 |
| 生态空间面积比例 | 7 | 空间优化 | 单位播种面积粮食产量 | 30 | 资源节约 |
| 生态生产率 | 7 | 创新支撑 | 人力资本总量 | 30 | 创新支撑 |
| 生态资产指数 | 10 | 环境治理 | 每万人拥有研发人员数 | 30 | 创新支撑 |

资料来源：笔者计算。

## （二）海南省科技创新对生态文明建设贡献的应用示范

海南省生态环境优异，自然资源禀赋得天独厚，在推动经济发展过程中十分注重生态保护的协调性。1999 年，海南省人大二届二次会议做出《关于建设生态省的决定》，确立了"不破坏环境、不污染环境、不搞低水平重复建设"三项发展原则，在全国范围内率先提出生态省建设，并成为我国第一个生态示范省。

1. 海南省科技创新对生态文明建设贡献的经验

海南省政府采取了一系列涉及生态文明村建设、生态保护与环境治理、优化经济产业结构等在内的行动，以提高科技创新对生态文明建设的支撑力度。

（1）生态文明村建设。2000 年，海南省政府展开了以"发展生态经济、建设生态环境、培育生态文化"为主要内容的文明生态村创建活动，并以此作为生态省建设的有效载体和重要内容。2006 年，海南省在"十一五"规划中明确提出了深入推进生态文明村建设，实施"一池三改五化"工程。2016 年，海南省全面推广绿色农房建设，提高农房建筑质量，改善农房舒适性和安全性，强化农房节能减排；延长农房使用寿命，帮助农民减支增收，提升农村宜居性，改善农村风貌，加快美丽乡村建设，助力全

域旅游省建设。

（2）生态保护与环境治理。海南省从2001年开始实施"绿化宝岛"行动，每年开展植树造林、生态修复，于2013年制定《绿化宝岛大行动工程建设总体规划》，近年来持续实施该行动，取得显著成效。2011～2016年，累计完成造林绿化174.1万亩，森林覆盖率从2011年的60.2%提高至2016年的62.1%，各市县城区绿地率达到35%以上，道路绿化达标率达到95%以上，森林生态环境和人居环境得到明显改善。2015年各市县开展生态保护红线划定工作，生态环境保护厅要求各市县须结合"多规合一"，加强与国土、林业、水务、海洋等部门配合，合理统筹生产、生活和生态空间，共同做好本区域生态保护红线划定。

（3）优化经济产业结构。在经济产业结构优化方面，海南省大力发展生态农业，打造热带特色高效农业。积极发展生态旅游业，大力发展海洋旅游、乡村旅游、热带雨林等旅游形式。重点发展海洋渔业、海洋油气、海洋旅游等优势产业，积极培育海洋生物医药、海洋物流运输、海洋信息、海洋可再生能源、海水淡化、海洋装备制造等新兴产业。海南省积极发展生态工业，通过提高环境标准和准入门槛，围绕绿色产业体系推进生产方式绿色化转型，积极发展新能源、新材料、汽车、装备制造等节能环保、低碳产业发展，同时对海南省重点企业实施强制性清洁生产审核，减少工业点源污染。

2. 海南省科技创新对生态文明建设的贡献率

2006～2016年，海南省科技创新对生态文明建设的贡献率整体上不断增长，由2006年的35.36%增长至2016年的44.87%（见图0-3），整体增幅达9.51%，年均增幅约为0.95%，低于全国同期水平。"十一五"期间，海南省科技创新对生态文明建设的平均年贡献率为37.12%，"十二五"期间的科技创新对生态文明建设平均年贡献率为41.68%，"十二五"期间比"十一五"期间提高超过4个百分点。海南省科技创新对生态文明建设贡献率在2006～2016年内的变动过程相对较为平稳，但同时增速较低。海南省科技创新对生态文明建设的贡献率在2011年与全国科技创新对生态文明建设的贡献率同步实现了向40%水平的跨越，但未能与全国科技创新对生态文明建设的贡献率同步在2016年超过45%。

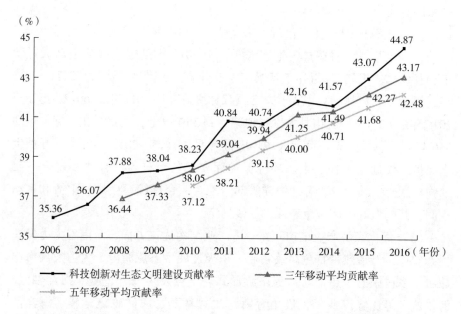

**图 0-3　2006~2016 年海南省科技创新对生态文明建设贡献率**
资料来源：笔者计算。

3. 2016 年海南省科技创新对生态文明建设贡献率的驱动指标分析

海南省 2016 年科技创新对生态文明建设的贡献率中存在驱动优势指标，包括生态空间面积比例、万元 GDP 地耗、研发投入强度、每万人拥有研发人员数、第三产业增加值。其中，海南省生态空间面积比例、万元 GDP 地耗、研发投入强度的增长速度均位于全国第 1 位。海南省科技创新对生态文明建设贡献率的驱动优势指标分布于空间优化、资源节约、生态保护、创新支撑四大板块，说明海南省在通过科技创新支撑生态文明建设方面的发展较为均匀、全面。

海南省 2016 年科技创新对生态文明建设的贡献存在空间优化、生态保护、资源节约等板块的驱动劣势指标，代表性指标为人均绿地面积、万元 GDP 的 $CO_2$ 排放量、万元 GDP 能耗、万元工业产值 $SO_2$ 排放量等。其中，海南省 2016 年人均绿地面积的增长率位于全国第 31 位，万元 GDP 的 $CO_2$ 排放量的生产总值位于全国第 30 位，说明 2016 年海南省在这些板块的发展潜力有待提高（见表 0-4）。

**表 0-4　2016 年海南省科技创新对生态文明建设贡献率的驱动优、劣势指标分析**

| 驱动优势指标 | | | 驱动劣势指标 | | |
|---|---|---|---|---|---|
| 指标名称 | 全国排名 | 所属板块 | 指标名称 | 全国排名 | 所属板块 |
| 生态空间面积比例 | 1 | 空间优化 | 人均绿地面积 | 31 | 空间优化 |
| 万元 GDP 地耗 | 1 | 空间优化 | 万元 GDP 的 $CO_2$ 排放量 | 30 | 生态保护 |
| 研发投入强度 | 1 | 资源节约 | 万元 GDP 能耗 | 29 | 资源节约 |
| 每万人拥有研发人员数 | 3 | 生态保护 | 万元工业产值 $SO_2$ 排放量 | 27 | 环境治理 |
| 第三产业增加值 | 5 | 创新支撑 | 人均绿地面积 | 31 | 空间优化 |

资料来源：笔者计算。

4. 2016 年海南省科技创新对生态文明建设贡献率的静态指标分析

2016 年海南省科技创新对生态文明建设的静态优势指标为生态生产率、人均 GEP、单位面积 GEP、自然保护区面积 4 项，分别位列全国第 4 位、第 5 位、第 6 位、第 9 位。4 项指标中，有 1 项属于创新支撑板块，2 项属于生态保护板块，1 项属于空间优化板块。

2016 年海南省科技创新对生态文明建设的静态劣势指标为技术合同成交额、万元工业产值 COD 量、研发投入强度、全员劳动生产率 4 项，除技术合同成交额位列全国第 31 位外，其余 3 项指标均排在全国第 30 位。4 项指标中，有 3 项属于创新支撑板块，说明海南省在创新支撑方面处于相对弱势地位（见表 0-5）。

**表 0-5　2016 年海南省科技创新对生态文明建设贡献率的静态优、劣势指标分析**

| 静态优势指标 | | | 静态劣势指标 | | |
|---|---|---|---|---|---|
| 指标名称 | 全国排名 | 所属板块 | 指标名称 | 全国排名 | 所属板块 |
| 生态生产率 | 4 | 创新支撑 | 技术合同成交额 | 31 | 创新支撑 |
| 人均 GEP | 5 | 生态保护 | 万元工业产值 COD 量 | 30 | 环境治理 |
| 单位面积 GEP | 6 | 生态保护 | 研发投入强度 | 30 | 创新支撑 |
| 自然保护区面积 | 9 | 空间优化 | 全员劳动生产率 | 30 | 创新支撑 |

资料来源：笔者计算。

### （三）内蒙古自治区科技创新对生态文明建设贡献的应用示范

近年来，内蒙古自治区科技创新支撑生态文明建设取得了长足发展：一是执政理念发生深刻变化，生态文明制度建设逐步完善；二是自然环境保护成果斐然，环境保护取得了"生态总体恶化趋势趋缓，重点治理区生态明显改善"的良好效果；三是生态科技普遍利用，促进生态经济发展；四是环保思想逐步深入人心。

1. 内蒙古自治区科技创新对生态文明建设贡献的经验

科技创新在内蒙古自治区生态文明建设过程中发挥了重要的推动作用，内蒙古自治区高度重视知识产权工作，将企业作为科技创新的主体地位，把推进知识产权战略作为实施创新驱动发展战略、加快经济发展发展转变、增强区域核心竞争力的重要内容和重点举措，充分发挥科学技术在生态修复、环境治理、环境数据监测等方面的重要支撑作用，主要体现在以下方面：

（1）生态保护力度不断加大。内蒙古自治区耕地、水资源、林业红线划定工作全面启动，基本草原的划定初步完成。在自然资源资产负债表编制、领导干部自然资源资产离任审计、生态环境损害责任追究等方面开展了先行先试。深入实施五大生态（京津风沙源治理、"三北"防护林建设、天然林保护、退耕还林还草、水土保持工程）和六大区域性绿化（公路、城镇、村屯、矿区园区、黄河两岸、大青山前坡）等重点生态工程。

（2）生态环境质量得到改善。全面实施大气污染防治行动计划，稳步推进重污染天气预警体系建设和大气颗粒物源解析工作，同时以乌海及周边地区为重点实施区域联防联控。重点推进赤峰的巴林左旗、克什克腾旗、巴彦淖尔市的乌拉特后旗三个重点防控区的重金属污染防治工作，三个区域的水、大气环境及重点防控企业的重点重金属污染物全部达标。加强涉重企业厂区及周边地区重金属污染物监测，推进土壤污染修复试点工作。先行先试开展全区环境污染责任保险试点工作并出台意见。

（3）科技投入不断加大。2007年起，内蒙古自治区财政设立科技发展创新引导奖励资金，支持重大科技专项、优势特色产业的技术创新和科技创新人才队伍建设，激励和引导全社会自主创新。单列知识产权专项经费，重点支持专利创造、保护和专利技术产业化。确立企业是科技投入的主体，鼓励企业加大技术创新和新产品研发投入。重点支持产业关键共性技术、高新技术、社会公益技术研究及科技公共平台和人才队伍建设。

（4）环境公共服务体系不断完善。环境大数据、信息技术使得内蒙古自治区环保监测能力显著增强。环境监管能力大幅提升，12 个盟市和 30%的旗县实施了移动执法；设立了 13 个监控中心，监控企业 564 家，安装监控设备 1773 套；自治区环保云管理平台正式上线运行，环境大数据应用平台列为环保部生态环境大数据试点，重点工业企业环境大数据项目列为自治区"互联网+"试点示范项目；建立了自治区危险废物环境风险源数据库；搭建了全自治区化学品环境管理登记信息系统平台。

2. 内蒙古自治区科技创新对生态文明建设的贡献率

2006~2016 年，内蒙古自治区科技创新对生态文明建设的贡献率由 2006 年的 34.62% 增长至 2016 年的 43.45%（见图 0-4），整体增幅达 8.83%，年均增幅约为 0.88%，低于全国同期水平。"十一五"期间，内蒙古自治区科技创新对生态文明建设的平均年贡献率为 36.32%，"十二五"期间的科技创新对生态文明建设平均年贡献率为 40.68%，"十二五"期间比"十一五"期间提高超过 4 个百分点。

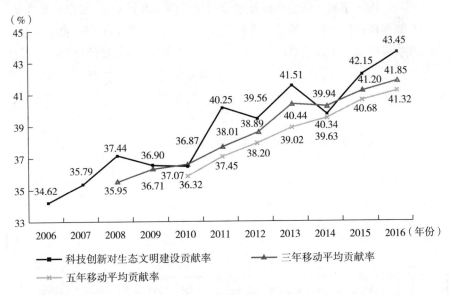

图 0-4　2006~2016 年内蒙古自治区科技创新对生态文明建设贡献率

资料来源：笔者计算。

内蒙古自治区科技创新对生态文明建设的贡献率在 2010~2014 年发生了较大幅度的变动，2011 年的科技创新对生态文明建设的贡献率为 40.25%，比 2010 年增加了 3.38%；随后 3 年中不断呈现"减小—增加—减小"的变化特征，至 2014 年，内蒙古自治区科技创新对生态文明建设的贡献率波动下降至 39.94%，低于 2011 年的贡献率水平。2015 年以来，内蒙古自治区科技创新对生态文明建设的贡献率开始不断增大，两年的年均增速高于全国水平。

3. 2016 年内蒙古自治区科技创新对生态文明建设贡献率的驱动指标分析

内蒙古自治区 2016 年科技创新对生态文明建设的贡献率在环境治理、资源节约、创新支撑、生态保护各领域均存在代表性的驱动优势指标。代表性驱动优势指标包括万元工业产值 COD 量、单位播种面积粮食产量、研发投入强度、生态服务总值（GEP）。其中，2016 年内蒙古自治区万元工业产值 COD 量位于全国第 1 位，单位播种面积粮食产量、研发投入强度均位于全国第 2 位。

同时，内蒙古自治区存在以技术合同成交额、万元 GDP 的 $CO_2$ 排放量、生态空间面积比例为代表的驱动劣势指标。其中，内蒙古自治区 2016 年技术合同成交额的增长率位于全国第 30 位，万元 GDP 的 $CO_2$ 排放量的生产总值位于全国第 28 位。内蒙古自治区驱动劣势指标分布于除资源节约外的所有板块，说明 2016 年内蒙古自治区在这些板块的发展潜力较小（见表 0-6）。

表 0-6　2016 年内蒙古自治区科技创新对生态文明建设贡献率的驱动优、劣势指标分析

| 驱动优势指标 | | | 驱动劣势指标 | | |
|---|---|---|---|---|---|
| 指标名称 | 全国排名 | 所属板块 | 指标名称 | 全国排名 | 所属板块 |
| 万元工业产值 COD 量 | 1 | 环境治理 | 技术合同成交额 | 30 | 创新支撑 |
| 单位播种面积粮食产量 | 2 | 资源节约 | 万元 GDP 的 $CO_2$ 排放量 | 28 | 生态保护 |
| 研发投入强度 | 2 | 创新支撑 | 生态空间面积比例 | 27 | 空间优化 |
| 生态服务总值（GEP） | 3 | 生态保护 | | | |

资料来源：笔者计算。

4. 2016 年内蒙古自治区科技创新对生态文明建设贡献率的静态指标分析

2016 年内蒙古自治区科技创新对生态文明建设的静态优势指标为人均绿地面积、生态资产指数、GEP、人均 GEP 4 项，分别位列全国第 1 位、第 2 位、第 3 位、第 3 位。4 项指标分属于空间优化、环境治理、生态保护板块，而缺乏在资源节约和创新支撑板块的静态优势指标。

2016 年内蒙古自治区科技创新对生态文明建设的静态劣势指标为高技术产值占 GDP 比重、万元 GDP 的 $CO_2$ 排放量、技术合同成交额、万元 GDP 能耗 4 项，分别位列全国第 29 位、第 28 位、第 28 位、第 27 位。4 项指标中，有 2 项属于创新支撑板块，说明内蒙古自治区在创新支撑方面处于相对弱势地位（见表 0-7）。

表 0-7　2016 年内蒙古自治区科技创新对生态文明建设贡献率的静态优、劣势指标分析

| 静态优势指标 | | | 静态劣势指标 | | |
|---|---|---|---|---|---|
| 指标名称 | 全国排名 | 所属板块 | 指标名称 | 全国排名 | 所属板块 |
| 人均绿地面积 | 1 | 空间优化 | 高技术产值占 GDP 比重 | 29 | 创新支撑 |
| 生态资产指数 | 2 | 环境治理 | 万元 GDP 的 $CO_2$ 排放量 | 28 | 生态保护 |
| GEP | 3 | 生态保护 | 技术合同成交额 | 28 | 创新支撑 |
| 人均 GEP | 3 | 生态保护 | 万元 GDP 能耗 | 27 | 资源节约 |

资料来源：笔者计算。

# 四、科技创新对生态文明建设贡献的"路线图"

加快推进生态文明建设是加快转变经济发展方式、提高发展质量和效益的内在要求，是坚持以人为本、促进社会和谐的必然选择，是建成小康社会、实现中华民族伟大复兴中国梦的时代抉择，是积极应对气候变化、维护全球生态安全的重大举措。深入持久地推动生态文明建设，离不开科技创新的驱动作用。规划科技创新支撑生态文明建设的"路线图"，对于

推动生态文明建设高质量发展、开创社会主义生态文明新时代具有不可或缺的时代意义。

## （一）构建绿色技术支撑体系

构建绿色技术支撑体系，以绿色技术支撑生态文明建设。绿色技术涵盖节能环保、清洁生产、清洁能源、生态保护与修复、城乡绿色基础设施、生态农业等领域，对于降低消耗、减少污染、改善生态、促进生态文明建设、实现人与自然和谐共生具有重要作用。绿色技术创新正成为全球新一轮工业革命和科技竞争的重要新兴领域。伴随我国绿色低碳循环发展经济体系的建立健全，绿色技术创新日益成为绿色发展的重要动力，成为推进生态文明建设的重要支撑。推动生态文明建设，迫切需要构建绿色技术支撑体系。

一是培育壮大绿色技术创新主体。强化企业的绿色技术创新主体地位，激发高校、科研院所绿色技术创新活力，推进"产学研金介用"深度融合，加强绿色技术创新基地平台建设。二是强化绿色技术创新的导向机制。加强绿色技术创新方向引导，倡导绿色技术创新标准引领，建立健全政府绿色采购制度，推进绿色技术创新评价和认证。三是推进绿色技术创新成果转化示范应用。建立健全绿色技术转移转化市场交易体系，完善绿色技术创新成果转化机制，强化绿色技术创新转移转化综合示范。四是优化绿色技术创新环境。强化绿色技术知识产权保护与服务，加强绿色技术创新金融支持，推进全社会绿色技术创新。五是加强绿色技术创新对外开放与国际合作。通过"一带一路"把国内绿色技术创新成果推广到沿线国家，同时把相关国家绿色先进技术引进到国内，提升绿色技术创新能力与水平。

## （二）构建贡献率"三核算"体系

构建包含科技进步贡献率、科技创新生态文明贡献率、生态系统生产总值的三核算体系，明确科技创新在国家现代化经济体系发展中的作用水平，识别科技创新在生态文明建设中的贡献程度，核算生态系统生产总值的绝对规模与相对规模，从而全面剖析科技进步在我国经济发展、生态文明建设中的贡献力量与发展态势，实现科技创新对经济发展与生态文明建设的协同驱动。

一是计算科技进步贡献率，深刻认识我国科技创新能力、科技创新支撑高质量发展的内在规律。二是计算科技创新对生态文明建设的贡献率，识别科技创新对生态文明建设的支撑作用。三是计算生态系统生产总值，计算生态系统为人类提供的产品与服务价值的总和，以衡量和展示生态系统的状况及其变化。四是对比全国与各省科技进步贡献率、科技创新对生态文明贡献率、生态系统生产总值的发展变化情况，及时发现科技创新在支撑经济发展与生态文明建设进程中不协调、不充分的问题，进一步推动生态文明建设与高质量发展，实现人与自然和谐共生。

## (三)　开展科技创新支撑生态文明建设应用示范

在国家生态文明建设试验区、国家可持续发展议程创新示范区、国家可持续发展试验区等开展应用示范工作。这些地区是我国科技创新支撑和引领生态文明建设的排头兵和先行者。通过开展应用示范工作，把生态文明科技贡献率作为管理抓手，引导和推动这些地区科技支撑生态文明建设实现技术突破、集成创新和能力提升，以点带面，在全国形成引领、示范和辐射效应。

一是以科技创新对生态文明建设贡献率核算模型与方法为指导，核算分析应用示范试点地区的科技创新对生态文明建设贡献率，直观而深刻地把握试点地区科技创新支撑生态文明建设水平。二是分析试点地区科技创新对生态文明建设贡献率的驱动优势、劣势指标与静态优势、劣势指标，深入探究试点地区科技创新支撑生态文明的内部驱动因素，"扬长避短"，形成自身特色的可持续发展模式。三是总结应用示范试点地区的科技创新对生态文明建设贡献先进经验，形成一批可复制、可推广的科技创新支撑生态文明建设的管理模式，以点带面，以先进带动后进，引领提高全国科技创新对生态文明建设的贡献程度。

## (四)　建立绩效跟踪评价奖惩机制

建立科技创新支撑生态文明建设绩效跟踪评价奖惩机制是实现对科技创新支撑生态文明建设绩效的长期动态观测、及时发现并解决问题的关键，并有利于示范推广先进的经验模式。为此，建议从以下方面入手：

一是应尽快出台《我国生态文明科技贡献率核算技术指南》。研究制定涵盖国家、省（自治区、直辖市）、国家生态文明建设示范区、国家可持续发展议程创新示范区和国家可持续发展试验区的《生态文明科技贡献率核算技术指南》，统一规范生态文明科技贡献率核算中涉及的理论体系、方法体系、核算流程、指标设置等，科学、规范、有序地推进生态文明科技贡献率的评估核算和应用示范工作。

二是建立分级绩效动态跟踪评价机制。根据《生态文明科技贡献率核算技术指南》，尽快建立省、市、县三级联动的科技创新支撑生态文明建设绩效跟踪评价机制，及时收集、整理与分析相关数据与事实，根据核算方法体系对省、市、县科技创新支撑生态文明建设绩效进行核算评估，并将评估结果进行分级分类，掌握科技创新支撑生态文明建设的现状，发现建设过程中存在的问题。

三是建立生态文明建设动态奖惩机制。将省、市、县各级的评估结果纳入综合奖惩体系，建立不同级别、不同类型的评估对象的分级奖惩机制，考核优秀的区域主管领导在职务升迁、称号授予、物质奖励等方面给予优先考虑，予以正向激励；对科技创新支撑生态文明建设考核不合格的区域主管领导则在各方面实行"一票否决制"，这样才有利于形成奖优罚劣的良好氛围。

四是编制和发布《中国科技创新支撑和引领生态文明建设报告》。系统、全面地梳理与总结我国科技创新驱动生态文明建设的决策部署、研发计划、关键行动、主要政策与措施等；核算和监测全国和各地区生态文明科技贡献率及其变动趋势；总结和提炼国家生态文明建设试验区、国家可持续发展试验区、国家可持续发展议程创新示范区等典型案例，宣传推广和应用示范科技创新引领生态文明建设的典型经验和做法。在此基础上，按期形成《中国科技创新支撑和引领生态文明建设报告》，及时对外发布，推动全社会利用科技创新加快生态文明建设。

# 上 篇

## 科技创新对生态文明建设
## 贡献的评估方法体系

# 第一章 科技创新对生态文明建设贡献指标体系设计研究

## 第一节 指标体系设计思路

构建科技创新对生态文明建设贡献的评价指标体系，需要全面考虑生态文明与科技创新的概念、内涵，全面反映党的十七大、十八大、十九大以来关于生态文明建设的论述和具体要求，综合各类资源环境的普遍和典型问题，对生态文明的科技创新贡献程度进行合理度量。因此，在构建科技创新对生态文明建设贡献的评价指标体系时，考虑了国土空间优化、资源集约节约、环境治理改善、生态环境保护与创新支撑发展五个有机统一、动态联系的评价领域。

第一，指标体系应涵盖国土空间优化。我国土地资源总量丰富，人均土地资源占有量少，土地资源结构不尽合理。目前，我国国土空间开发格局优化方面存在较多需要改善的地方，如大城市空间"摊大饼"式地向周边扩散、中小城市建设用地快速增长导致城市化地区空间布局不尽合理、大中小城市发展不均衡、城乡一体化发展不足等。因此，国土空间开发格局的优化对当前社会经济与生态环境和谐发展具有重大的意义。

第二，指标体系应包括资源集约节约。生态文明建设的根本任务之一是保障自然资源有效存续。自然资源的丰富和可持续再生能力是生态系统健康有序运行的基础，也是支撑社会经济发展的基础。当前及未来较长时期，我国面临一系列大有可为的重要战略机遇，但同时也面临经济社会与资源环境诸多矛盾叠加、生态安全风险隐患增多的严峻挑战。在此背景下，推进资源能源节约集约利用已经成为我国建设生态文明的重要使命。

第三，指标体系应囊括环境治理改善。加大环境保护与治理力度是保障经济可持续发展、建设生态文明社会的必由之路。环境是维持人类赖以生存的客观条件。一方面，经济社会全面的高质量、高效益和高水平发展需要良好的生态环境来保障；另一方面，人民群众对新鲜空气、清洁水源和安全食品的需求增长，意味着生态环境治理工作更加紧迫。因此，环境治理改善应是我国生态文明建设的重点领域之一。

第四，指标体系应评估生态环境保护。自20世纪90年代以来，我国在湿地公园、天然林资源、自然保护区等方面启动了一系列重大生态保护工程，对提升生态产品生态功能具有十分重要的意义和效果。但部分生态保护与建设工程的规划、设计、实施和可持续性等方面还存在问题。随着对生态环境的越加重视，我国的生态环境保护资金将越来越多，保护力度将越来越大。

第五，指标体系应考虑创新支撑发展。党的十八届五中全会明确提出，"让创新贯穿党和国家的一切工作，让创新在全社会蔚然成风"。生态文明建设作为中国特色社会主义事业"五位一体"总体布局的重要组成部分，同样需要通过创新来培育、焕发新动力。只有坚持创新驱动发展，才能补齐生态文明建设的"短板"，为推进生态文明建设找到关键性的着力点和动力源。

# 第二节　贡献率计算指标体系

根据党的十八大、十九大以来关于生态文明建设的论述和要求，运用层次分析方法科学把握生态文明建设的评价原则，结合科技创新对生态文明建设贡献的指标体系在具体操作层面应符合的原则[1]，将科技创新对生态文明建设的指标体系分为目标层、要素层和指标层三个层级。

---

① 牛文元. 中国科学发展报告 [M]. 北京：科学出版社，2012.

　　目标层表达科技创新对生态文明建设贡献的水平，代表着宏观识别科技创新对生态文明建设贡献的总体态势和总体效果，以及对于科技创新对生态文明建设贡献程度及表现的总体把握。科技创新对生态文明建设贡献指标体系的目标层，包括国土空间优化、资源集约节约、环境治理改善、生态环境保护、创新支撑发展五大板块。

　　要素层的每一要素反映各目标层内部的组成要素与逻辑关系。科技创新对生态文明建设贡献指标体系的要素层进一步从生活空间优化、生产空间优化、生态空间优化形成国土空间优化的控制要素；从土地集约利用、能源集约利用、用水集约利用三个方面构建资源集约节约的控制要素；从土壤污染控制、大气污染控制、水体污染控制三个方面构建环境治理改善的控制要素；从生态资产增加、生态服务增值、气候变化应对三个方面构建生态环境保护的控制要素；从创新资源投入、新动能培育、高质量发展三个方面构建创新支撑发展的控制要素。

　　指标层遴选能够从本质上反映、衡量要素的现状、关系、变化等的关键指标。科技创新对生态文明建设贡献指标体系在国土空间优化目标板块中，选取城镇化率、人均绿地面积、城镇 GDP 占地区 GDP 比重、第三产业增加值、生态空间面积比例、自然保护区面积比例 6 个指标；在资源集约节约目标板块中，选取万元 GDP 地耗、单位播种面积粮食产量、万元 GDP 能耗、能源加工转换效率、万元 GDP 水耗、农业灌溉水有效利用系数 6 个指标；在环境治理改善板块中，选取土壤污染指数、受污染耕地面积比例、万元工业产值二氧化硫（$SO_2$）排放量、地级及以上城市空气质量优良天数比率（%）、万元工业产值化学需氧量（COD）排放量、地表水达到或好于Ⅲ类水体比例 6 个指标；在生态环境保护板块中，选取生态资产指数、单位面积生态系统生产总值、生态系统生产总值、人均生态系统生产总值、非化石能源占一次能源比重、万元 GDP 的二氧化碳（$CO_2$）排放量 6 个指标；在创新支撑发展板块中，选取人力资本存量、每万人拥有研发人员数、研发投入强度、信息化发展指数、技术合同成交额、高技术产值占 GDP 比重、全员劳动生产率、生态生产率、人均可支配收入 9 个指标。科技创新支撑生态文明建设的指标体系如表 1-1 所示。

表1-1　科技创新支撑生态文明建设的指标体系

| 目标层 | 要素层 | 指标层 |
|---|---|---|
| 国土空间优化 | 生活空间优化 | 城镇化率 |
| | | 人均绿地面积 |
| | 生产空间优化 | 城镇 GDP 占地区 GDP 比重 |
| | | 第三产业增加值 |
| | 生态空间优化 | 生态空间面积比例 |
| | | 自然保护区面积比例 |
| 资源集约节约 | 土地集约利用 | 万元 GDP 地耗 |
| | | 单位播种面积粮食产量 |
| | 能源集约利用 | 万元 GDP 能耗 |
| | | 能源加工转换效率 |
| | 用水集约利用 | 万元 GDP 水耗 |
| | | 农业灌溉水有效利用系数 |
| 环境治理改善 | 土壤污染控制 | 土壤污染指数 |
| | | 受污染耕地面积比例 |
| | 大气污染控制 | 万元工业产值二氧化硫（$SO_2$）排放量 |
| | | 地级及以上城市空气质量优良天数比率（%） |
| | 水体污染控制 | 万元工业产值化学需氧量（COD）排放量 |
| | | 地表水达到或好于Ⅲ类水体比例 |
| 生态环境保护 | 生态资产增加 | 生态资产指数 |
| | | 单位面积生态系统生产总值（GEP） |
| | 生态服务增值 | GEP |
| | | 人均 GEP |
| | 气候变化应对 | 非化石能源占一次能源比重 |
| | | 万元 GDP 的二氧化碳（$CO_2$）排放量 |

续表

| 目标层 | 要素层 | 指标层 |
|---|---|---|
| 创新支撑发展 | 创新资源投入 | 人力资本存量 |
| | | 每万人拥有研发人员数 |
| | | 研发投入强度 |
| | 新动能培育 | 信息化发展指数 |
| | | 技术合同成交额 |
| | | 高技术产值占 GDP 比重 |
| | 高质量发展 | 全员劳动生产率 |
| | | 生态生产率 |
| | | 人均可支配收入 |

资料来源：笔者构建。

# 第三节　指标含义及计算原理

　　科技创新对生态文明建设贡献指标体系中的指标包括两种类型：第一类为单一指标，即能够直接反映科技创新对生态文明建设的某一方面贡献的指标，资料来源为《中国统计年鉴》《中国环境统计年鉴》《中国能源统计年鉴》与地方统计年鉴等；第二类为复合指标，即通过多个指标的简单运算而得，内涵更丰富，如城镇化率、万元 GDP 能耗等指标。本节主要对指标体系中涉及的重点复合指标进行内涵和计算方法的解释。

## 一、城镇化率

　　城镇化是伴随工业化发展，非农产业在城镇集聚、农村人口向城镇集中的自然历史过程，是人类社会发展的客观趋势，是国家现代化的重要标志。本章建立的科技创新对生态文明建设贡献指标体系中的城镇化率，指以人口城镇化率衡量的城镇化水平，即一个地区城镇常住人口占该地区常住总人口的比例。

其计算公式为：

$$城镇化率 = \frac{城镇常住人口}{地区常住总人口} \qquad (1-1)$$

## 二、城镇 GDP 占地区 GDP 比重

城镇 GDP 占地区 GDP 的比重衡量了地区的经济城镇化水平。为精确衡量城镇 GDP 占地区 GDP 的比重，此处选择市辖区 GDP（包括城区、郊区但不包括市辖县（市）的城市行政区的地区生产总值）进行计算。

其计算公式为：

$$城镇\ GDP\ 占地区\ GDP\ 比重 = \frac{市辖区\ GDP}{地区\ GDP} \qquad (1-2)$$

## 三、生态空间面积比例

生态空间面积比例是衡量一个地区生态空间所占的比重，计算时，以测算地区的林地、草地、荒漠与湿地的面积总和为生态空间总面积。

其计算公式为：

$$生态空间面积比例 = \frac{生态空间面积}{行政区域面积} \qquad (1-3)$$

## 四、万元 GDP 地耗

该指标衡量一个地区每万元 GDP 所占用的土地面积，此处选择建成区面积进行计算，以更好地衡量地区的土地利用效率。

其计算公式为：

$$万元\ GDP\ 地耗 = \frac{建成区面积}{地区生产总值} \qquad (1-4)$$

万元 GDP 能耗、万元 GDP 水耗、万元工业产值 $SO_2$ 排放量、万元工

业产值 COD 排放量、万元 GDP 的 $CO_2$ 排放量的计算思路同理。

## 五、生态资产指数

生态资产指数能够同时反映生态资产的数量与质量，是质量等级指数与面积指数的乘积，生态资产质量等级指数由不同质量等级的生态资产面积和相应质量权重因子的乘积与该类生态资产总面积和最高质量权重因子乘积的比值得到，生态资产面积指数由生态资产的面积与全国总面积的比值得到[①]。

## 六、生态系统生产总值

生态系统生产总值可以定义为生态系统为人类提供的产品与服务价值的总和[②]。生态系统生产总值是生态系统产品价值、调节服务价值和文化服务价值的总和，生态系统生产总值核算通常不包括生态支持服务功能。通过建立国家或区域 GEP 的核算制度，可以评估其森林、草原、荒漠、湿地和海洋等生态系统以及农田、牧场、水产养殖场和城市绿地等人工生态系统的生产总值，来衡量和展示生态系统的状况及其变化。

## 七、全员劳动生产率

全员劳动生产率指根据产品的价值量指标计算的平均每一个从业人员在单位时间内的产品生产量，是考核企业经济活动的重要指标，是企业生产技术水平、经营管理水平、职工技术熟练程度和劳动积极性的综合表现。

其计算公式为：

---

① 宋昌素，肖燚，博文静，肖洋，邹梓颖，欧阳志云. 生态资产评价方法研究——以青海省为例 [J]. 生态学报，2019，39（1）：9-23.

② 欧阳志云，朱春全，杨广斌，徐卫华，郑华，张琰，肖燚. 生态系统生产总值核算：概念、核算方法与案例研究 [J]. 生态学报，2013，33（21）：6747-6761.

$$全员劳动生产率=\frac{地区生产总值}{就业人口数量} \tag{1-5}$$

## 八、生态生产率

生态生产率用于衡量地区生产总值的绿色程度，表现为生态系统生产总值在地区生态系统生产总值与经济生产总值之和中所占的比重。

其计算公式为：

$$生态生产率=\frac{生态系统生产总值}{生态系统生产总值+地区生产总值} \tag{1-6}$$

# 第二章 科技创新对生态文明建设的贡献率核算模型

## 第一节 贡献率核算原理

以余值法为基本思想，建立科技创新对生态文明建设贡献率的一般性核算模型。对于科技创新的概念界定较为宽泛，既包括新工具、新材料、新能源等客观物质的发现、发明与应用，也包括生产、制造、管理流程的改进完善以及规模效应等。在此，将科技创新定义为技术进步中以硬科技创新产出为代表的纯粹技术进步。

对于劳动力和资本的弹性系数 α 和 β，固定规模收益下 α+β=1，只有提高技术水平，才会提高经济效益。余值法建立在希克斯中性技术进步条件下，该条件下技术进步不会引起资本投入和劳动投入比例（K/L）的变化，由此可得劳动力与资本的边际替代率$\frac{dY}{dK}/\frac{dY}{dL}$发生变化，从而生产函数可以表示为 Y = A(t)F(K，L)，A(t) 即产出中技术进步贡献的部分，技术进步在经济增长中的贡献率也就可以测算。余值法在科技创新对生态文明建设贡献率核算中的应用如下：

希克斯中性技术条件下的柯布—道格拉斯生产函数可表示为：

$$Y_t = A_t K_t^{\alpha} L_t^{\beta} \qquad (2\text{-}1)$$

式中，Y 为产值，K 为资本，L 为劳动力，A 为技术因素。

对生产函数（2-1）取对数并对 t 求导，得到：

$$\frac{d\log Y_t}{dt} = \frac{\log A_t}{dt} + \alpha \frac{\log K_t}{dt} + \beta \frac{\log L_t}{dt} \qquad (2\text{-}2)$$

进一步可改写为：

$$r_Y = r_A + \alpha r_K + \beta r_L \qquad (2-3)$$

由式（2-3），可得科技创新速度：

$$r_A = r_Y - \alpha r_K - \beta r_L \qquad (2-4)$$

从而科技创新对经济增长的贡献率 EA：

$$EA = \frac{r_A}{r_Y} \times 100\% \qquad (2-5)$$

科技创新对经济增长的贡献率，即扣除了资本和劳动后科技创新等因素对经济增长的贡献份额，反映了科技创新对经济增长的作用程度。

为研究科技创新对生态文明建设的贡献程度，在此将经济产值替换为生态文明建设产值，根据式（2-4）可得科技创新对生态文明建设的贡献率：

$$E = \frac{r_A}{r_Y} \times 100\% = \frac{r_Y - \alpha r_K - \beta r_L}{r_Y} \times 100\% \qquad (2-6)$$

式中，$r_Y$ 为生态文明建设的增长速度，$r_A$ 为科技创新速度。

# 第二节　贡献率核算流程

科技创新对生态文明建设贡献率的计算主要包括 10 个步骤（见图 2-1），具体如下：①确定需计算科技创新对生态文明建设贡献率的地区；②计算价格指数（具体方法见"第三节核算数据的处理方法"）；③计算资本和劳动力投入的增长速度（具体方法见"第三节核算数据的处理方法"）；④计算生态文明各个指标的时间序列值，并进行标准化处理（具体方法见"第三节核算数据的处理方法"）；⑤计算出资本和劳动的弹性系数（具体方法见"第三节核算数据的处理方法"）；⑥计算生态文明指数；⑦计算科技创新对生态文明建设的贡献率；⑧采用政策变量校正计算得到全国科技创新对生态文明的贡献率；⑨校正核算省（自治区、直辖市）的科技创新对生态文明建设的贡献率；⑩输出科技创新对生态文明建设的贡献率。

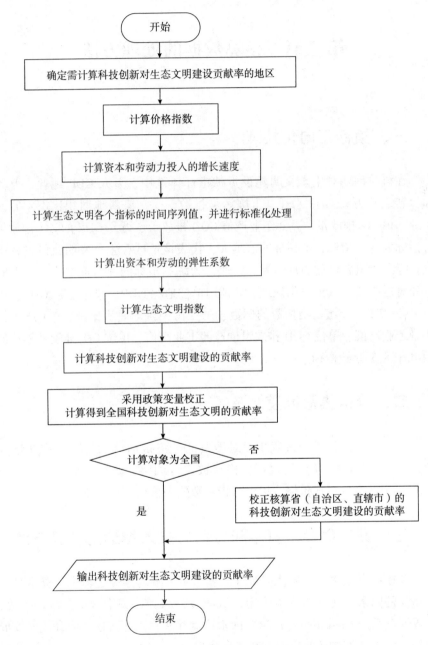

**图 2-1 科技创新对生态文明建设贡献率的计算流程**

资料来源：笔者制作。

# 第三节　核算数据的处理方法

## 一、指标正向化处理

在科技创新对生态文明建设贡献指标体系中，万元 GDP 地耗、万元 GDP 能耗、万元 GDP 水耗、土壤污染指数、受污染耕地面积比例、万元工业产值 $SO_2$ 排放量、万元工业产值 COD 排放量、万元 GDP 的 $CO_2$ 排放量等指标为逆向指标，即指标的值越大，代表该地区在生态文明建设过程中该指标所衡量领域的表现越差。因此，为统一指标的衡量标准，在计算时首先对逆向指标做正向化处理。分别用单位地耗 GDP、单位能耗 GDP、单位水耗 GDP、土壤污染指数的倒数、未受污染耕地面积比例、单位 $SO_2$ 排放量工业产值、单位 COD 排放量创造的工业产值、单位 $CO_2$ 排放量创造的 GDP 来代替原始指标。

## 二、价格指数调整

在进行计量分析的过程中，对涉及的经济指标（如 GDP、产业增加值、固定资产投资等）均根据价格指数进行调整，将指标统一转换为以 2005 年为基准的可比价格，以消除指标数值中价格因素的影响。

## 三、资本盘存、资本和劳动力投入增速的计算方法

在使用余值法进行科技创新对生态文明贡献的测算过程中，资本是一个重要的因素，此处的资本采用存量的核算口径。关于资本存量的计算，学界普遍采用 Goldsmith（1951）的永续盘存法，该方法在经济合作与发展组织国家得到了广泛的应用。其基本公式为：

$$K_t = I_t + (1-\delta_t) K_{t-1} \tag{2-7}$$

式中，$K_t$ 为第 $t$ 年的资本存量，$K_{t-1}$ 为第 $t-1$ 年的资本存量，$I_t$ 为第 $t$ 年的投资，$\delta_t$ 为第 $t$ 年的折旧率。

以此为基础，不同的研究者指出了不同的变形，邹至庄（Chow，1993）给出公式：$K_t = K_{t-1}+$ 第 $t$ 年的实际净投资；王小鲁、樊纲（2000）给出公式：$K_t = K_{t-1}+\dfrac{（第 t 年的固定资本形成-折旧）}{P_k}$，其中，$P_k$ 为固定资产投资价格指数。

本标准选择应用度更高的如式（2-1）所示的盘存方法进行计算。资本的折旧率 $\delta_t$ 取 3%。为剔除价格因素的影响，每年新增的投资量均经过固定资产投资价格指数的调整，调整为 2005 年为基期的数据。

资本存量的年平均增长速度采用水平法计算，计算公式为：

$$r_{K_t} = \left(\sqrt[t]{\frac{r_{K_t}}{r_{K_0}}}-1\right)\times 100\% \tag{2-8}$$

劳动力的数量指的是所对应行业的就业人员的数量，资本的数量采用的是用永续盘存法计算的资本存量。

劳动力和资本存量的年平均增长速度采用水平法计算，计算公式为：

$$y = \left(\sqrt[t]{\frac{y_t}{y_0}}-1\right)\times 100\% \tag{2-9}$$

式中，$y_t$ 为计算期 $t$ 年的产出，$y_0$ 为基期的产出。

# 四、数据标准化处理

常用的数据标准化方法可总结为以下五种：

## （一）给定最大最小值的 Min-Max 标准化

基于原始数据的最大值和最小值进行数据的标准化。设 MinA 和 MaxA 分别为指标 A 的最小值和最大值，将 A 的一个原始值 X 通过 MinA-MaxA 标准化映射在区间 [0，1] 中的值 $\overline{X}$，其公式为：

$$\overline{X} = \frac{X-MinA}{MaxA-MinA} \tag{2-10}$$

## （二）Z-score 标准化

基于原始数据的均值 μ 和标准差 σ 进行数据的标准化。将 A 的原始值 X 使用 Z-score 标准化到 $\overline{X}$。其公式为：

$$\overline{X} = \frac{X-\mu}{\sigma} \tag{2-11}$$

## （三）对数标准化

将原始数据分别取对数得到新的序列。

$$\overline{X} = \ln X \tag{2-12}$$

## （四）小数定标标准化

通过移动数据的小数点位置来进行标准化。小数点移动多少位取决于属性 A 的取值中的最大绝对值。将属性 A 的原始值 X 使用 Decimal Scaling 标准化到 $\overline{X}$ 的计算方法是：

$$\overline{X} = \frac{X}{10 \times j} \tag{2-13}$$

式中，j 是满足条件的最小整数。

例如，假定 A 的值由 -986 到 917，A 的最大绝对值为 986，为使用小数定标标准化，则用 1000（即 j=3）除以每个值，这样 -986 被规范化为 -0.986。

## （五）定基标准化

令第一年的数据为 1，则第 i 年的数据为第二年的原始数据除以第一年的原始数据。

其公式为：

$$\overline{X}_i = \frac{X_i}{X_1} \tag{2-14}$$

在此选择定基标准化方法对数据进行处理。

# 五、资本和劳动弹性系数的计算方法

对于弹性系数（α 为资本产出弹性，β 为劳动的产出弹性）的估计，可以采用时间序列进行计量回归的方法。即选择一定长度的时间序列值，包括因变量（如消除价格因素影响后的生产总值、分行业或分省增加值）、自变量（资本和劳动要素投入），然后进行回归估计，在估计的过程中，可以假设规模报酬不变，即此时假设 α 与 β 之和为 1，也可以不对 α 与 β 的规模性进行限制，直接进行回归估计。

此外，可以采用校准法。即不采用回归估计的方法，根据参数的经济学意义，通过参数相应的经济统计数据和经济平衡关系，直接求解出对应的参数值。根据有关研究，并结合实际对原有的参数校准方法予以改进，从投入产出表中校准得到 α 与 β 的值。

$$\alpha = \frac{m}{N} \tag{2-15}$$

$$\beta = \frac{V_1}{N} \tag{2-16}$$

$$P = \frac{T}{N} \tag{2-17}$$

式中，$V_1$ 为劳动的增加值，即投入产出表中的劳动报酬，为资本的增加值，即投入产出表中的营业盈余，N 为增加值。此处将生产税占增加值的比例 P 作为政策变量进行处理，即在计算贡献率后，扣除掉政策变量以后，得到技术进步对生态文明的贡献率。初始 P 值计算后，通过专家打分法进行进一步校正。根据式（2-15）至式（2-17），计算得到资本和劳动的弹性系数如表 2-1 所示。进行省级计算比较时，原则上可采用全国的弹性系数为参考。

表 2-1　根据投入产出表计算得到的弹性系数

| 年份 | α | β |
|---|---|---|
| 2006 | 0.3015 | 0.4779 |
| 2007 | 0.3015 | 0.4779 |
| 2008 | 0.3015 | 0.4779 |
| 2009 | 0.3015 | 0.4779 |
| 2010 | 0.3015 | 0.4779 |

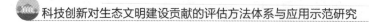

续表

| 年份 | α | β |
|------|------|------|
| 2011 | 0.2373 | 0.4921 |
| 2012 | 0.2373 | 0.4921 |
| 2013 | 0.2373 | 0.4921 |
| 2014 | 0.2373 | 0.4921 |
| 2015 | 0.2373 | 0.4921 |
| 2016 | 0.2373 | 0.4921 |

资料来源：笔者计算。

# 第三章  科技创新对生态文明建设贡献率的计算分析

## 第一节  2006～2016 年我国科技创新对生态文明建设的贡献率

根据第一章建立的科技创新对生态文明建设贡献指标体系，在第二章构建的科技创新对生态文明建设贡献率核算模型的基础上，选取 2005～2016 年数据，测算了 2006～2016 年我国科技创新对生态文明建设的年贡献率、三年移动平均贡献率与五年移动平均贡献率（见表 3-1 和图 3-1）。

表 3-1  2006～2016 年我国科技创新对生态文明建设年贡献率、移动平均贡献率

| 年份 | 科技创新对生态文明建设贡献率（%） | 三年移动平均贡献率（%） | 五年移动平均贡献率（%） |
|------|------|------|------|
| 2006 | 35.3 | | |
| 2007 | 36.8 | | |
| 2008 | 38.2 | 36.8 | |
| 2009 | 38.1 | 37.7 | |
| 2010 | 38.7 | 38.3 | 37.4 |
| 2011 | 41.5 | 39.4 | 38.7 |
| 2012 | 41.1 | 40.4 | 39.5 |

续表

| 年份 | 科技创新对生态文明建设贡献率（%） | 三年移动平均贡献率（%） | 五年移动平均贡献率（%） |
|------|------|------|------|
| 2013 | 42.8 | 41.8 | 40.4 |
| 2014 | 42.1 | 42.0 | 41.2 |
| 2015 | 44.4 | 43.1 | 42.4 |
| 2016 | 45.5 | 44.0 | 43.2 |

资料来源：笔者计算。

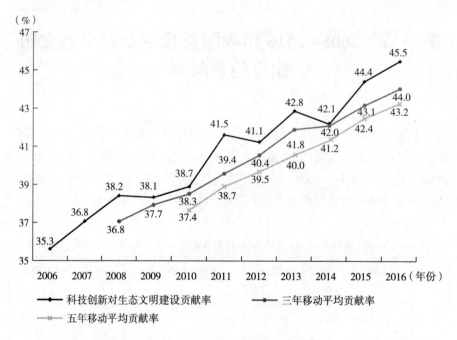

图3-1　2006~2016年我国科技创新对生态文明建设年贡献率、移动平均贡献率

资料来源：笔者计算。

通过分析我国科技创新对生态文明建设年贡献率的计算结果可知，2006年以来科技创新对生态文明建设的贡献率不断增加，由2006年的35.3%上升至2016年的45.5%，增加超过了十个百分点。11年间，科技创新对生态文明建设贡献率的变化呈现周期性的波动，在第一个周期（2006~2009年）内由2006年的35.3%上升至2008年的38.2%，随后在

2009 年发生小幅下跌；2010 年贡献率的变动进入第二周期（2010~2014
年），科技创新对生态文明建设贡献率经历了先增加后减小的变化历程，
该阶段内贡献率的最大值为 2013 年的 42.8%，后降至 2014 年的 42.1%；
2015 年我国科技创新对生态文明建设贡献率进入了第三周期，此后，科技
创新对生态文明建设的贡献率不断增加且增速较快，年均增长超过 1%。
至 2016 年，科技创新对生态文明建设的贡献率首次超过了 45%，达
到 45.5%。

随着生态文明理念的树立与不断深入，"十二五"规划明确提出必须
增强危机意识，树立绿色、低碳发展理念，以节能减排为重点，健全激励
与约束机制，加快构建资源节约、环境友好的生产方式和消费模式，增强
可持续发展能力，提高生态文明水平。相比之下，"十二五"期间我国科
技创新对生态文明建设的贡献率有了明显的提高，"十一五"期间，我国
科技创新对生态文明建设贡献率的年均水平为 37.4%，"十二五"期间的
科技创新对生态文明建设贡献率的年均水平达到了 42.4%，实现了年均 1
个百分点的增长。其中，2011 年为 41.5%，2012 年为 41.1%，2013 年为
42.8%，2014 年为 42.1%，2015 年为 44.4%，2016 年为 45.5%。

# 第二节　2005~2016 年我国科技创新支撑
生态文明建设指数

根据前序章节设计的科技创新对生态文明建设贡献的指标体系，可计
算出科技创新支撑生态文明建设指数及其三年、五年平均水平（见表 3-2
和图 3-2）。

表 3-2　2005~2016 年我国科技创新支撑生态文明建设指数、移动平均指数

| 年份 | 科技创新支撑生态文明建设指数 | 三年移动平均指数 | 五年移动平均指数 |
|---|---|---|---|
| 2005 | 1.000 | | |
| 2006 | 1.093 | | |

续表

| 年份 | 科技创新支撑生态文明建设指数 | 三年移动平均指数 | 五年移动平均指数 |
|---|---|---|---|
| 2007 | 1.211 | 1.101 | |
| 2008 | 1.313 | 1.206 | |
| 2009 | 1.416 | 1.313 | 1.207 |
| 2010 | 1.581 | 1.437 | 1.323 |
| 2011 | 1.699 | 1.566 | 1.444 |
| 2012 | 1.861 | 1.714 | 1.574 |
| 2013 | 2.000 | 1.853 | 1.711 |
| 2014 | 2.137 | 1.999 | 1.856 |
| 2015 | 2.306 | 2.148 | 2.001 |
| 2016 | 2.451 | 2.298 | 2.151 |

资料来源：笔者计算。

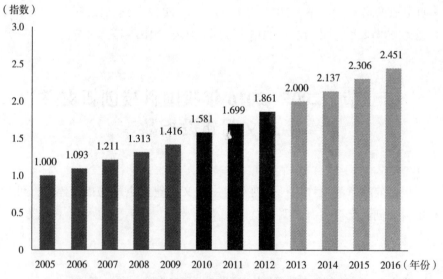

图 3-2　2005~2016 年我国科技创新支撑生态文明建设指数

资料来源：笔者计算。

结果表明，我国科技创新支撑生态文明建设指数同样呈现出增加态势。然而，与科技创新对生态文明建设贡献率波动式上升的发展历程不同，科技创新支撑生态文明建设指数不断增加。2005 年我国科技创新支撑生态文明建设指数为 1.000，至 2016 年这一指数增加至 2.451。从科技创新支撑生态文明建设指数的增长情况来看，"十二五"期间的增速高于"十一五"时期，"十一五"时期的年均增幅为 0.116，"十二五"时期的年均增幅为 0.145。其中，指数增幅超过 0.150 的年份共 3 年，均处于"十二五"时期及以后的阶段，2015 年的增幅最大，达到 0.169，2010 年的增幅次之，达到 0.165，2012 年的增幅也超过了 0.160，达到 0.162。

# 第四章 区域科技创新对生态文明建设贡献研究

## 第一节 北京市科技创新对生态文明建设贡献分析

2016 年，地区发展方面，北京市城区面积为 16410 平方千米，建成区面积为 1420 平方千米，常住人口数量为 2173 万，2016 年实现地区生产总值 25669.13 亿元；生态环境方面，北京市人均水资源量为 162 立方米，森林覆盖率为 35.8%，建成区绿化覆盖率为 48.4%，人均城市绿地面积为 38 平方米；科技发展方面，北京市研发与开发（Research and Development，R&D）经费内部支出为 1484.47 亿元，R&D 投入占 GDP 比重为 5.78%，国内专利授权量为 100578 项，国内发明专利申请授权量为 40602 项，技术市场成交额为 3940.98 亿元。

2006~2016 年，北京市科技创新对生态文明建设的贡献率由 39.50% 增长至 49.74%（见图 4-1），整体增幅达 10.24%，年均增幅约为 1.02%，高于全国同期水平。"十一五"期间，北京市科技创新对生态文明建设的平均年贡献率为 41.64%，"十二五"期间的科技创新对生态文明建设平均年贡献率为 46.39%，"十二五"期间比"十一五"期间提高近 5 个百分点。

北京市科技创新对生态文明建设的贡献率整体上呈现增长趋势，2006~2011 年实现了连续五年的连续稳定增长。2012~2014 年，北京市科技创新对生态文明建设的贡献率出现了一定程度的波动，由 2011 年的 45.90% 降至 2012 年的 45.27%，于 2013 年增长至 47.07%，但 2014 年又波动下跌至

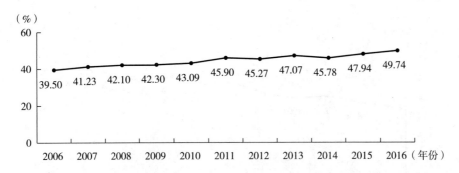

**图 4-1　2006~2016 年北京市科技创新对生态文明建设的贡献率**

资料来源：笔者计算。

45.78%。此后北京市科技创新对生态文明建设的贡献率进入了第二轮的稳定增长阶段，由 2014 年的 45.78% 增加至 2015 年的 47.94%，继而增加至 2016 年的 49.74%，年均增长近 2%，2016 年北京市科技创新对生态文明建设的贡献率比全国同年水平高出 4.24%。

# 第二节　天津市科技创新对生态文明建设贡献分析

2016 年，地区发展方面，天津市城区面积为 2583 平方千米，建成区面积为 1008 平方千米，常住人口数量为 1562 万人，2016 年实现地区生产总值 17885.39 亿元；生态环境方面，天津市人均水资源量为 120 立方米，森林覆盖率为 9.9%，建成区绿化覆盖率为 37.2%，人均城市绿地面积为 21 平方米；科技创新方面，天津市 R&D 经费内部支出为 537.32 亿元，R&D 投入占 GDP 比重为 3.00%，国内专利授权量 39734 项，国内发明专利申请授权量 5185 项，技术市场成交额达 552.64 亿元。

2006~2016 年，天津市科技创新对生态文明建设的贡献率由 37.70% 增长至 47.78%（见图 4-2），整体增幅达 10.08%，年均增幅约为 1.01%，低于全国同期水平。"十一五"期间，天津市科技创新对生态文明建设的平均年贡献率为 39.63%，"十二五"期间的科技创新对生态文明建设平均年贡献率为 44.77%，"十二五"期间比"十一五"期间提高超过 5 个百分点。

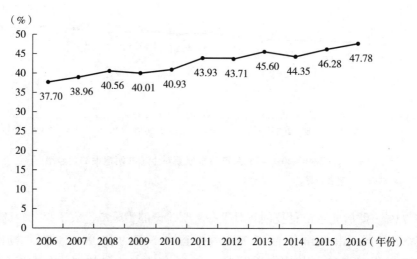

**图4-2   2006~2016年天津市科技创新对生态文明建设的贡献率**
资料来源：笔者计算。

天津市科技创新对生态文明建设的贡献率一直在波动中上升。2006年、2007年、2008年天津市科技创新对生态文明建设的贡献率分别为37.70%、38.96%和40.56%，一直保持稳定增长态势，但2009年随即跌落至40.01%，险些跌破40%。2010年，天津市科技创新对生态文明建设的贡献率复又增加至43.93%，但又于2011年下降至43.71%。经过11年的波动式上升，天津市科技创新对生态文明建设的贡献率增加至2016年的47.78%。

## 第三节   河北省科技创新对生态文明建设贡献分析

2016年，地区发展方面，河北省城区面积为6613平方千米，建成区面积为2056平方千米，常住人口数量为7470万，2016年实现地区生产总值32070.45亿元；生态环境方面，河北省人均水资源量为278立方米，森林覆盖率为23.4%，建成区绿化覆盖率为40.8%，人均城市绿地面积为11

平方米；科技创新方面，河北省 R&D 经费内部支出为 383.42 亿元，R&D 投入占 GDP 比重为 2.20%，国内专利授权量 31826 项，国内发明专利申请授权量 4247 项，技术市场成交额达 59 亿元。

2006~2016 年，河北省科技创新对生态文明建设的贡献率由 33.89% 增长至 44.03%（见图 4-3），整体增幅达 10.14%，年均增幅约为 1.01%，高于全国同期水平。"十一五"期间，河北省科技创新对生态文明建设的平均年贡献率为 36.00%，"十二五"期间的科技创新对生态文明建设平均年贡献率为 40.86%，"十二五"期间比"十一五"期间提高近 5 个百分点。

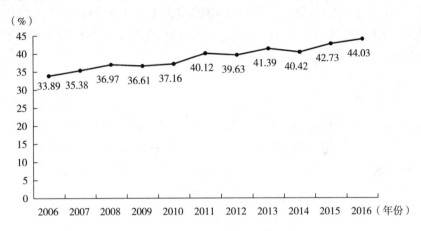

图 4-3　2006~2016 年河北省科技创新对生态文明建设的贡献率

资料来源：笔者计算。

2006~2016 年河北省科技创新对生态文明建设的贡献率的变化过程可以分为三个阶段。第一阶段为 2006~2009 年，该阶段内河北省科技创新对生态文明建设的贡献率经历了先增加后减小的变化过程，由 2006 年的 33.89% 增加至 2008 年的 36.97%，后降至 2009 年的 36.61%。第二阶段为 2010~2014 年，河北省科技创新对生态文明建设的贡献率同样先增加后减小，但波动幅度高于前一阶段，年均波动幅度达 1.55%。2015 年河北省科技创新对生态文明建设的贡献率进入第三个变化阶段，贡献率保持每年 1.3% 的不断增加趋势，由 2014 年的 40.42% 增加至 2015 年的 42.73%、2016 年的 44.03%。

# 第四节　山西省科技创新对生态文明建设贡献分析

　　2016 年，地区发展方面，山西省城区面积为 2893 平方千米，建成区面积为 1158 平方千米，常住人口数量为 3682 万，2016 年实现地区生产总值 13050.41 亿元；生态环境方面，山西省人均水资源量为 364 立方米，森林覆盖率为 18.0%，建成区绿化覆盖率为 40.5%，人均城市绿地面积为 12 平方米；科技创新方面，山西省 R&D 经费内部支出为 132.62 亿元，R&D 投入占 GDP 比重为 1.02%，国内专利授权量 10062 项，国内发明专利申请授权量 2411 项，技术市场成交额达 42.56 亿元。

　　2006~2016 年，山西省科技创新对生态文明建设的贡献率由 34.28% 增长至 43.87%（见图 4-4），整体增幅达 9.59%，年均增幅约为 0.96%，低于全国同期水平。"十一五"期间，山西省科技创新对生态文明建设的平均年贡献率为 36.44%，"十二五"期间的科技创新对生态文明建设平均年贡献率为 41.15%，"十二五"期间比"十一五"期间提高近 5 个百分点。

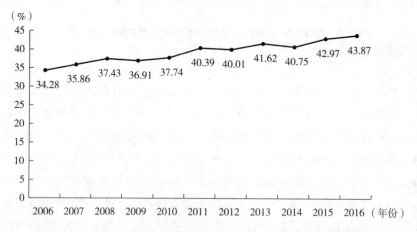

图 4-4　2006~2016 年山西省科技创新对生态文明建设的贡献率

资料来源：笔者计算。

山西省科技创新对生态文明建设的贡献率的变化过程同河北省相似，同样可以分为三个变化阶段，但波动幅度略高于河北省。山西省科技创新对生态文明建设贡献率的第一阶段（2006~2009年），贡献率的年均波动幅度达1.22%，是该阶段内贡献率年均增幅（0.88%）的1.4倍。第二阶段（2010~2014年）的累计波动幅度达6.34%，是第一阶段累计波动幅度（3.67%）的近1.7倍；该阶段内贡献率的年均波动幅度达1.27%，高于第一阶段。第三阶段（2015年以来）山西省科技创新对生态文明建设贡献率开始稳定增长，由2014年的40.75%增至2015年的42.97%、2016年的43.87%，但仍低于全国同期水平。

# 第五节　内蒙古自治区科技创新对生态文明建设贡献分析

2016年，地区发展方面，内蒙古自治区城区面积为4872平方千米，建成区面积为1242平方千米，常住人口数量为2520万，2016年实现地区生产总值18128.10亿元；生态环境方面，内蒙古自治区人均水资源量为1692立方米，森林覆盖率为21.0%，建成区绿化覆盖率为39.9%，人均城市绿地面积为26.03平方米；科技创新方面，内蒙古自治区R&D经费内部支出为147.51亿元，R&D投入占GDP比重为0.81%，国内专利授权量5846项，国内发明专利申请授权量871项，技术市场成交额达12.05亿元。

2006~2016年，内蒙古自治区科技创新对生态文明建设的贡献率由34.62%增长至43.45%（见图4-5），整体增幅达8.83%，年均增幅约为0.88%，低于全国同期水平。"十一五"期间，内蒙古自治区科技创新对生态文明建设的平均年贡献率为36.32%，"十二五"期间的科技创新对生态文明建设平均年贡献率为40.68%，"十二五"期间比"十一五"期间提高超过4个百分点。

内蒙古自治区科技创新对生态文明建设的贡献率在2010~2014年发生了较大幅度的变动，2011年的科技创新对生态文明建设的贡献率为

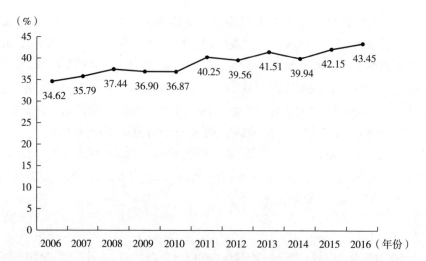

**图 4-5　2006~2016 年内蒙古自治区科技创新对生态文明建设的贡献率**

资料来源：笔者计算。

40.25%，比 2010 年增加了 3.38%；随后 3 年中不断呈现"减小—增加—减小"的变化特征，至 2014 年，内蒙古自治区科技创新对生态文明建设的贡献率波动下降至 39.94%，低于 2011 年的贡献率水平。2015 年以来，内蒙古自治区科技创新对生态文明建设的贡献率开始不断增大，两年的年均增速高于全国水平，但贡献率的绝对水平仍落后于全国科技创新对生态文明建设的贡献率。

# 第六节　辽宁省科技创新对生态文明建设贡献分析

　　2016 年，地区发展方面，辽宁省城区面积为 15148 平方千米，建成区面积为 2798 平方千米，常住人口数量为 4378 万，2016 年实现地区生产总值 22246.90 亿元；生态环境方面，辽宁省人均水资源量为 757 立方米，森林覆盖率为 38.2%，建成区绿化覆盖率为 36.4%，人均城市绿地面积为 27 平方米；科技创新方面，辽宁省 R&D 经费内部支出为 372.72 亿元，R&D 投入占 GDP 比重为 1.68%，国内专利授权量 25104 项，国内发明专利申请授权量 6731 项，技术市场成交额达 323.22 亿元。

2006~2016 年，辽宁省科技创新对生态文明建设的贡献率由 34.84%
增长至 44.49%（见图 4-6），整体增幅达 9.65%，年均增幅约为 0.97%，
低于全国同期水平。"十一五"期间，辽宁省科技创新对生态文明建设的
平均年贡献率为 37.14%，"十二五"期间的科技创新对生态文明建设平均
年贡献率为 41.94%，"十二五"期间比"十一五"期间提高近 5 个百
分点。

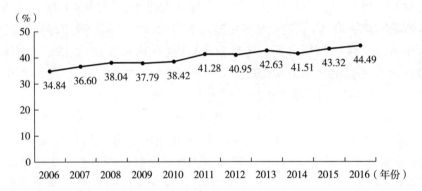

**图 4-6  2006~2016 年辽宁省科技创新对生态文明建设的贡献率**
资料来源：笔者计算。

辽宁省科技创新对生态文明建设的贡献率也在波动中上升，发生了三
次贡献率的减小，第一次为 2008~2009 年，辽宁省科技创新对生态文明建
设的贡献率由 2008 年的 38.04% 下降至 2009 年的 37.79%，降幅为 0.25%；
第二次下降发生在 2011~2012 年，辽宁省科技创新对生态文明建设的贡献
率由 2011 年的 41.28% 下降至 2012 年的 40.95%，降幅为 0.33%；第三次
下降发生在 2013~2014 年，辽宁省科技创新对生态文明建设的贡献率由
2013 年的 42.63% 下降至 2014 年的 41.51%，降幅为 1.12%。可以发现，
除 2013~2014 年外，辽宁省科技创新对生态文明建设贡献率的降幅较小，
均控制在 0.35% 的降幅以内。2015 年开始，辽宁省科技创新对生态文明建
设的贡献率开始不断增加。

# 第七节　吉林省科技创新对生态文明建设贡献分析

2016 年，地区发展方面，吉林省城区面积为 5112 平方千米，建成区面积为 1426 平方千米，常住人口数量为 2733 万，2016 年实现地区生产总值 14776.80 亿元；生态环境方面，吉林省人均水资源量为 1789 立方米，森林覆盖率为 40.4%，建成区绿化覆盖率为 35.0%，人均城市绿地面积为 17 平方米；科技创新方面，吉林省 R&D 经费内部支出为 139.67 亿元，R&D 投入占 GDP 比重为 0.95%，国内专利授权量 9995 项，国内发明专利申请授权量 2428 项，技术市场成交额达 116.42 亿元。

2006~2016 年，吉林省科技创新对生态文明建设的贡献率由 34.30%增长至 44.51%（见图 4-7），整体增幅达 10.21%，年均增幅约为 1.02%，高于全国同期水平。"十一五"期间，吉林省科技创新对生态文明建设的平均年贡献率为 36.42%，"十二五"期间的科技创新对生态文明建设平均年贡献率为 41.36%，"十二五"期间比"十一五"期间提高近 5 个百分点。

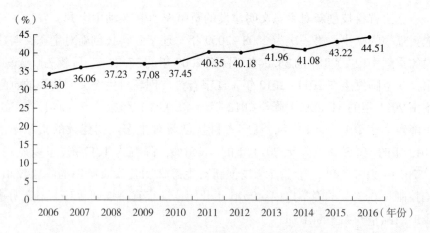

图 4-7　2006~2016 年吉林省科技创新对生态文明建设的贡献率

资料来源：笔者计算。

相对于 2010 年及以前，吉林省科技创新对生态文明建设的贡献率自 2011 年开始进入快速增长阶段。2006~2009 年吉林省科技创新对生态文明建设的贡献率由 34.30%增加至 37.08%，年均增幅约为 0.92%；2011~2016 年吉林省科技创新对生态文明建设的贡献率由 40.35%增加至 44.51%，年均增幅约为 1.18%，是前一阶段年均增幅的近 1.3 倍。2006 年，吉林省科技创新对生态文明建设贡献率与全国的差距为 1.20%，2010 年扩大至 1.25%，在 2016 年则缩小至 0.99%。

# 第八节　黑龙江省科技创新对生态文明建设贡献分析

2016 年，地区发展方面，黑龙江省城区面积为 2736 平方千米，建成区面积为 1810 平方千米，常住人口数量为 3799 万，2016 年实现地区生产总值 15386.09 亿元；生态环境方面，黑龙江省人均水资源量为 2221 立方米，森林覆盖率为 43.2%，建成区绿化覆盖率为 35.4%，人均城市绿地面积为 20 平方米；科技创新方面，黑龙江省 R&D 经费内部支出为 152.50 亿元，R&D 投入占 GDP 比重为 0.99%，国内专利授权量 18046 项，国内发明专利申请授权量 4345 项，技术市场成交额达 125.81 亿元。

2006~2016 年，黑龙江省科技创新对生态文明建设的贡献率由 34.72%增长至 44.14%（见图 4-8），整体增幅达 9.42%，年均增幅约为 0.94%，低于全国同期水平。"十一五"期间，黑龙江省科技创新对生态文明建设的平均年贡献率为 36.68%，"十二五"期间的科技创新对生态文明建设平均年贡献率为 41.43%，"十二五"期间比"十一五"期间提高近 5 个百分点。

黑龙江省科技创新对生态文明建设的贡献率在不断的波动中实现了增长。黑龙江省在 2011 年实现了科技创新对生态文明建设贡献率突破 40%的进步，但与全国同期水平之间的差距不断增加。2006 年，黑龙江省科技创新对生态文明建设的贡献率为 34.72%，落后于全国同期水平（35.50%）0.78%，这一差距在 2011 年扩大至 0.83%，至 2016 年，黑龙

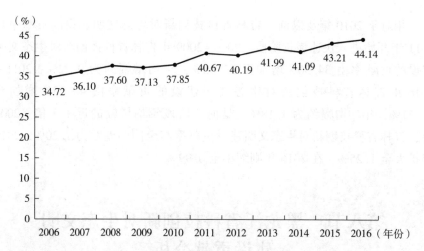

**图 4-8　2006~2016 年黑龙江省科技创新对生态文明建设的贡献率**

资料来源：笔者计算。

江省科技创新对生态文明建设的贡献率为 44.14%，落后于全国科技创新对生态文明建设贡献率的幅度已经扩大至 1.36%，是最初的 1.74 倍。

# 第九节　上海市科技创新对生态文明建设贡献分析

2016 年，地区发展方面，上海市城区面积为 6341 平方千米，建成区面积为 999 平方千米，常住人口数量为 2420 万，2016 年实现地区生产总值 28178.65 亿元；生态环境方面，上海市人均水资源量为 252 立方米，森林覆盖率为 10.7%，建成区绿化覆盖率为 38.6%，人均城市绿地面积为 53平方米；科技创新方面，上海市 R&D 经费内部支出为 1049.32 亿元，R&D 投入占 GDP 比重为 3.72%，国内专利授权量 64230 项，国内发明专利申请授权量 20086 项，技术市场成交额达 780.99 亿元。

2006~2016 年，上海市科技创新对生态文明建设的贡献率由 38.92%增长至 48.63%（见图 4-9），整体增幅达 9.71%，年均增幅约为 0.97%，低于全国同期水平。"十一五"期间，上海市科技创新对生态文明建设的平均年贡献率为41.00%，"十二五"期间的科技创新对生态文明建设平均年贡献率为45.37%，"十二五"期间比"十一五"期间提高超过4个百分点。

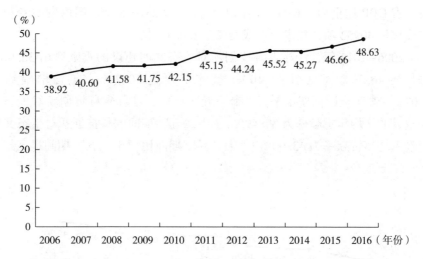

**图4-9　2006~2016年上海市科技创新对生态文明建设的贡献率**

资料来源：笔者计算。

　　上海市科技创新对生态文明建设的贡献率保持较为平稳的增长趋势，同时也保持了较高的贡献率水平。在2007年，上海市科技创新对生态文明建设的贡献率就超过了40%，早于全国整体水平4年，并于2011年超过45%，早于全国整体水平5年。2006~2016年，上海市科技创新对生态文明建设的贡献率均领先于全国水平，年均领先幅度为3.27%；除2013年和2015年外，上海市科技创新对生态文明建设每年领先全国的程度均突破了3%，2011年更是达到了3.65%。

# 第十节　江苏省科技创新对生态文明建设贡献分析

　　2016年，地区发展方面，江苏省城区面积为15278平方千米，建成区面积为4299平方千米，常住人口数量为7999万，2016年实现地区生产总值 77388.28 亿元；生态环境方面，江苏省人均水资源量为 927 立方米，森林覆盖率为 15.8%，建成区绿化覆盖率为 42.9%，人均城市绿地面积为 35 平方米；科技创新方面，江苏省 R&D 经费内部支出为 2026.87 亿元，R&D 投入占 GDP 比重为 2.62%，国内专利授权量 231033 项，国内发明专利申请授权量 40952 项，技术市场成交额达 635.64 亿元。

2006~2016 年，江苏省科技创新对生态文明建设的贡献率由 35.96% 增长至 46.70%（见图 4-10），整体增幅达 10.74%，年均增幅约为 1.07%，高于全国同期水平。"十一五"期间，江苏省科技创新对生态文明建设的平均年贡献率为 38.49%，"十二五"期间的科技创新对生态文明建设平均年贡献率为 43.90%，"十二五"期间比"十一五"期间提高超过 5 个百分点。

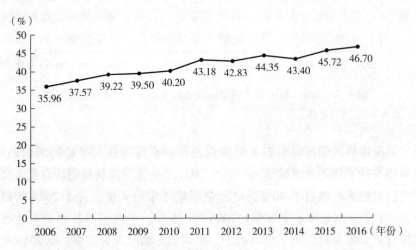

**图 4-10　2006~2016 年江苏省科技创新对生态文明建设的贡献率**

资料来源：笔者计算。

江苏省科技创新对生态文明建设的贡献率水平较高，并在 2006~2016 年实现了显著增长。一方面，江苏省科技创新对生态文明建设的贡献率每年都高于全国同期水平，领先全国的程度由 2006 年的 0.46% 快速增加至 2016 年的 1.20%，增长近 3 倍。另一方面，江苏省在 2010 年就实现了科技创新对生态文明建设的贡献率突破 40%，并于 2015 年突破了 45%，均领先于全国整体水平。

## 第十一节 浙江省科技创新对生态文明建设贡献分析

2016 年，地区发展方面，浙江省城区面积为 11312 平方千米，建成区面积为 2673 平方千米，常住人口数量为 5590 万，2016 年实现地区生产总值 47251.36 亿元；生态环境方面，浙江省人均水资源量为 2367 立方米，森林覆盖率为 59.1%，建成区绿化覆盖率为 41%，人均城市绿地面积为 28 平方米；科技创新方面，浙江省 R&D 经费内部支出为 1130.63 亿元，R&D 投入占 GDP 比重为 2.39%，国内专利授权量 221456 项，国内发明专利申请授权量 26576 项，技术市场成交额达 198.37 亿元。

2006~2016 年，浙江省科技创新对生态文明建设的贡献率由 36.82% 增长至 46.92%（见图 4-11），整体增幅达 10.1%，年均增幅约为 1.01%，低于全国同期水平。"十一五"期间，浙江省科技创新对生态文明建设的平均年贡献率为 38.84%，"十二五"期间的科技创新对生态文明建设平均年贡献率为 43.77%，"十二五"期间比"十一五"期间提高近 5 个百分点。

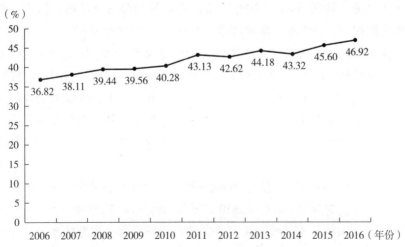

图 4-11 2006~2016 年浙江省科技创新对生态文明建设的贡献率

资料来源：笔者计算。

浙江省科技创新对生态文明建设的贡献率基本上呈现出了较为稳定的增长，除 2012 年和 2014 年发生了轻微的波动下滑（0.51%、0.86%）外，其他年份均保持较为快速的增长态势，年均增幅超过 1.43%。同时，浙江省科技创新对生态文明建设的贡献率每年年均领先于全国科技创新对生态文明建设贡献率的水平，年均领先优势保持在 1.42%。2010 年，浙江省科技创新对生态文明建设的贡献率超过了 40%；2015 年，浙江省科技创新对生态文明建设的贡献率超过了 45%，均早于全国科技创新对生态文明建设贡献率一年。

# 第十二节　安徽省科技创新对生态文明建设贡献分析

2016 年，地区发展方面，安徽省城区面积为 6100 平方千米，建成区面积为 2002 平方千米，常住人口数量为 6196 万，2016 年实现地区生产总值 24407.62 亿元；生态环境方面，安徽省人均水资源量为 2010 立方米，森林覆盖率为 27.5%，建成区绿化覆盖率为 41.7%，人均城市绿地面积为 16 平方米；科技创新方面，安徽省 R&D 经费内部支出为 475.13 亿元，R&D 投入占 GDP 比重为 1.95%，国内专利授权量 60983 项，国内发明专利申请授权量 15292 项，技术市场成交额达 217.37 亿元。

2006~2016 年，安徽省科技创新对生态文明建设的贡献率由 33.61% 增长至 44.43%（见图 4-12），整体增幅达 10.82%，年均增幅约为 1.08%，高于全国同期水平。"十一五"期间，安徽省科技创新对生态文明建设的平均年贡献率为 35.83%，"十二五"期间的科技创新对生态文明建设平均年贡献率为 41.24%，"十二五"期间比"十一五"期间提高超过 5 个百分点。

安徽省科技创新对生态文明建设贡献率的增长趋势较为明显，2011 年以来增长势头更为显著。2006~2010 年贡献率的年均增幅为 0.92%，2010~2016 年贡献率的年均增幅为 1.19%，均高于同期的全国整体水平。在与全国科技创新对生态文明建设的贡献率差距方面，安徽省科技创新对生态文明建设的贡献率与全国的差距不断缩小，2006 年安徽省科技创新对生态文明建设的贡献率落后于全国 1.69%，经过 10 年追赶，2016 年安徽省科技创新对生态文明建设的贡献率为 44.43%，与全国同期的科技创新对生态文明建设贡献率（45.50%）之间的差距缩小至 1.07%。

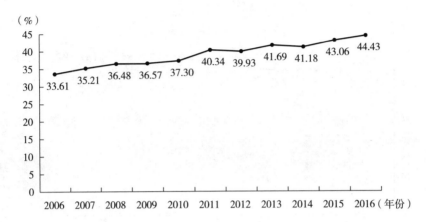

**图 4-12　2006~2016 年安徽省科技创新对生态文明建设的贡献率**

资料来源：笔者计算。

# 第十三节　福建省科技创新对生态文明建设贡献分析

2016 年，地区发展方面，福建省城区面积为 4441 平方千米，建成区面积为 1469 平方千米，常住人口数量为 3874 万，2016 年实现地区生产总值 28810.58 亿元；生态环境方面，福建省人均水资源量为 5444 立方米，森林覆盖率为 66.0%，建成区绿化覆盖率为 43.3%，人均城市绿地面积为 17 平方米；科技创新方面，福建省 R&D 经费内部支出为 454.29 亿元，R&D 投入占 GDP 比重为 1.58%，国内专利授权量 67142 项，国内发明专利申请授权量 7170 项，技术市场成交额达 43.22 亿元。

2006~2016 年，福建省科技创新对生态文明建设的贡献率由 35.98% 增长至 46.50%（见图 4-13），整体增幅达 10.52%，年均增幅约为 1.05%，高于全国同期水平。"十一五"期间，福建省科技创新对生态文明建设的平均年贡献率为 38. 10%, "十二五"期间的科技创新对生态文明建设平均年贡献率为 43. 17%, "十二五"期间比"十一五"期间提高超过 5 个百分点。

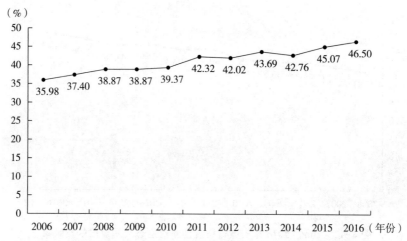

**图 4-13　2006~2016 年福建省科技创新对生态文明建设的贡献率**

资料来源：笔者计算。

2006~2016 年，福建省科技创新对生态文明建设的贡献率表现出小幅波动的增长态势。2006 年，福建省科技创新对生态文明建设的贡献率为 35. 98%，高出全国同年整体水平 0. 68%；2010 年，福建省科技创新对生态文明建设的贡献率增至 39. 37%，领先全国同期科技创新对生态文明建设贡献率的优势仍维持在 0. 67%。进入 2011 年，福建省科技创新对生态文明建设的贡献率增长速度加快，领先全国的优势不断增加，2016 年，福建省科技创新对生态文明建设的贡献率为 46. 50%，超过全国科技创新对生态文明建设贡献率的整体水平 1 个百分点。

## 第十四节　江西省科技创新对生态文明建设贡献分析

2016 年，地区发展方面，江西省城区面积为 2369 平方千米，建成区面积为 1371 平方千米，常住人口数量为 4592 万，2016 年实现地区生产总值 18499.00 亿元；生态环境方面，江西省人均水资源量为 4837 立方米，森林覆盖率为 60.0%，建成区绿化覆盖率为 43.6%，人均城市绿地面积为 12 平方米；科技创新方面，江西省 R&D 经费内部支出为 207.31 亿元，R&D 投入占 GDP 比重为 1.12%，国内专利授权量 31472 项，国内发明专利申请授权量 1914 项，技术市场成交额达 79.01 亿元。

2006~2016 年，江西省科技创新对生态文明建设的贡献率由 34.55% 增长至 45.14%（见图 4-14），整体增幅达 10.59%，年均增幅约为 1.06%，高于全国同期水平。"十一五"期间，江西省科技创新对生态文明建设的平均年贡献率为 36.66%，"十二五"期间的科技创新对生态文明建设平均年贡献率为 41.90%，"十二五"期间比"十一五"期间提高超过 5 个百分点。

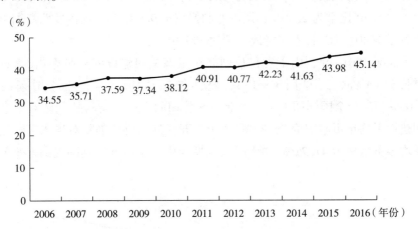

**图 4-14　2006~2016 年江西省科技创新对生态文明建设的贡献率**

资料来源：笔者计算。

江西省科技创新对生态文明建设的贡献率在 2006~2016 年发生了较为频繁的波动，但波动幅度相对较小。贡献率的增长方面，江西省科技创新对生态文明建设的贡献率增长幅度最大的一年为 2010~2011 年，达到了 2.79%，与全国同期水平（2.80%）相当；贡献率的下滑方面，江西省科技创新对生态文明建设的贡献率降幅最大的一年发生在 2013~2014 年，为 0.60%，降幅小于全国同期水平（0.70%）。同时，江西省科技创新对生态文明建设的贡献率与全国科技创新对生态文明建设贡献率水平之间的差距不断缩小, 由 2006 年的 0.75% 缩小至 2016 年的 0.36%。

# 第十五节　山东省科技创新对生态文明建设贡献分析

2016 年, 地区发展方面, 山东省城区面积为 22424 平方千米, 建成区面积为 4795 平方千米, 常住人口数量为 9947 万, 2016 年实现地区生产总值 68024.49 亿元; 生态环境方面, 山东省人均水资源量为 221 立方米, 森林覆盖率为 16.7%, 建成区绿化覆盖率为 42.3%, 人均城市绿地面积为 23 平方米; 科技创新方面, 山东省 R&D 经费内部支出为 1566.09 亿元, R&D 投入占 GDP 比重为 2.30%, 国内专利授权量 98093 项, 国内发明专利申请授权量 19404 项, 技术市场成交额达 395.95 亿元。

2006~2016 年, 山东省科技创新对生态文明建设的贡献率由 34.66% 增长至 44.98% (见图 4-15), 整体增幅达 10.32%, 年均增幅约为 1.03%, 高于全国同期水平。"十一五"期间, 山东省科技创新对生态文明建设平均年贡献率为 36.81%, "十二五"期间科技创新对生态文明建设平均年贡献率为 41.71%, "十二五"期间比"十一五"期间提高近 5 个百分点。

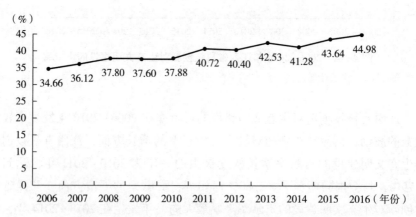

**图 4-15　2006~2016 年山东省科技创新对生态文明建设的贡献率**
资料来源: 笔者计算。

山东省科技创新对生态文明建设的贡献率在 2010 年及以前增长相对缓慢，2011 年开始增长趋势更为明显。山东省在 2011 年实现了科技创新对生态文明建设的贡献率超过 40%，与全国整体水平保持一致，但未能实现科技创新对生态文明建设的贡献率突破 45%，2016 年，山东省科技创新对生态文明建设的贡献率为 44.98%。山东省科技创新对生态文明建设贡献率与全国的差距方面，2006 年山东省科技创新对生态文明建设的贡献率为 34.66%，落后于全国水平 0.64%，2016 年山东省科技创新对生态文明建设的贡献率与全国的差距为 0.52%，实现了小幅的追赶。

# 第十六节　河南省科技创新对生态文明建设贡献分析

2016 年，地区发展方面，河南省城区面积为 4823 平方千米，建成区面积为 2544 平方千米，常住人口数量为 9532 万，2016 年实现地区生产总值 40471.79 亿元；生态环境方面，河南省人均水资源量为 354 立方米，森林覆盖率为 21.5%，建成区绿化覆盖率为 39.3%，人均城市绿地面积为 10 平方米；科技创新方面，河南省 R&D 经费内部支出为 494.19 亿元，R&D 投入占 GDP 比重为 1.22%，国内专利授权量 49145 项，国内发明专利申请授权量 6811 项，技术市场成交额达 58.71 亿元。

2006~2016 年，河南省科技创新对生态文明建设的贡献率由 33.60% 增长至 44.42%（见图 4-16），整体增幅达 10.82%，年均增幅约为 1.08%，高于全国同期水平。"十一五"期间，河南省科技创新对生态文明建设的平均年贡献率为 35.86%，"十二五"期间的科技创新对生态文明建设平均年贡献率为 40.90%，"十二五"期间比"十一五"期间提高超过 5 个百分点。

河南省科技创新对生态文明建设的贡献率的变化历程较为平稳，贡献率年波动幅度相对较小。但河南省科技创新对生态文明建设的贡献率水平相对全国整体水平较为落后，一方面，河南省科技创新对生态文明建设的贡献率在 2013 年超过 40%，晚于全国科技创新对生态文明建设的贡献率两年；另一方面，2006~2016 年河南省科技创新对生态文明建设的贡献率

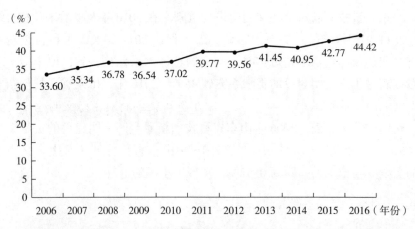

**图4-16　2006~2016年河南省科技创新对生态文明建设的贡献率**

资料来源：笔者计算。

均低于全国同期水平超过1个百分点。但河南省也在一定程度上实现了对全国科技创新对生态文明建设贡献率水平的追赶，2006年河南省科技创新对生态文明建设贡献率低于全国1.70%，至2016年，这一差距缩小到了1.08%。

# 第十七节　湖北省科技创新对生态文明建设贡献分析

2016年，地区发展方面，湖北省城区面积为8334平方千米，建成区面积为2249平方千米，常住人口数量为5885万，2016年实现地区生产总值32665.38亿元；生态环境方面，湖北省人均水资源量为2545立方米，森林覆盖率为38.4%，建成区绿化覆盖率为37.6%，人均城市绿地面积为14平方米；科技创新方面，湖北省R&D经费内部支出为600.04亿元，R&D投入占GDP比重为1.84%，国内专利授权量41822项，国内发明专利申请授权量8517项，技术市场成交额达903.84亿元。

2006~2016年，湖北省科技创新对生态文明建设的贡献率由34.23%增长至45.26%（见图4-17），整体增幅达11.03%，年均增幅约为1.10%，高于全国同期水平。"十一五"期间，湖北省科技创新对生态文明建设的平均年贡献率为 36.35%，"十二五" 期间的科技创新对生态文明建设平均年贡献率为 41.76%，"十二五" 期间比 "十一五" 期间提高超过5 个百分点。

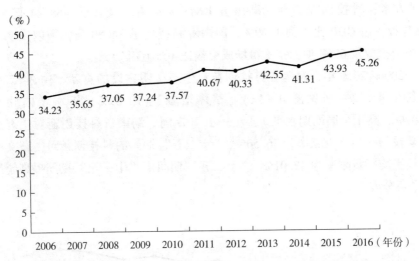

**图 4-17 2006~2016 年湖北省科技创新对生态文明建设的贡献率**

资料来源：笔者计算。

湖北省科技创新对生态文明建设贡献率的增长趋势较为明显，变化特征与全国科技创新对生态文明建设贡献率的整体水平基本保持一致，均在2011 年超过了 40%，在 2016 年超过了 45%。同时，湖北省科技创新对生态文明建设的贡献率与全国同期水平的差距也不断缩小。2006 年，湖北省科技创新对生态文明建设的贡献率为 34.23%，较全国同期水平（45.30%）落后了 11.07%；2016 年，湖北省科技创新对生态文明建设的贡献率增加至45.26%，与全国同期水平（45.50%）只相差了 0.24%，11 年间的差距缩小了近 78%。

## 第十八节 湖南省科技创新对生态文明建设贡献分析

2016 年，地区发展方面，湖南省城区面积为 4373 平方千米，建成区

面积为 1626 平方千米，常住人口数量为 6822 万，2016 年实现地区生产总
值 31551.37 亿元；生态环境方面，湖南省人均水资源量为 3220 立方米，
森林覆盖率为 47.8%，建成区绿化覆盖率为 40.6%，人均城市绿地面积为
9 平方米；科技创新方面，湖南省 R&D 经费内部支出为 468.84 亿元，
R&D 投入占 GDP 比重为 1.49%，国内专利授权量 34050 项，国内发明专
利申请授权量 6967 项，技术市场成交额达 105.63 亿元。

　　2006~2016 年，湖南省科技创新对生态文明建设的贡献率由 34.23%
增长至 45.12%（见图 4-18），整体增幅达 10.89%，年均增幅约为
1.09%，高于全国同期水平。"十一五"期间，湖南省科技创新对生态文
明建设的平均年贡献率为 36.50%，"十二五"期间的科技创新对生态文明
建设平均年贡献率为 42.01%，"十二五"期间比"十一五"期间提高超过
5 个百分点。

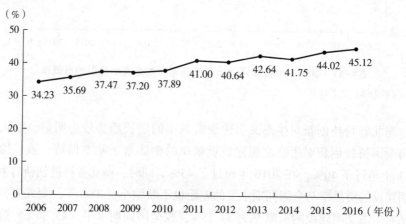

**图 4-18　2006~2016 年湖南省科技创新对生态文明建设的贡献率**
资料来源：笔者计算。

　　湖南省科技创新对生态文明建设的贡献率在 2006~2016 年表现出了明
显的增长趋势，与全国科技创新对生态文明建设贡献率的差距也不断缩
小。2006 年，湖南省科技创新对生态文明建设贡献率（34.23%）与全国
科技创新对生态文明建设贡献率（35.30%）之间的差距为 1.07%；2016
年，湖南省科技创新对生态文明建设贡献率（45.12%）与全国科技创新
对生态文明建设贡献率（45.50%）之间的差距缩小至 0.38%。同样，湖

南省科技创新对生态文明建设贡献率在 2011 年超过了 40%, 在 2016 年超过了 45%, 与全国科技创新对生态文明建设贡献率的步调保持一致。

# 第十九节 广东省科技创新对生态文明建设贡献分析

2016 年, 地区发展方面, 广东省城区面积为 17086 平方千米, 建成区面积为 5808 平方千米, 常住人口数量为 10999 万, 2016 年实现地区生产总值 80854.91 亿元; 生态环境方面, 广东省人均水资源量为 2235 立方米, 森林覆盖率为 51.3%, 建成区绿化覆盖率为 42.4%, 人均城市绿地面积为 41 平方米; 科技创新方面, 广东省 R&D 经费内部支出为 2035.14 亿元, R&D 投入占 GDP 比重为 2.52%, 国内专利授权量 259032 项, 国内发明专利申请授权量 38626 项, 技术市场成交额达 758.17 亿元。

2006~2016 年, 广东省科技创新对生态文明建设的贡献率由 37.93% 增长至 47.77% (见图 4-19), 整体增幅达 9.84%, 年均增幅约为 0.98%, 低于全国同期水平。"十一五"期间, 广东省科技创新对生态文明建设的平均年贡献率为 39.70%, "十二五"期间的科技创新对生态文明建设平均

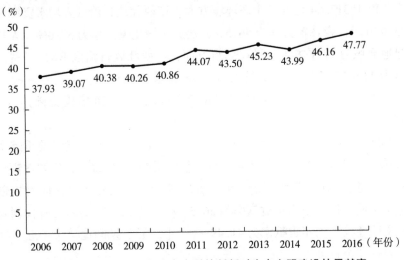

**图 4-19 2006~2016 年广东省科技创新对生态文明建设的贡献率**

资料来源: 笔者计算。

年贡献率为 44.59%，"十二五"期间比"十一五"期间提高近 5 个百分点。

广东省科技创新对生态文明建设贡献率水平较高，较早跨越了 40% 大关，在 2008 年就达到了 40.38%。随后，广东省科技创新对生态文明建设贡献率于 2013 年超过了 45%，2013 年广东省科技创新对生态文明建设的贡献率为 45.23%，高于全国同期水平（42.80%）2.43%。随后，在 2014 年，广东省科技创新对生态文明建设贡献率又回落至 45% 以下，为 43.99%。2015 年开始，广东省科技创新对生态文明建设贡献率突破了 46%，并于 2016 年超过 47%，达 47.77%，高于同年全国科技创新对生态文明建设贡献率 2.77%。

# 第二十节　广西壮族自治区科技创新对生态文明建设贡献分析

2016 年，地区发展方面，广西壮族自治区城区面积为 5752 平方千米，建成区面积为 1334 平方千米，常住人口数量为 4838 万，2016 年实现地区生产总值 18317.64 亿元；生态环境方面，广西壮族自治区人均水资源量为 4503 立方米，森林覆盖率为 56.5%，建成区绿化覆盖率为 37.6%，人均城市绿地面积为 17 平方米；科技创新方面，广西壮族自治区 R&D 经费内部支出为 117.75 亿元，R&D 投入占 GDP 比重为 0.64%，国内专利授权量 14858 项，国内发明专利申请授权量 5159 项，技术市场成交额达 33.99 亿元。

2006~2016 年，广西壮族自治区科技创新对生态文明建设的贡献率由 34.45% 增长至 44.71%（见图 4-20），整体增幅达 10.26%，年均增幅约为 1.03%，高于全国同期水平。"十一五"期间，广西壮族自治区科技创新对生态文明建设的平均年贡献率为 36.37%，"十二五"期间的科技创新对生态文明建设平均年贡献率为 41.49%，"十二五"期间比"十一五"期间提高超过 5 个百分点。

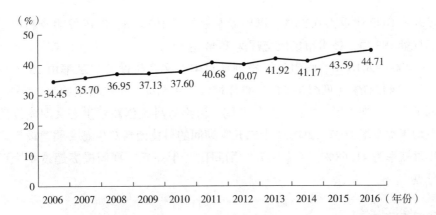

**图 4-20 2006~2016 年广西壮族自治区科技创新对生态文明建设的贡献率**

资料来源：笔者计算。

2006~2016 年，广西壮族自治区科技创新对生态文明建设贡献率的波动幅度相对较小，增长较为稳定。在 2006~2010 年，广西壮族自治区科技创新对生态文明建设贡献率由 34.45% 稳定增长至 2010 年的 37.60%，但同样年均增幅也较小，不足 1%，2008~2010 年的年均增幅更是小于 0.5%。2011 年开始，广西壮族自治区科技创新对生态文明建设贡献率的增加速度有所提高，年均增幅为 1.19%。广西壮族自治区科技创新对生态文明建设贡献率在 2011 年与全国科技创新对生态文明建设贡献率同步实现了向 40% 水平的跨越，但未能在 2016 年超过 45%。

# 第二十一节 海南省科技创新对生态文明建设贡献分析

2016 年，地区发展方面，海南省城区面积为 1428 平方千米，建成区面积为 321 平方千米，常住人口数量为 917 万，2016 年实现地区生产总值 4053.20 亿元；生态环境方面，海南省人均水资源量为 5342 立方米，森林覆盖率为 55.4%，建成区绿化覆盖率为 40.3%，人均城市绿地面积为 17 平方米；科技创新方面，海南省 R&D 经费内部支出为 21.71 亿元，R&D

投入占 GDP 比重为 0.54%，国内专利授权量 1939 项，国内发明专利申请授权量 383 项，技术市场成交额达 3.44 亿元。

2006~2016 年，海南省科技创新对生态文明建设的贡献率由 35.36% 增长至 44.87%（见图 4-21），整体增幅达 9.51%，年均增幅约为 0.95%，低于全国同期水平。"十一五"期间，海南省科技创新对生态文明建设的平均年贡献率为 37.12%，"十二五"期间的科技创新对生态文明建设平均年贡献率为 41.68%，"十二五"期间比"十一五"期间提高超过 4 个百分点。

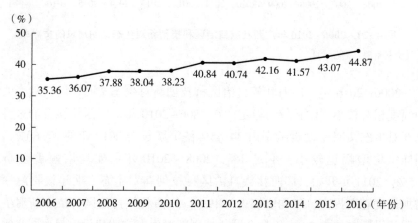

**图 4-21　2006~2016 年海南省科技创新对生态文明建设的贡献率**
资料来源：笔者计算。

海南省科技创新对生态文明建设贡献率在 2006~2016 年的变动过程相对较为平稳，但同时增速较低。海南省科技创新对生态文明建设贡献率在 2011 年与全国科技创新对生态文明建设贡献率同步实现了向 40% 水平的跨越，但未能在 2016 年超过 45%。在与全国同期水平的差距方面，海南省 2006 年科技创新对生态文明建设贡献率略高于全国同期水平 0.06%，但经过此后十年的发展变化，2016 年海南省科技创新对生态文明建设贡献率为 44.87%，相对于全国同期水平由领先优势转变为落后劣势，该年海南省科技创新对生态文明建设贡献率落后于全国同期水平（45.50%）超过 0.6%。

# 第二十二节 重庆市科技创新对生态
# 文明建设贡献分析

2016 年，地区发展方面，重庆市城区面积为 7438 平方千米，建成区面积为 1351 平方千米，常住人口数量为 3048 万，2016 年实现地区生产总值 17740.59 亿元；生态环境方面，重庆市人均水资源量为 1984.58 立方米，森林覆盖率为 38.4%，建成区绿化覆盖率为 40.8%，人均城市绿地面积为 19.62 平方米；科技创新方面，重庆市 R&D 经费内部支出为 302.18 亿元，R&D 投入占 GDP 比重为 1.70%，国内专利授权量达 42738 项，国内发明专利申请授权量为 5044 项，技术市场成交额达 147.19 亿元。

2006~2016 年，重庆市科技创新对生态文明建设的贡献率由 34.17% 增长至 46.09%（见图 4-22），整体增幅达 11.92%，年均增幅约为 1.19%，高于全国同期水平。"十一五"期间，重庆市科技创新对生态文明建设的平均年贡献率为 36.51%，"十二五"期间的科技创新对生态文明建设平均年贡献率为 42.59%，"十二五"期间比"十一五"期间提高超过 6 个百分点。

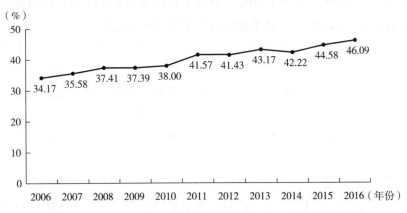

**图 4-22 2006~2016 年重庆市科技创新对生态文明建设的贡献率**

资料来源：笔者计算。

重庆市科技创新对生态文明建设贡献率在 2006～2016 年实现了较快增长，经历了由低于同期全国整体水平向领先于同期全国水平的角色转变历程。2006 年，重庆市科技创新对生态文明建设的贡献率为 34.17%，与同期的全国整体水平相比存在较大差距，落后 1.13%。经过此后 10 年的追赶，重庆市科技创新对生态文明建设的贡献率在 2015 年实现了对全国整体水平的赶超。2015 年重庆市科技创新对生态文明建设的贡献率为 44.58%，高于同期全国整体水平 0.18%；2016 年，重庆市科技创新对生态文明建设的贡献率超过了 46%，为 46.09%，超出同期全国水平 0.59%。

# 第二十三节 四川省科技创新对生态 文明建设贡献分析

2016 年，地区发展方面，四川省城区面积为 7873 平方千米，建成区面积为 2616 平方千米，常住人口数量为 8262 万，2016 年实现地区生产总值 32934.54 亿元；生态环境方面，四川省人均水资源量为 2833 立方米，森林覆盖率为 35.2%，建成区绿化覆盖率为 39.9%，人均城市绿地面积为 12 平方米；科技创新方面，四川省 R&D 经费内部支出为 561.42 亿元，R&D 投入占 GDP 比重为 1.70%，国内专利授权量 62445 项，国内发明专利申请授权量 10350 项，技术市场成交额达 299.3 亿元。

2006～2016 年，四川省科技创新对生态文明建设的贡献率由 34.94% 增长至 45.13%（见图 4 - 23），整体增幅达 10.19%，年均增幅约为 1.02%，高于全国同期水平。"十一五"期间，四川省科技创新对生态文明建设的平均年贡献率为 36.92%，"十二五"期间的科技创新对生态文明建设平均年贡献率为 42.20%，"十二五"期间比"十一五"期间提高超过 5 个百分点。

2006～2016 年，四川省科技创新对生态文明建设的贡献率的变动历程与全国整体水平较为一致。一方面，四川省科技创新对生态文明建设的贡献率与全国科技创新对生态文明建设的贡献率均在 2011 年实现了超过 40%，在 2016 年实现了超过 45%；另一方面，四川省科技创新对生态文明

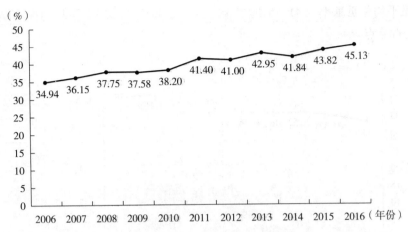

**图4-23　2006~2016年四川省科技创新对生态文明建设的贡献率**

资料来源：笔者计算。

建设的贡献率落后于同期全国整体水平的差距也相对稳定，年均差距控制在0.34%。

# 第二十四节　贵州省科技创新对生态文明建设贡献分析

2016年，地区发展方面，贵州省城区面积为3105平方千米，建成区面积为845平方千米，常住人口数量为3555万，2016年实现地区生产总值11776.73亿元；生态环境方面，贵州省人均水资源量为2999立方米，森林覆盖率为37.1%，建成区绿化覆盖率为36.8%，人均城市绿地面积为11平方米；科技创新方面，贵州省R&D经费内部支出为73.40亿元，R&D投入占GDP比重为0.62%，国内专利授权量10425项，国内发明专利申请授权量2036项，技术市场成交额达20.44亿元。

2006~2016年，贵州省科技创新对生态文明建设的贡献率由33.58%增长至44.53%（见图4-24），整体增幅达10.95%，年均增幅约为1.10%，高于全国同期水平。"十一五"期间，贵州省科技创新对生态文明建设的平均年贡献率为35.70%，"十二五"期间的科技创新对生态文明建设平均年贡献率为41.25%，"十二五"期间比"十一五"期间提高超过5个百分点。

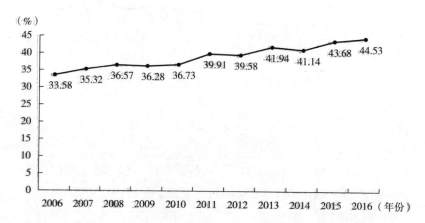

**图4-24 2006~2016年贵州省科技创新对生态文明建设的贡献率**
资料来源：笔者计算。

贵州省科技创新对生态文明建设贡献率在2006~2016年的增长速度相对较快，同时呈现出2011年及以后的贡献率增速略高于2010年及以前贡献率增速的特征。2006~2010年贵州省科技创新对生态文明建设贡献率的年均增幅为0.79%，2010~2016年贵州省科技创新对生态文明建设贡献率的年均增幅为1.30%，第二阶段增速是第一阶段增速的近1.65倍。贵州省相对较晚（2013年）实现科技创新对生态文明建设贡献率在40%水平上的跨越，落后于全国整体水平两年。但贵州省科技创新对生态文明建设贡献率与全国整体水平的差距不断缩小，由2006年落后1.72%缩小至2016年落后0.97%。

# 第二十五节 云南省科技创新对生态文明建设贡献分析

2016年，地区发展方面，云南省城区面积为3128平方千米，建成区面积为1131平方千米，常住人口数量为4771万，2016年实现地区生产总值 14788.42 亿元；生态环境方面，云南省人均水资源量为 4378 立方米，森林覆盖率为 50.0%，建成区绿化覆盖率为 37.8%，人均城市绿地面积为 9 平方米；科技创新方面，云南省 R&D 经费内部支出为 132.76 亿元，R&D 投入占 GDP 比重为 0.90%，国内专利授权量 12032 项，国内发明专利申请授权量 2125 项，技术市场成交额达 58.26 亿元。

2006~2016 年，云南省科技创新对生态文明建设的贡献率由 34.49% 增长至 44.51%（见图 4-25），整体增幅达 10.02%，年均增幅约为 1.00%，低于全国同期水平。"十一五"期间，云南省科技创新对生态文明建设的平均年贡献率为 36.50%，"十二五"期间的科技创新对生态文明建设平均年贡献率为 41.57%，"十二五"期间比"十一五"期间提高超过 5 个百分点。

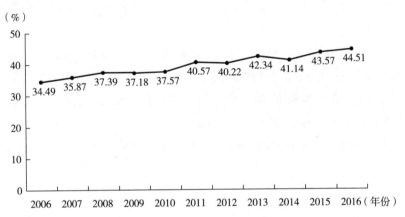

**图 4-25　2006~2016 年云南省科技创新对生态文明建设的贡献率**

资料来源：笔者计算。

云南省科技创新对生态文明建设贡献率在 2006~2016 年的波动幅度较小，但同时增长速度相对较慢，从而使云南省科技创新对生态文明建设贡献率与全国科技创新对生态文明建设贡献率之间的差距不断增加。2006 年云南省科技创新对生态文明建设的贡献率为 34.49%，落后于同期全国整体水平 0.81%；2016 年，云南省科技创新对生态文明建设贡献率为 44.51%，落后于同期全国整体水平的差距增加至 0.99%。同时，云南省科技创新对生态文明建设贡献率在 2011 年与全国整体水平同时实现超过 40% 的水平，但云南省科技创新对生态文明建设贡献率未能在 2016 年超过 45%。

# 第二十六节　西藏自治区科技创新对生态文明建设贡献分析

2016 年，地区发展方面，西藏自治区城区面积为 450 平方千米，建成区面积为 145 平方千米，常住人口数量为 331 万，2016 年实现地区生产总值 1151.41 亿元；生态环境方面，西藏自治区人均水资源量为 140248 立方米，森林覆盖率为 12.0%，建成区绿化覆盖率为 32.6%，人均城市绿地面积为 19 平方米；科技创新方面，西藏自治区 R&D 经费内部支出为 2.22 亿元，R&D 投入占 GDP 比重为 0.19%，国内专利授权量 245 项，国内发明专利申请授权量 33 项。

2006～2016 年，西藏自治区科技创新对生态文明建设的贡献率由 35.19% 增长至 42.51%（见图 4-26），整体增幅达 7.32%，年均增幅约为 0.73%，低于全国同期水平。"十一五"期间，西藏自治区科技创新对生态文明建设的平均年贡献率为 36.33%，"十二五"期间的科技创新对生态文明建设平均年贡献率为 40.38%，"十二五"期间比"十一五"期间提高超过 4 个百分点。

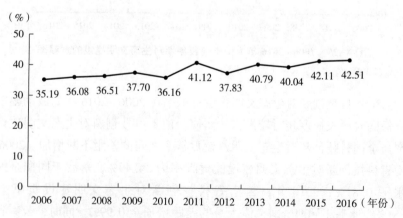

图 4-26　2006～2016 年西藏自治区科技创新对生态文明建设的贡献率

资料来源：笔者计算。

西藏自治区科技创新对生态文明建设贡献率的变动历程可以分为三个阶段，第一阶段为2006~2009年，该阶段内西藏自治区科技创新对生态文明建设贡献率保持不断增加的态势，落后于同时期全国科技创新对生态文明建设贡献率整体水平的差距较小（年均差距为0.73%）。第二阶段为2009~2014年，该阶段内西藏自治区科技创新对生态文明建设贡献率出现了明显的波动，由2009年的37.70%下降至36.16%，又跃升至2011年的41.12%，此后不断波动至2014年的40.04%。第三阶段自2015年开始，西藏自治区科技创新对生态文明建设贡献率开始保持小幅增长。与全国整体水平的差距方面，西藏自治区2006年科技创新对生态文明建设贡献率仅落后于同期全国整体水平0.11%，但2016年这一差距则扩大至2.99%。

# 第二十七节　陕西省科技创新对生态文明建设贡献分析

2016年，地区发展方面，陕西省城区面积为2335平方千米，建成区面积为1127平方千米，常住人口数量为3813万，2016年实现地区生产总值19399.59亿元；生态环境方面，陕西省人均水资源量为712立方米，森林覆盖率为41.4%，建成区绿化覆盖率为40.1%，人均城市绿地面积为15平方米；科技创新方面，陕西省R&D经费内部支出为419.56亿元，R&D投入占GDP比重为2.16%，国内专利授权量48455项，国内发明专利申请授权量7503项，技术市场成交额达802.79亿元。

2006~2016年，陕西省科技创新对生态文明建设的贡献率由34.82%增长至45.25%（见图4-27），整体增幅达10.43%，年均增幅约为1.04%，高于全国同期水平。"十一五"期间，陕西省科技创新对生态文明建设的平均年贡献率为37.04%，"十二五"期间的科技创新对生态文明建设平均年贡献率为42.06%，"十二五"期间比"十一五"期间提高超过5个百分点。

陕西省科技创新对生态文明建设贡献率在2006~2016年实现了较为稳

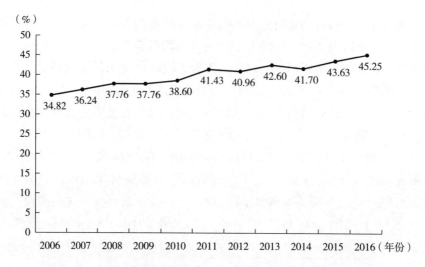

**图 4-27　2006~2016 年陕西省科技创新对生态文明建设的贡献率**

资料来源：笔者计算。

定且快速的增长。2006 年陕西省科技创新对生态文明建设贡献率落后于全国科技创新对生态文明建设贡献率的差距为 1.29%，2016 年这一差距缩小至 0.25%，差距缩小幅度超过 80%。与全国科技创新对生态文明建设贡献率的整体水平变化相同，陕西省科技创新对生态文明建设贡献率在 2011 年超过了 40%，达 41.43%；在 2016 年超过了 45%，达 45.25%。

# 第二十八节　甘肃省科技创新对生态文明建设贡献分析

2016 年，地区发展方面，甘肃省城区面积为 1580 平方千米，建成区面积为 870 平方千米，常住人口数量为 2610 万，2016 年实现地区生产总值 7200.37 亿元；生态环境方面，甘肃省人均水资源量为 645 立方米，森林覆盖率为 11.3%，建成区绿化覆盖率为 31.5%，人均城市绿地面积为 10 平方米；科技创新方面，甘肃省 R&D 经费内部支出为 86.99 亿元，R&D 投入占 GDP 比重为 1.21%，国内专利授权量 7975 项，国内发明专利申请授权量 1308 项，技术市场成交额达 150.66 亿元。

2006~2016 年，甘肃省科技创新对生态文明建设的贡献率由 33.90%
增长至 43.43%（见图 4-28），整体增幅达 9.53%，年均增幅约为 0.95%，
低于全国同期水平。"十一五"期间，甘肃省科技创新对生态文明建设的
平均年贡献率为 35.67%，"十二五"期间的科技创新对生态文明建设平均
年贡献率为 40.35%，"十二五"期间比"十一五"期间提高近 5 个百
分点。

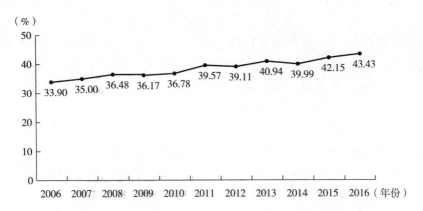

**图 4-28 2006~2016 年甘肃省科技创新对生态文明建设的贡献率**

资料来源：笔者计算。

甘肃省科技创新对生态文明建设贡献率的增速自 2011 年开始明显加
快，2006~2010 年贡献率的年均增长 0.72%，2011~2016 年贡献率的年均
增长超过了 1%，达 1.11%。虽然贡献率的增长速度自"十二五"时期以
来较"十一五"时期有所进步，但甘肃省科技创新对生态文明建设的贡献
率与全国同期水平之间也拉开了差距。2006 年甘肃省科技创新对生态文明
建设的贡献率为 33.90%，较全国同期落后 1.60%；而 2016 年甘肃省科技
创新对生态文明建设的贡献率与全国同期水平之间的差距超过了 2%，为
2.07%。同时，甘肃省科技创新对生态文明建设的贡献率较晚（2013 年）
跨越 40%的台阶，并于 2014 年回落至 40%以下，至 2015 年，才正式突破
40%大关。

# 第二十九节 青海省科技创新对生态文明建设贡献分析

2016年，地区发展方面，青海省城区面积为688平方千米，建成区面积为197平方千米，常住人口数量为593万，2016年实现地区生产总值2572.49亿元；生态环境方面，青海省人均水资源量为10332立方米，森林覆盖率为5.6%，建成区绿化覆盖率为31.1%，人均城市绿地面积为10平方米；科技创新方面，青海省R&D经费内部支出为14.00亿元，R&D投入占GDP比重为0.54%，国内专利授权量1357项，国内发明专利申请授权量271项，技术市场成交额达56.92亿元。

2006~2016年，青海省科技创新对生态文明建设的贡献率由33.80%增长至44.04%（见图4-29），整体增幅达10.24%，年均增幅约为1.02%，高于全国同期水平。"十一五"期间，青海省科技创新对生态文明建设的平均年贡献率为36.15%，"十二五"期间的科技创新对生态文明建设平均年贡献率为41.03%，"十二五"期间比"十一五"期间提高近5个百分点。

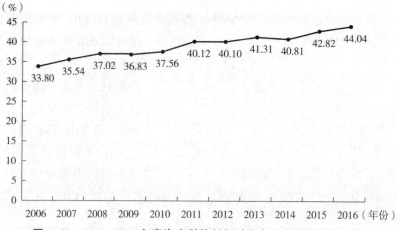

**图4-29 2006~2016年青海省科技创新对生态文明建设的贡献率**

资料来源：笔者计算。

自 2006 年起，青海省科技创新对生态文明建设的贡献率实现了较快速度的增加，不断缩小与全国的差距。2006 年青海省科技创新对生态文明建设的贡献率与全国的差距为 4.70%，经过 10 年不断努力，这一差距在 2016 年缩小至 1.46%。同时，2013~2014 年青海省科技创新对生态文明建设贡献率的回落幅度为 0.50%，小于全国科技创新对生态文明建设贡献率的回落幅度（0.70%），表现好于全国总体水平。

# 第三十节　宁夏回族自治区科技创新对生态文明建设贡献分析

2016 年，地区发展方面，宁夏回族自治区城区面积为 2119 平方千米，建成区面积为 442 平方千米，常住人口数量为 675 万，2016 年实现地区生产总值 3168.59 亿元；生态环境方面，宁夏回族自治区人均水资源量为 142 立方米，森林覆盖率为 11.9%，建成区绿化覆盖率为 40.4%，人均城市绿地面积为 37 平方米；科技创新方面，宁夏回族自治区 R&D 经费内部支出为 29.93 亿元，R&D 投入占 GDP 比重为 0.94%，国内专利授权量 2677 项，国内发明专利申请授权量 560 项，技术市场成交额达 4.05 亿元。

2006~2016 年，宁夏回族自治区科技创新对生态文明建设的贡献率由 32.50% 增长至 42.78%（见图 4-30），整体增幅达 10.28%，年均增幅约为 1.03%，高于全国同期水平。"十一五"期间，宁夏回族自治区科技创新对生态文明建设的平均年贡献率为 34.79%，"十二五"期间的科技创新对生态文明建设平均年贡献率为 39.06%，"十二五"期间比"十一五"期间提高超过 4 个百分点。

宁夏回族自治区科技创新对生态文明建设的贡献率水平相对较低，2006 年的水平为 32.50%，该年全国科技创新对生态文明建设的贡献率为 35.30%，宁夏回族自治区落后于全国 2.80%；2016 年宁夏回族自治区科技创新对生态文明建设的贡献率为 42.78%，落后于全国同期水平（45.50%）2.72%，几乎未能缩小与全国的差距。同时，宁夏回族自治区在 2015 年才突破 40%的关卡，在全国 31 个省（自治区、直辖市）中的速度较慢。

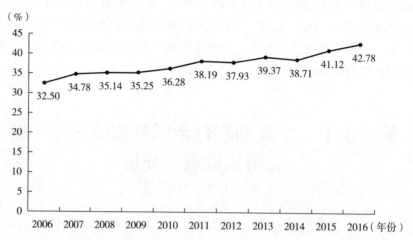

**图 4-30 2006～2016 年宁夏回族自治区科技创新对生态文明建设的贡献率**

资料来源：笔者计算。

# 第三十一节 新疆维吾尔自治区科技创新对 生态文明建设贡献分析

2016 年，地区发展方面，新疆维吾尔自治区城区面积为 3035 平方千米，建成区面积为 1199 平方千米，常住人口数量为 2398 万，2016 年实现地区生产总值 9649.7 亿元；生态环境方面，新疆维吾尔自治区人均水资源量为 4560 立方米，森林覆盖率为 4.2%，建成区绿化覆盖率为 38.5%，人均城市绿地面积为 27 平方米；科技创新方面，新疆维吾尔自治区 R&D 经费内部支出为 56.63 亿元，R&D 投入占 GDP 比重为 0.59%，国内专利授权量 7116 项，国内发明专利申请授权量 910 项，技术市场成交额达 4.28 亿元。

2006～2016 年，新疆维吾尔自治区科技创新对生态文明建设的贡献率由 2006 年的 34.07%增长至 2016 年的 43.24%（见图 4-31），整体增幅达

9.17%，年均增幅约为0.92%，低于全国同期水平。"十一五"期间，新疆维吾尔自治区科技创新对生态文明建设的平均年贡献率为35.99%，"十二五"期间的科技创新对生态文明建设平均年贡献率为40.47%，"十二五"期间比"十一五"期间提高超过4个百分点。

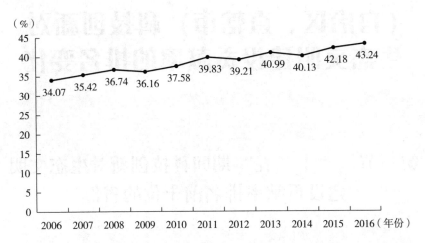

**图4-31　2006~2016年新疆维吾尔自治区科技创新对生态文明建设的贡献率**
资料来源：笔者计算。

新疆维吾尔自治区科技创新对生态文明建设贡献率的波动幅度较小，在发生贡献率回落的年份（2009年、2012年、2014年）中，回落幅度均控制在1%以内。但同时，新疆维吾尔自治区科技创新对生态文明建设的贡献率与全国同期水平之间的差距不断增大。2006年新疆维吾尔自治区科技创新对生态文明建设的贡献率为34.07%，低于全国同期水平（35.30%）1.23%；至2016年，新疆维吾尔自治区科技创新对生态文明建设的贡献率增加至43.24%，但与全国同期科技创新对生态文明建设贡献率（45.50%）之间的差距则增至2.26%。

# 第五章 "十二五"时期以来各省（自治区、直辖市）科技创新对生态文明建设贡献率的排名变化

## 第一节 "十二五"期间科技创新对生态文明建设贡献率排名前十位的省份

"十二五"期间，我国科技创新对生态文明建设贡献率排名前十位的省份依次为北京市、上海市、天津市、广东省、江苏省、浙江省、福建省、重庆市、四川省、陕西省。其中，四个直辖市（北京市、上海市、天津市、重庆市）的科技创新对生态文明建设贡献率均位于全国前十位，并领先于全国同期水平。前七位的省份均位于东部沿海地区，除北京市、天津市外，均位于东南沿海地区。

"十二五"时期科技创新对生态文明建设贡献率排名前十位的省份中，北京市科技创新对生态文明建设水平最高，达46.39%；上海市的贡献率水平达45.37%。北京市与上海市是仅有的两个科技创新对生态文明建设贡献率超过45%的地区。"十二五"时期我国科技创新对生态文明建设贡献率的整体水平为42.37%，虽然四川省与陕西省进入了前十位（分列第九位与第十位），但这两个省份同期的科技创新对生态文明建设贡献率低于全国同期水平，如表5-1所示。

**表 5-1 "十二五"期间我国科技创新对生态文明建设贡献率**

**排名前十位的省份及全国同期水平**

| 贡献率排名 | 省（直辖市） | 科技创新对生态文明建设贡献率（%） |
|---|---|---|
| 1 | 北京市 | 46.39 |
| 2 | 上海市 | 45.37 |
| 3 | 天津市 | 44.77 |
| 4 | 广东省 | 44.59 |
| 5 | 江苏省 | 43.90 |
| 6 | 浙江省 | 43.77 |
| 7 | 福建省 | 43.17 |
| 8 | 重庆市 | 42.60 |
| 9 | 四川省 | 42.20 |
| 10 | 陕西省 | 42.07 |
| 全国同期科技创新对生态文明建设水平（%） | | 42.37 |

资料来源：笔者计算。

# 第二节 "十二五"期间科技创新对生态文明建设贡献率排名后五位的省份

"十二五"期间，我国科技创新对生态文明建设贡献率排名后五位的省份依次为内蒙古自治区、新疆维吾尔自治区、西藏自治区、甘肃省与宁夏回族自治区，均位于西北地区。"十二五"时期科技创新对生态文明建设贡献率排名后五位的省份中，宁夏回族自治区科技创新对生态文明建设贡献率的水平最低，为 39.06%，低于全国同期水平（42.37%）超过 3 个百分点，也成为唯一一个"十二五"时期科学创新对生态文明建设贡献率未达 40% 的地区。其他四个省份的科技创新对生态文明建设的贡献率水平较为接近，均在 40.3%～40.7%，其中，西藏自治区与甘肃省的贡献率水平仅相差 0.03%，如表 5-2 所示。

表 5-2 "十二五"期间我国科技创新对生态文明建设贡献率
排名后五位的省份及全国同期水平

| 贡献率排名 | 省（自治区） | 科技创新对生态文明建设贡献率（%） |
|---|---|---|
| 27 | 内蒙古自治区 | 40.68 |
| 28 | 新疆维吾尔自治区 | 40.47 |
| 29 | 西藏自治区 | 40.38 |
| 30 | 甘肃省 | 40.35 |
| 31 | 宁夏回族自治区 | 39.06 |
| 全国同期科技创新对生态文明建设水平（%） | | 42.37 |

资料来源：笔者计算。

# 第三节 "十二五"时期以来历年科技创新对生态文明建设贡献率排名前十位的省份

分析"十二五"时期以来我国各省（自治区、直辖市）科技创新对生态文明建设的贡献率，得到排名前十位省份及其排名变动情况，结果如表5-3所示。

由表5-3可知，历年科技创新对生态文明建设贡献率排名前十位的省份中，均有超过半数的省（直辖市）位于东部沿海尤其是东南沿海地区。各地区中，北京市历年科技创新对生态文明建设的贡献率在六年间稳居全国首位。上海市、天津市紧随其后，除2013年外，上海市在其他五个年份的科技创新对生态文明建设的贡献率均位于全国第二位；2013年，天津市超过了上海市，其该年的科技创新对生态文明建设贡献率仅次于北京市，位居全国第二位，但此后又回落至第三位，至2016年一直保持这一水平。2012年以来，广东省、江苏省、浙江省、福建省、重庆市位于全国科技创新对生态文明建设贡献率水平的第四位至第八位，除2016年浙江省与江苏省的贡献率排名发生了交替变动外，这五个省（直辖市）的排名较为稳定，未发生变动。

表 5-3 "十二五"时期以来历年科技创新对生态文明建设贡献率排名前十位的省份及排名变动情况

| 贡献率排名 | 2011年 | 2012年 | | 2013年 | | 2014年 | | 2015年 | | 2016年 | |
|---|---|---|---|---|---|---|---|---|---|---|---|
| | 地区 | 地区 | 排名较上年变化 | 地区 | 排名较上年变化 | 地区 | 排名较上年变化 | 地区 | 排名较上年变化 | 地区 | 排名较上年变化 |
| 1 | 北京市 | 北京市 | — | 北京市 | — | 北京市 | — | 北京市 | — | 北京市 | — |
| 2 | 上海市 | 上海市 | — | 天津市 | ↑1 | 上海市 | ↑1 | 上海市 | — | 上海市 | — |
| 3 | 广东省 | 天津市 | ↑1 | 上海市 | ↓1 | 天津市 | ↓1 | 天津市 | — | 天津市 | — |
| 4 | 天津市 | 广东省 | ↓1 | 广东省 | — | 广东省 | — | 广东省 | — | 广东省 | — |
| 5 | 江苏省 | 江苏省 | — | 江苏省 | — | 江苏省 | — | 江苏省 | — | 浙江省 | ↑1 |
| 6 | 浙江省 | 浙江省 | — | 浙江省 | — | 浙江省 | — | 浙江省 | — | 江苏省 | ↓1 |
| 7 | 福建省 | 福建省 | — | 福建省 | — | 福建省 | — | 福建省 | — | 福建省 | — |
| 8 | 重庆市 | 重庆市 | — | 重庆市 | — | 重庆市 | — | 重庆市 | — | 重庆市 | — |
| 9 | 陕西省 | 四川省 | ↑1 | 四川省 | — | 四川省 | — | 湖南省 | ↑1 | 湖北省 | ↑2 |
| 10 | 四川省 | 陕西省 | ↓1 | 湖南省 | ↑3 | 湖南省 | — | 江西省 | ↑2 | 陕西省 | ↑5 |

注："—"表示排名较上年无变化。

资料来源：笔者计算。

第九位与第十位的省份排名变动较大，2011年第九位与第十位的省份分别为陕西省与四川省，2012年这两个省份的排名发生了交替变动，四川省的科技创新对生态文明建设贡献率位居全国第九位，而陕西省科技创新对生态文明建设的贡献率位居全国第十位。此后两年四川省科技创新对生态文明建设的贡献率稳定在全国第九位，而陕西省的贡献率水平则落后到前十名之外，直到2016年才重回全国前十位（第十位）。湖南省科技创新对生态文明建设的贡献率在2013~2015年不断进步，2013年取代陕西省成为全国第十位，并在2014年保持了这一水平，2015年进一步提高到全国第九位，但2016年未能继续保持这一态势，被湖北省、陕西省超过，位列全国前十名之外。2015年，江西省科技创新对生态文明建设的贡献率在全国的排名上升两个位次，位居全国第十位；2016年，湖北省科技创新对生态文明建设的贡献率在全国的排名上升两个位次，位居全国第九位；同样在2016年，陕西省科技创新对生态文明建设的贡献率在全国的排名大幅提高五个名次，贡献率水平重回全国第十位。

## 第四节　"十二五"时期以来历年科技创新对生态文明建设贡献率排名后五位的省份

分析"十二五"时期以来我国科技创新对生态文明建设贡献率排名后五位的省份及其排名变动情况，得到结果如表5-4所示。

由表5-4可知，在全国31个省（自治区、直辖市）中，西藏自治区与宁夏回族自治区科技创新对生态文明建设的贡献率水平相对较低，二者交错占据了全国各省科技创新对生态文明建设贡献率的最后一位：在2011年、2013年、2014年、2015年宁夏回族自治区居于最后一位；在2012年、2016年西藏自治区居于最后一位。此外，新疆维吾尔自治区与甘肃省2011年以来的科技创新对生态文明建设贡献率均位于全国最后五位，但二者表现出了一定程度的进步态势。2011~2013年，新疆维吾尔自治区的科技创新对生态文明建设贡献率一直处于全国第28位，2014~2015年上升一位，

表5-4 "十二五"时期以来历年科技创新对生态文明建设贡献率排名后五位的省份及排名变动情况

| 贡献率排名 | 2011年省份 | 2012年省份 | 2012年排名较上年变化 | 2013年省份 | 2013年排名较上年变化 | 2014年省份 | 2014年排名较上年变化 | 2015年省份 | 2015年排名较上年变化 | 2016年省份 | 2016年排名较上年变化 |
|---|---|---|---|---|---|---|---|---|---|---|---|
| 27 | 贵州省 | 河南省 | ↑2 | 青海省 | ↓7 | 新疆维吾尔自治区 | ↑1 | 新疆维吾尔自治区 | — | 内蒙古自治区 | ↑2 |
| 28 | 新疆维吾尔自治区 | 新疆维吾尔自治区 | — | 新疆维吾尔自治区 | — | 西藏自治区 | ↑2 | 甘肃省 | ↑1 | 甘肃省 | — |
| 29 | 河南省 | 甘肃省 | ↑1 | 甘肃省 | — | 甘肃省 | — | 内蒙古自治区 | ↑1 | 新疆维吾尔自治区 | ↓2 |
| 30 | 甘肃省 | 宁夏回族自治区 | ↑1 | 西藏自治区 | ↑1 | 内蒙古自治区 | ↓6 | 西藏自治区 | ↓2 | 宁夏回族自治区 | ↑1 |
| 31 | 宁夏回族自治区 | 西藏自治区 | ↓19 | 宁夏回族自治区 | ↓1 | 宁夏回族自治区 | — | 宁夏回族自治区 | — | 西藏自治区 | ↓1 |

注："—"表示排名较上年无变化。
资料来源：笔者计算。

至全国第 27 位，但 2016 年发生了排名的下滑，回落至全国第 29 名。相比之下，甘肃省的进步态势更为明显。2011 年甘肃省科技创新对生态文明建设的贡献率仅高于宁夏回族自治区，位于全国第 30 位。但此后甘肃省的排名稳中有升，2012 年前进至全国第 29 名，并保持至 2014 年，2015 年上升一位至全国第 28 名，同时在 2016 年保持了这一水平。

　　2014 年，内蒙古自治区的科技创新对生态文明建设贡献率在全国各省份中的排名大幅下降，降至该年的第 30 位。此后内蒙古自治区不断提高科技创新对生态文明建设的贡献水平，贡献率在全国的排名于 2015 年提高一个位次至全国第 29 名，2016 年又提升两名至全国第 27 名。此外，在"十二五"时期的前半段，贵州省、河南省、青海省的科技创新对生态文明建设的贡献率不断提高，三省在 2014 年彻底离开了全国科技创新对生态文明建设贡献率的落后梯队。

# 下 篇

## 科技创新对生态文明建设贡献的应用示范

# 第六章 贵州省科技创新对生态文明建设贡献的应用示范研究

## 第一节 贵州省科技创新对生态文明建设贡献的现状概述

贵州省是我国西南地区最典型、分布最集中、面积最大的喀斯特地区。岩溶露出面积几乎占到全省总面积的 61.92%，石漠化严重。喀斯特地区环境容量小，土地承载力低，抗干扰能力弱，受干扰后环境系统自然恢复的速度慢、难度大，喀斯特生态系统很脆弱。由于工业化滞后，贵州省保留了较多农业文明时期的自然生态和人文生态，也是生态文明最早的先行者。

2007 年 12 月 29 日，贵阳市委八届四次全会通过了《关于建设生态文明城市的决定》，围绕"生态环境良好、生态产业发达、文化特色鲜明、生态观念浓厚、市民和谐幸福、政府廉洁高效"的目标，谱写生态文明的"贵阳样本"。2008 年，贵州省 78 个喀斯特县正式启动石漠化综合治理工程，计划用 45 年时间，累计投入 760.29 亿元，完成石漠化综合防治面积 333.45 万公顷，综合治理面积 367.72 万公顷。

随着 2013 年贵州省成为国家生态文明先行示范区，2017 年成为国家生态文明试验区，贵州依靠先行先试的实践，已基本形成以大生态战略行动为基本方略，"五个绿色"为基本路径，"五个结合"为重要支撑的生态文明试验区建设新格局，成为中国建设生态文明的价值标杆之一。2017 年，全省地区生产总值增长 10.2%，连续 7 年、28 个季度居全国前

3 位。同时，全省森林覆盖率达 55.3%，市（州）中心城市空气质量优良天数比例保持在 96% 以上，集中式饮用水源地水质达标率保持在 100%，主要河流水质保持优良，公众对生态环境的满意度居全国第二位。

## 一、贵州省科技创新支撑生态文明建设的主要政策

贵州省不断探索符合自身发展的科技创新支撑生态文明建设之路，依靠科技创新，实现绿色崛起，其发展经验对其他省份具有重要的借鉴意义。贵州省科技创新支撑生态文明建设的主要政策如表 6-1 所示。

表 6-1　贵州省科技创新支撑生态文明建设的主要政策

| 时间 | 政策文件 | 相关内容 |
| --- | --- | --- |
| 2011 年 | 《贵州省水利建设生态建设石漠化治理综合规划》 | 提出的建设目标为：2015 年森林覆盖率从 39% 提高到 45%，活立木蓄积量从 3.2 亿立方米提高到 3.8 亿立方米，自然保护区面积占国土面积的比例达到 5.6%。2020 年从根本上遏制石漠化扩展势头，生态环境脆弱状况得到根本改善。森林覆盖率达到 50%，活立木蓄积量达到 4.5 亿立方米，自然保护区面积占国土面积的比例达到 6% 以上 |
| 2012 年 | （国家发改委批复）《贵阳建设全国生态文明示范城市规划（2012~2020 年）》 | 党的十八大之后国家发改委批复的首个全国生态文明示范城市建设规划。贵阳市将分两个阶段建设全国生态文明示范城市，其中 2012~2015 年为第一阶段，2016~2020 年为第二阶段。到 2015 年，贵阳市合理的空间开发格局将基本形成，城市人居环境明显改善，森林覆盖率和建成区绿化覆盖率均达到 45%；到 2020 年，贵阳市将建成全国生态文明示范城市，空间开发格局更加优化，城市人居环境显著改善，森林覆盖率和建成区绿化覆盖率均达到 50% |

续表

| 时间 | 政策文件 | 相关内容 |
|---|---|---|
| 2014 年 | 《贵州省生态文明建设促进条例》 | 生态文明建设坚持节约优先、保护优先、自然恢复为主的方针，坚持政府引导与社会参与相结合、区域分异与整体优化相结合、市场激励与法治保障相结合的原则，实现资源利用效率提高、污染物产生量减少、经济社会发展方式合理、产业结构优化、生态系统安全。并表示政府及其有关部门应当强化科技支撑，完善技术创新体系，加强重点实验室、工程技术（研究）中心建设，开展关键技术攻关；健全科技成果转化机制，促进节能环保、循环经济等先进技术推广应用 |
| | 《贵州省生态文明先行示范区建设实施方案》 | 贵州成为第一批全境列入生态文明先行示范区建设的省份。提出全省生态文明建设 2020 年的目标，重点突出着力构建科学的空间开发格局，大力调整优化产业结构，推动绿色循环低碳发展，加大生态系统和环境保护力度，培育生态文化，创新体制机制 |
| 2017 年 | 《贵州省"十三五"控制温室气体排放工作实施方案》 | 把低碳发展作为生态文明建设的重要途径，大力推进科技创新和制度创新，积极参与应对气候变化，加快建成国家生态文明试验区。目标是到 2020 年，单位地区生产总值二氧化碳排放比 2015 年下降 18%，碳排放总量得到有效控制 |
| | 《"十三五"环境保护规划》 | 设置了生态环境质量类等 5 大类共计 23 小项指标，包含生态环境质量类、污染物总量控制类、污染防治类、环境污染风险防控类、能力建设类指标。提出了"十三五"时期环境保护的重点任务 |
| | 《贵州省贯彻落实〈西部大开发"十三五"规划〉实施方案》 | 坚持创新驱动、开放引领，牢牢守住发展和生态两条底线，目标是到 2020 年，全省地区生产总值年均增长 10% 左右，科技进步对经济增长贡献提高到 50%，产业转型升级取得阶段性突破，生态文明建设取得突出成效 |
| | 《关于新形势下加快知识产权强省建设的实施意见》 | 为建设知识产权强省，省政府提出以下实施意见：提升知识产权创造能力、加快知识产权转化运用、严格知识产权保护、加大政策支持力度、强化组织实施保障 |

续表

| 时间 | 政策文件 | 相关内容 |
|---|---|---|
| 2017 年 | 《贵阳市"十三五"生态文明建设专项规划》 | 该规划旨在对《贵阳建设全国生态文明示范城市规划（2012～2020 年）》目标进行进一步分解落实，并结合公园城市建设、大数据平台建设等打造具有贵阳特色的生态文明中心城市，确保 2020 年建成全国生态文明示范城市 |
| | 《贵州省"十三五"节能减排综合工作方案》 | 主要目标为：到 2020 年，全省万元地区生产总值能耗下降 14%，能源消费总量控制在 1.18 亿吨标准煤以内。全省化学需氧量、氨氮、二氧化硫、氮氧化物排放总量比 2015 年分别下降 8.5%、11.2%、7% 和 7%。提出优化产业和能源结构、加强重点领域节能、强化主要污染物减排、大力发展循环经济、实施节能减排重点工程、强化节能减排技术支撑和服务体系建设、完善节能减排经济政策、大力推广节能减排市场化机制、强化节能减排目标责任、加强节能减排监督检查、动员全社会参与节能减排等具体目标 |
| 2018 年 | 《贵州省生态扶贫实施方案（2017～2020 年）》 | 提出到 2020 年通过生态扶贫助推全省 30 万以上贫困户、100 万以上建档立卡贫困人口实现增收。实施退耕还林建设扶贫、森林生态效益补偿扶贫等生态扶贫十大工程 |
| | 《贵州省加快推进山地特色新型城镇化建设实施方案》 | 旨在助力建设贵州山地特色新型城镇化示范区，充分释放新型城镇化蕴藏的巨大内需潜力和发展动能，提升发展质量，促进新型城镇化平衡发展、充分发展，助推全省决胜脱贫攻坚、同步全面小康。从促进农业转移人口市民化、构建现代城镇体系、提升城市功能和宜居水平、加快推进城乡发展一体化、深化重点领域改革五个方面，对加快推进山地特色新型城镇化建设进行了全面部署。其中，为促进农业转移人口市民化，将全面放宽各类转移人口落户限制 |
| | 《贵州省生态环境监测网络与机制建设方案》 | 提出"到 2020 年，实现环境质量、重点污染源、生态状况监测全覆盖，建立统一的生态环境监测网络"的建设目标。并对完善空气环境、水环境等生态环境监测网络的建设的具体目标以及提高环境管理与风险防范科学化水平及保障措施进行了具体阐述 |

续表

| 时间 | 政策文件 | 相关内容 |
|------|----------|----------|
| 2018 年 | 《贵州省实施"万企融合"大行动打好"数字经济"攻坚战方案》 | 为推进国家大数据综合试验区建设，加快大数据与实体经济深度融合，贵州省政府决定在全省实施"万企融合"大行动，打好"数字经济"攻坚战。提出到2022年，带动10000户以上实体经济企业与大数据深度融合，数字经济增加值占全省GDP比重达到33%，引导推动各领域、各行业实体经济企业融合升级全覆盖。全省大数据与实体经济深度融合水平大幅提升，实体经济企业生产运营效率和产品服务供给质量明显提高，综合竞争力显著增强 |
| | 《关于推进农村一二三产业融合发展的实施意见》 | 提出全省将以市场需求为导向，以完善利益联结机制为核心，以制度、技术和商业模式创新为动力，以新型城镇化为依托，大力推进农业供给侧结构性改革，构建现代山地特色高效农业产业体系，加速推进农村一二三产业融合发展。预计到2020年，全省农村产业融合发展总体水平明显提升，产业链条完整、功能多样、业态丰富、利益联结紧密、产城融合更加协调的新格局基本形成 |

## 二、贵州省科技创新支撑生态文明建设的具体行动

贵州省建设生态文明的主要行动体现在六个方面，分别为大力发展生态产业、持续推进生态环境保护、多举措推行节能减排、因地制宜发展绿色经济、大力培育生态文明绿色文化、强化生态文明建设制度改革。

### （一）大力发展生态产业

依托科研优势，不断加大节能环保产业投资、技术、建设、运营等，打造产学研一体节能增效和环保产业平台。处于工业化初期阶段的贵州省以高端引进、高头嫁接、高位切入的方式介入节能增效和环保产业，成立环保研究所，在股东方上海盛加科技、上海复旦水务、上海亚同环保擅长的节能设备、污水处理、固废处理领域加强系统创新，搭建"产学研"一体的节能环保科技教育基地。

在生态农业方面围绕扶贫攻坚重点工程、富在农家，不断加快技术创新，形成以生态农业为主体的山区特色立体农业产业。为实现农民年均人收入两位数的增长目标提供科技支撑。在生态工业方面，坚持将关键共性技术攻关作为推动传统产业转型升级的重要抓手，推动循环经济产业框架形成。将互联网、云计算、物联网等新一代信息技术作为贵州省制造业信息化新的核心技术，有效支撑全省制造业信息化工程推进。在资源综合利用方面，引导磷、铝、钛等资源型产业集约式发展，提升资源精深加工和高效利用技术水平。抓紧组织实施页岩气、煤层气领域科技重大专项和示范工程，大力支撑资源能源可持续利用。

2013年起政府每年投入1000亿元左右用于生态旅游产业投资，以10年为投资预期，主要用于交通和医院等基础设施建设，同时拉动旅游配套项目投资，以完成3万亿元生态旅游投资计划，带动了当地旅游产业及白酒业、医药、旅游地产、电力等相关产业的快速发展。

### （二）持续推进生态环境保护

在生态环境保护和治理方面，不断加强生态保护，构建"两江"上游重要生态安全屏障。开展环境综合防治科技攻关和技术示范，提升科技进步对解决区域性水、大气、土壤等环境问题的支撑能力。打造绿色城镇，设立安顺市、遵义市为全国"城市修补""生态修复"试点，市（州）中心城市和经济强县均建设了两期以上的污水处理厂。实施主体功能区规划，不断加快城镇规划编制，目前30%的县（区、市）已完成县域乡村建设规划编制。启动开展农村人居环境整治三年行动，创建"四在农家·美丽乡村"省级新农村示范点157个、新农村环境综合治理省级示范点192个，"百乡千村"建设项目100个。

### （三）多举措推行节能减排

2014年以来，贵州省通过实施节能减排重点支撑项目、绿色循环项目以及地方配套项目，实现节能量68299吨标准煤，替代燃料198538.9吨标准油。大力推动绿色交通行业发展，出台了《关于加强交通运输行业重点耗能企业管理的实施意见》《关于加强全省交通运输万家企业节能低碳管理工作的实施意见》及《贵州省交通运输节能环保"十三五"发展规划》等一系列政策，推动全省绿色交通优先发展，加快应用推广新能源和清洁能源运输装备，目前新能源车的比例高达 85.5%，全省 9 个市（州）和贵安新区均设置有清洁能源、新能源公交运行线路，运营车辆达 6233 辆。同时，利用节能技术设计、改造，实现低碳化运营，当前全省高速公路隧道 LED 灯使用率 70% 以上，通过研究路面材料循环利用技术，加快 ETC 车道改造工程等措施，很大程度起到了节能、降耗、减排的作用。

## （四）因地制宜发展绿色经济

实施绿色经济倍增计划，出台了《关于推动绿色发展建设生态文明的意见》，推进绿色改造提升，以高端化、绿色化、集约化为主攻方向，通过实施"千企引进"和"千企改造"工程，加快发展生态利用型、循环高效型、低碳清洁型、环境治理型"四型产业"。2017 年绿色经济"四型产业"占地区生产总值的比重达到 37%。

数字经济发展成绩显著。作为首个国家大数据综合试验区，贵州省将发展数字经济作为贯彻五大新发展理念，积极搭建"中国数谷"新平台，构建数字流动新通道，释放数据资源新价值，激活实体经济新动能，培育数字应用新业态，并且在大数据立法、数据安全、政府数据共享开放、大数据提升社会治理现代化、大数据服务百姓生活等方面实现了后发赶超。目前，全省大数据企业达到了 8900 多家，大数据产业规模总量超过 1100 亿元，以大数据为引领的新兴产业特别是高技术产业增加值占规模以上工业增加值从 4.4% 上升到 8.5%。重点行业数字化研发设计工具普及率和关键工序数控化率分别提高 23% 和 12% 以上。引进了吉利新能源汽车、中电科、奇虎 360 和高通、苹果、英特尔、戴尔、甲骨文、思爱普等 1060 家技术含量高、成长性好、引领性强的企业落户贵州。培育了货车帮、华芯通、朗玛、易鲸捷、白山云等一批主营业务突出、竞争力强、创新动力足的本地大数据企业，初步形成了以电子信息制造业为基础，以软件和信息技术服务业、通信服务业为增长点，以物联网、电子商务、大数据、云计算为突破口的发展新格局。

## （五）大力培育生态文明绿色文化

一方面，通过举办生态文明贵阳国际论坛，深化同国际社会在生态环境保护、应对气候变化等领域的交流合作。另一方面，将每年的 6 月 18 日确定为"贵州生态日"，举办了"保护母亲河·河长大巡河"和"巡山、巡城"等系列活动，全面开展生态文明创建活动，累计创建国家级生态示范区 11 个、生态县 2 个、生态乡镇 56 个、生态村 14 个，省级生态县 7 个、生态乡镇 374 个、生态村 515 个。

### （六）强化生态文明建设制度改革

通过全面推行省、市、县、乡、村五级河长制，不断深化生态文明制度改革，率先出台首部省级层面生态文明地方性法规《贵州省生态文明建设促进条例》，并颁布 30 余部配套法规，全省生态环境保护执法司法专门机构达 108 个，资源环境司法机构实现了全覆盖。取消地处重点生态功能区 10 个县的 GDP 考核，对各市（州）党委、政府生态文明建设开展评价考核，强化环境保护"党政同责""一岗双责"，实行党政领导干部生态环境损害问责。

# 第二节　贵州省科技创新对生态文明建设的贡献分析

## 一、贵州省科技创新对生态文明建设的贡献率

2006~2016 年，贵州省科技创新对生态文明建设的贡献率由 33.58% 增长至 44.53%（见图 6-1），但低于全国同期水平；平均年贡献率为 44.53%，整体增幅达 10.95%，年均增幅约为 1.10%，高于全国同期水平。移动平均贡献率方面，贵州省 2006~2008 年科技创新对生态文明建设的移动平均贡献率为 35.16%，低于全国同期水平（36.80%）；2014~2016 年的三年移动平均贡献率达到了 43.12%，低于全国水平 1 个百分点。"十一五"期间，贵州省科技创新对生态文明建设的平均年贡献率为 35.70%，"十二五"期间的科技创新对生态文明建设平均年贡献率为 41.25%，"十二五"期间比"十一五"期间提高超过 5 个百分点。

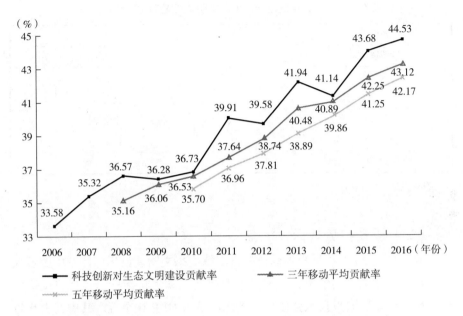

**图6-1　2006~2016年贵州省科技创新对生态文明建设贡献率**

资料来源：笔者计算。

## 二、贵州省科技创新对生态文明建设贡献率的驱动指标分析（2016年）

### （一）驱动优势指标分析

通过分析2016年贵州省科技创新支撑生态文明建设指标体系中的各项指标数据及全国排名情况，发现贵州省的驱动优势指标较多，说明贵州省近年来在科技创新支撑生态文明建设方面的发展速度和潜力巨大。具体来看，贵州省存在驱动优势指标，包括城镇化率、第三产业增加值、万元GDP能耗、人均GEP、全员劳动生产率、居民人均可支配收入等，说明贵州省近年来在空间优化和创新支撑发展方面，尤其是生活空间优化方面取得了较大成绩（见表6-2）。

表6-2　贵州省科技创新对生态文明建设驱动优势指标分析

| 指标名称 | 全国排名 | 所属板块 |
|---|---|---|
| 城镇化率 | 1 | 空间优化 |
| 第三产业增加值 | 1 | 空间优化 |
| 万元 GDP 能耗 | 1 | 资源节约 |
| 人均 GEP | 1 | 生态保护 |
| 全员劳动生产率 | 1 | 创新支撑 |
| 居民人均可支配收入 | 1 | 创新支撑 |

资料来源：笔者计算。

### （二）驱动劣势指标分析

通过分析 2016 年贵州省科技创新支撑生态文明建设指标体系中的各项指标数据及全国排名情况，发现贵州省存在驱动劣势指标，包括单位播种面积粮食产量、研发投入强度、高技术产值占 GDP 比重等。其中，贵州省 2016 年单位播种面积粮食产量增长率位于全国第 31 位，研发投入强度的增速位于全国第 25 位。贵州省驱动劣势指标分布于资源节约和创新支撑板块，说明 2016 年贵州省在这些板块的发展潜力较小（见表6-3）。

表6-3　贵州省科技创新对生态文明建设驱动劣势指标分析

| 指标名称 | 全国排名 | 所属板块 |
|---|---|---|
| 单位播种面积粮食产量 | 31 | 资源节约 |
| 研发投入强度 | 25 | 创新支撑 |
| 高技术产值占 GDP 比重 | 18 | 创新支撑 |

资料来源：笔者计算。

## 三、贵州省科技创新对生态文明建设贡献率的静态指标分析（2016 年）

### （一）静态优势指标分析

2016 年贵州省科技创新对生态文明建设的静态优势指标为人均绿地面

积、生态空间面积比例、生态生产率、生态资产指数 4 项，其中生态资产指数位列全国第 10 位，其余三项均位列全国第 7 位。4 项指标中，有 1 项属于创新支撑板块，2 项属于空间优化板块，1 项属于环境治理板块（见表 6-4）。

表 6-4　贵州省科技创新对生态文明建设静态优势指标分析

| 指标名称 | 全国排名 | 所属板块 |
|---|---|---|
| 人均绿地面积 | 7 | 空间优化 |
| 生态空间面积比例 | 7 | 空间优化 |
| 生态生产率 | 7 | 创新支撑 |
| 生态资产指数 | 10 | 环境治理 |

资料来源：笔者计算。

## （二）静态劣势指标分析

2016 年贵州省科技创新对生态文明建设的静态劣势指标为城镇化率、单位播种面积粮食产量、人力资本存量、每万人拥有研发人员数 4 项，4 项指标均排在全国第 30 位，其中 2 项属于创新支撑板块，说明贵州省在创新支撑方面处于相对弱势地位（见表 6-5）。

表 6-5　贵州省科技创新对生态文明建设静态劣势指标分析

| 指标名称 | 全国排名 | 所属板块 |
|---|---|---|
| 城镇化率 | 30 | 空间优化 |
| 单位播种面积粮食产量 | 30 | 资源节约 |
| 人力资本存量 | 30 | 创新支撑 |
| 每万人拥有研发人员数 | 30 | 创新支撑 |

资料来源：笔者计算。

# 第三节　贵州省科技创新对生态文明建设
## 贡献的相关问题及建议

## 一、当前存在的问题

贵州省科技创新支撑生态文明建设进程中存在的问题体现在以下几个方面。贵州省属中亚热带气候区，气候温和、雨量丰沛、雨热同季，多阴雨、少日照，多年平均气温 15℃ 左右，年均降雨量 1179 毫米。受大气环流及地形等影响，气候地域性差异很大，具有明显的山地垂直气候特征，灾害性天气较多，干旱、洪涝、秋风、凌冻、冰雹等自然灾害频发。

利用科技创新驱动发展是进行生态文明先行区建设的最有效路径，科技创新需要科技投入的强力支撑，但贵州省科技创新能力相对于国内其他地区较低，科技发展的基础较差，建设者对于科技创新和科技投入对贵州生态文明先行区的重要意义的认识需要进一步加深，科技投入缺乏明确的顶层规划，随机性、不稳定性和不确定性很明显。

农村的生态环境遭到破坏，人口压力大，生态保护意识薄弱，经济发展与生态环境保护的矛盾，生态文明政策和法制建设薄弱。贵州省生态文明建设中最迫切需要解决的问题是经济发展与环境污染的问题。同时，贵州省的工业技术不发达，农业的生产科技含量较少，提高贵州省工农业的技术水平，加快科技创新，充分发挥其在生态文明建设中的支撑作用。

近年来，贵州省将旅游业作为优势产业和支柱产业来发展，但贵州省喀斯特生态环境极其脆弱，目前已经出现了石漠化现象。由于石漠化现象加重，导致了贵州省部分地区降雨量减少，使得黔源电力这样的水力发电企业出现亏损面，黔源电力亏损的根本原因还是由于枯水期导致水力发电量大幅减少和发电收入不足。另外，公路、铁路和机场等基础设施的建设也在一定程度上破坏了当地生态环境，如何平衡旅游经济发展与生态环境保护，实现可持续的发展模式是贵州省面临的难题。

## 二、对策及建议

基于贵州省生态文明建设现状，为进一步推进其生态文明建设，提出如下建议：

第一，加强科技创新，大力发展绿色产业。绿色产业是当前贵州省生态文明建设的重点工作内容，也是国家绿色经济发展的重要途径。地处云贵高原东坡具有发展绿色产业的优势。生态农业、生态旅游、绿色食品、特色产品是贵州省绿色经济发展的最大优势。

第二，充分利用现有自然资源和现有技术设备，尽量减少重复建设，充分减少自然生态破坏和资源的浪费。在垃圾处理方面要遵循"因地制宜，分类处理，技术可行，经济合理"的原则，对于大、中、小城镇和农村，分别采取不同的技术方案。尽可能采用先进的处理工艺，如热解气化、等离子处理与垃圾发电技术。对特种垃圾，可充分利用贵州省废矿井的潜在优势，实施固化、深埋的处理方案。在原有发电厂和水泥厂的附近地区，可开展垃圾生物能源的开发工程研究，为当地生态环境保护与新能源开发创造条件。

第三，加快固废的综合利用研究，开创新兴的环保与新材料、新能源产业的发展。贵州省是全国的矿产资源大省之一，经过多年的开发生产，现存在着较多的工业废物渣场和尾矿库。调查显示，现有工业渣场和尾矿库235座，固体废物高达7835万吨，历史堆存量已超3亿吨。而综合利用率仅有39%，远低于全国63%的平均水平。根据《国家环境保护局固体废物污染环境管理规定》及该项目《环境影响评价报告书、表》的要求，建立合格的渣场进行堆存，保证不产生二次污染。并采用生物处理法改良土壤，种植耐旱植物进行生态恢复与环境保护。大力开展矿渣尾矿的综合利用研究，基于贵州省矿产资源较为丰富，开采历史较长，存在老洞、采空区较多的特点，可采取矿渣、尾矿充填废矿坑和采空区这一技术工艺和处理方案。

第四，加强矿山综合治理与生态恢复。贵州省是全国矿山最多的省份之一，矿山生态恢复是目前贵州省生态环境较为突出的问题之一，因此，大力推进绿色矿山的建设，加强矿山的综合治理与生态恢复工作，也是生态文明建设中的重点战略目标。结合贵州省矿山的类型和特点，要因地制宜开展各地的生态恢复工作，主要包括：优化采矿设计、加强环境污染治理与固废的综合利用、矿区地质灾害的防治、矿区土地复垦与污染土壤的修复、废弃矿井的再利用（如开磷）、矿山公园的建设（如万山汞矿）。

# 第七章 海南省科技创新对生态文明建设贡献的应用示范研究

## 第一节 海南省科技创新对生态文明建设贡献的现状概述

海南省地处中国最南端，风景秀丽，生态环境优异，自然资源禀赋得天独厚，在推动经济发展过程中十分注重生态保护的协调性。1999年，海南省人大二届二次会议做出《关于建设生态省的决定》，确立了"不破坏环境、不污染环境、不搞低水平重复建设"三项发展原则，在全国范围内率先提出生态省建设，并成为我国第一个生态示范省，生态省建设就此拉开序幕。

2000年以来，海南省委、省政府立足省情，以"建设生态环境、发展生态经济、培育生态文化"为主要内容，大力推进文明生态村创建工作。十几年来，海南文明生态村从无到有、从点到面、从数量积累到质量提升，成了海南省社会主义新农村建设的一道亮丽风景，更成了全国农村精神文明建设的响亮品牌。特别是党的十八大以来，文明生态村创建工作与"美丽海南百镇千村工程"实现了有机结合，与海南国际旅游岛建设各项工作实现了统筹推进，成效更加显著，截至2017年，全省累计17536个自然村创建文明生态村，覆盖率达到84%。

2017年中央环保督察后，海南省进一步解决城乡环境、大气、土壤、岸线、水体等方面存在的问题，包括永久停止中部生态核心区市县开发新建外销房地产项目，新批填海土地严禁用于开发商品住宅等措施。根据

《2017 年海南省环境状况公报》，海南省各项环境状况持续优良，生态环境更加宜人，森林覆盖率达 62.1%，当下，海南省定位于国家生态文明试验区，为推进全国生态文明建设探索新经验，到 2035 年其生态环境治理和资源利用效率将居于世界领先水平。

海南省生态文明建设历程大致可分为五个阶段：一是建设"生态省"。海南建省办经济特区开始就非常重视环境保护。认为良好的生态环境和丰富的热带资源，是海南省赖以生存和发展的"饭碗"。1999 年 2 月，海南省二届人大二次会议在全国率先做出《关于建设生态省的决定》，同年 3 月，原国家环保总局正式批准海南省为我国第一个生态示范省。随后，海南省政府制定了《海南生态省建设规划纲要》。海南省在实施"一省两地"战略时，遵循"三不原则"（不破坏资源、不污染环境、不搞低水平重复建设）和"两大一高"（大企业进入、大项目带动、高科技支撑）工业发展战略，走上了生态立省的发展道路。

二是创建"全国生态文明建设示范区"。在海南生态省建设取得巨大成就的基础上，2009 年底，海南国际旅游岛建设上升为国家战略。在《国务院关于推进海南国际旅游岛建设发展的若干意见》中，创建"全国生态文明建设示范区"被列为六大战略目标之一，要求"探索人与自然和谐相处的文明发展之路，使海南成为全国人民的四季花园"。为此，"坚持科学发展、实现绿色崛起"成为海南省加快国际旅游岛建设的关键词。

三是"谱写美丽中国海南篇章"。2013 年，习近平总书记视察海南时发表重要讲话，要求海南省以国际旅游岛建设为总抓手，"争创中国特色社会主义实践范例，谱写美丽中国海南篇章"，并对生态文明建设做出了一系列重要论述。如提出"保护生态环境就是保护生产力，改善生态环境就是发展生产力。良好生态环境是最公平的公共产品、是最普惠的民生福祉"。强调青山绿水、碧海蓝天是海南省建设国际旅游岛的最大本钱，必须倍加珍爱、精心呵护；希望海南省处理好发展和保护的关系，着力在"增绿""护蓝"上下功夫，为全国生态文明建设做表率，为子孙后代留下可持续发展的"绿色银行"。

四是建设"美好新海南"。海南省第七次党代会报告中提出要加快建设经济繁荣、社会文明、生态宜居、人民幸福的美好新海南。明确海南省发展的"三大优势"（全国最好的生态环境、全国最大的经济特区和全国唯一的省域国际旅游岛），提出要通过不懈努力实现全省人民的幸福家园、中华民族的四季花园、中外游客的度假天堂"三大愿景"。"三大愿景"所描绘的美丽蓝图，无疑是海南省"谱写美丽中国海南篇章"即以生态文明示范全国的"清明上河图"。

五是建设"国家生态文明试验区"。2018年，习近平总书记在"4·13"重要讲话中，对海南省的生态文明建设给予了充分肯定，对海南省的未来发展寄予了厚望，海南省要牢固树立和全面践行"绿水青山就是金山银山的理念"，在生态文明体制改革上先行一步，为全国生态文明建设做出表率，支持海南建设国家生态文明试验区，鼓励海南省走出一条人与自然和谐发展的路子，为全国生态文明建设探索经验。同时指出建设路径：实行最严格的生态环境保护制度，积极开展国家公园体制试点，完善以绿色发展为导向的考核评价体系，严格保护海洋生态环境。在新的历史起点上，海南省要担当起生态文明建设先行一步、示范全国的重任。

# 一、海南省科技创新支撑生态文明建设的主要政策

海南省不断探索符合本省的生态文明建设之路，依靠科技创新，实现绿色崛起，其发展经验对其他省份具有重要的借鉴意义，海南省科技创新支撑生态文明建设的主要政策如表7-1所示。

表7-1 海南省科技创新支撑生态文明建设的主要政策

| 时间 | 政策文件 | 相关内容 |
|---|---|---|
| 2006年 | 《海南省国民经济和社会发展第十一个五年规划纲要》 | 明确提出以文明生态村建设为综合创建载体，动员农民广泛参与，通过村道修建、绿化美化、推广沼气、垃圾集中处理、民房改造、改水改厕等工程，逐步创造良好的村庄周围环境、村内环境和家居环境 |
| 2010年 | 《海南经济特区农药管理若干规定》修订 | 出台了最严农药管理法规，农药产品经营备案制度以及溯源制度初步建立，农药批发、配送和零售运作体系基本形成，农药经营行为逐步规范，依法监管力度得到加强，为保障海南农产品质量安全提供了有力支持 |

续表

| 时间 | 政策文件 | 相关内容 |
|---|---|---|
| 2013 年 | 《海南经济特区海岸带保护与开发管理规定》 | 明确了海岸规划制定的负责部门，对于近海建设的各种建筑物可能导致的资源破坏和无污染进行了从严科学规范。同时规定了临海建筑物的规划建设原则，特别严格控制临海高层建筑。指出海滩不得"私属化"，严厉管控围海造地 |
| | 《海南省森林生态效益补偿基金管理办法》修订 | 保护公益林资源，维护生态安全，中央及省财政安排专项资金建立中央及省财政森林生态效益补偿基金，为规范和加强补偿基金的管理，提高资金使用效益 |
| 2014 年 | 《海南省自然保护区条例》 | 理顺自然保护区管理体制，明确机构的具体管理职责，对保护区规划做出明确规定。调整了市县级自然保护区的设立审批权限，将省级和市县级自然保护区的设立审批统一规定由省人民政府实施，使自然保护区的设立更为科学、严谨 |
| | 《海南省大气污染防治行动计划实施细则》 | 将良好的生态环境作为改善民生的重要目标，着力解决以细颗粒物（PM2.5）为重点的大气污染问题，突出抓好重点城市、重点行业、重点企业的污染治理 |
| | 《海南省生态文明乡镇创建管理办法》修订 | 进一步完善生态文明乡镇创建管理机制 |
| | 《文明生态村的建设标准、管理细则和文明村镇的测评体系》 | 2016 年底，海南将完成全省75%的自然村庄建设成文明生态村 |
| 2015 年 | 《大气污染防治实施情况考核办法》 | 2015 年起，对各市县和洋浦开发区实施《海南省大气污染防治行动计划实施细则》的情况进行年度考核和终期考核。考核指标包括空气质量改善目标完成情况和大气污染防治重点任务完成情况两个方面。其中空气质量改善目标完成情况以各地区可吸入颗粒物（PM10）年均浓度下降比例及细颗粒物（PM2.5）年均浓度持平情况作为考核指标；大气污染防治重点任务完成情况包括10 项指标：产业结构调整优化，清洁生产，煤炭管理与油品供应，燃煤小锅炉整治，大气污染治理，城市扬尘、裸地及餐饮油烟污染控制，机动车污染防治，建筑节能，大气污染防治资金投入，大气环境管理 |

续表

| 时间 | 政策文件 | 相关内容 |
|------|---------|---------|
| 2015 年 | 《海南省节约能源条例》 | 实行节能目标责任制和节能考核评价制度,将节能目标完成情况作为对各级人民政府及其负责人考核评价的内容。实行有利于节能和环境保护的产业政策,淘汰落后的生产能力,限制发展高耗能、高污染行业,加快发展现代服务业、先进制造业、热带高效农业,鼓励发展节能环保型产业,推动产业结构和能源结构调整优化 |
| 2016 年 | 《海南省大气污染防治实施方案（2016~2018 年）》 | 设置三级大气污染预警,明确预警程序及追责。通过开展机动车污染治理、城市扬尘污染治理、挥发性有机物污染治理、餐饮业污染治理、船舶港口污染治理、面源污染治理、煤炭油品管控、工业大气综合整治,到 2018 年底,全省环境空气质量持续保持优良,优良天数比例达到 98%,PM10、PM2.5 等主要大气污染物浓度控制在较低水平 |
| | 《海南省农村垃圾治理实施方案》 | 要求从 2016~2020 年,全面实现农村生活垃圾、乡村河（湖）水体垃圾、建筑垃圾以及农业面源污染垃圾的有效治理,农村生活垃圾无害化处理率 90%以上。建立健全"户分类、村收集、镇转运、县处理"的模式,全面开展农业生产生活垃圾、建筑垃圾等治理,促进农村生活垃圾就地减量和分类处理 |
| | 《海南省生态保护红线管控试点工作方案》 | 提出开展以"制定生态保护红线管理规定、生态保护红线区分级分类管理目录、生态补偿实施细则和评估考核细则,建立生态保护红线监测平台"为主要内容的生态保护红线管控试点工作。明确了生态保护红线管控试点的五大任务。首要任务是严格划定生态保护红线区域,海南岛陆域生态保护红线区划定总面积 11535 平方千米,近岸海域海洋生态保护红线区划定总面积 2920 平方千米。各市县要在省域生态保护红线基础上划定市县生态保护红线。设生态保护红线监测平台,实施"天地一体化"监测,以卫星和航空遥感为主,地面监测为辅的监测、评估、监控、预警等关键技术体系,形成生态保护红线监测的规范、规程和一般程序 |

续表

| 时间 | 政策文件 | 相关内容 |
|---|---|---|
| 2016 年 | 《海南省党政领导干部生态环境损害责任追究实施细则（试行）》 | 总共 26 条，主要规定了《海南省党政领导干部生态环境损害责任追究实施细则（试行）》适用的党政领导追责对象和范围、损害责任追究原则、4 种领导干部类型下的 44 种追责情形、损害责任追究主要方式、责任追究结果运用，以及明确各类追责对象的生态环境资源保护责任等。明确提出实行生态环境损害责任终身追究制，推进生态文明制度建设 |
| | 《海南省生态保护红线管理规定》 | 提出遵循保护优先、功能稳定、刚性控制、分类管控的原则，划定和管理生态保护红线。将生态保护红线区划分为Ⅰ类生态保护红线区和Ⅱ类生态保护红线区 |
| 2017 年 | 《关于进一步加强生态文明建设谱写美丽中国海南篇章的决定》 | 提出了 30 条生态环保硬措施。海南省用建省办经济特区近 30 年来最全面、最严格的生态环境保护制度，打造生态文明建设"升级版" |
| | 海南省人大常委发布的《海南省水污染防治条例》 | 制定了水污染防治的规划和标准，以及水污染防治措施。对于饮用水水源和其他特殊水体，实行饮用水水源保护区制度。同时明确了水污染防治的监督管理以及法律责任 |
| | 《海南省主要污染物排污权有偿使用和交易管理办法》 | 对排污权有偿使用和交易适用对象、排污权取得、有偿使用费标准、有效期限、有偿使用收入用途、交易平台、监督管理等作出了明确的规定。在现有的排污制度上进行"更新升级"，明确从 2018 年 12 月 31 日起正式施行，以通过价格导向来提高环境资源的有效配置 |
| | 《海南省水污染防治条例》 | 明确多项法律责任，规定海南省政府环保主管部门定期发布本省水环境状况公报和统一发布本省水环境质量、重点污染源监测信息及其他重大水环境信息 |

续表

| 时间 | 政策文件 | 相关内容 |
|------|----------|----------|
| 2018 年 | 《关于支持海南全面深化改革开放的指导意见》 | 明确要求，海南省要牢固树立社会主义生态文明观，像对待生命一样对待生态环境，实行最严格的生态环境保护制度，还自然以宁静、和谐、美丽，提供更多优质生态产品以满足人民日益增长的优美生态环境需要，谱写美丽中国海南篇章，为推进全国生态文明建设探索新经验。同时提出，海南省将率先建立生态环境和资源保护现代监管体制，设立国有自然资源资产管理和自然生态监管机构。落实环境保护"党政同责、一岗双责"，构建以绿色发展为导向的评价考核体系，严格执行党政领导干部自然资源资产离任审计、生态环境损害责任追究制度 |
|  | 《海南省 2018 年度水污染防治工作计划》 | 确定了各市县水环境质量考核目标，并对污染水体治理、产业园区水污染防治、城镇污染治理、农业农村污染防治、船舶港口污染防治、水生态环境保护、信息公开等主要工作及保障措施进行了详细说明 |
|  | 《市县发展综合考核评价办法》 | 2018 年 1 月 1 日起，实施新的市县发展综合考核评价办法。新办法在取消全省 19 个市县中 12 个市县的 GDP、固定资产投资考核的同时，把生态环境保护列为负面扣分和一票否决事项 |
|  | 《海南省集中式饮用水水源地环境保护专项行动方案》 | 加快解决海南省城市集中式饮用水水源地突出环境问题 |

## 二、海南省科技创新支撑生态文明建设的具体行动

在以上政策保障的基础上，海南省政府采取了一系列涉及生态文明村建设、生态保护与环境治理、优化经济产业结构等在内的行动，以提高科技创新对生态文明建设的支撑力度。

### (一) 生态文明村建设

海南省农村人口占全省人口总数的 70% 左右，高于全国平均水平，因此农村生态文明建设对于海南省十分重要。2000 年海南省政府展开了

以"发展生态经济、建设生态环境、培育生态文化"为主要内容的文明生态村创建活动，并以此作为生态省建设的有效载体和重要内容，这一举措对于全国大力推进社会主义新农村建设具有积极的示范和引导作用。

2006 年海南省在"十一五"规划中就明确提出了深入推进生态文明村建设，实施"一池三改五化"工程，即推进沼气池建设，改水、改厕、改圈，硬化村庄内外道路，栽花种草绿化村庄，拆迁改造美化村庄，安装路灯、村道亮化，治理脏乱差、净化卫生环境。目前大部分村镇已经成功实施，基本实现了居住环境现代化。

2016 年全面推广绿色农房建设。农房建设逐年增加，村民居住条件不断改善，但普遍存在建筑缺乏特色、地方风貌不突出、居住不舒适、安全性一般等问题。同时，农房实际使用年限短、翻建更新频繁、能耗大能效低，浪费能源资源。推进绿色农房建设，有利于提高农房建筑质量，改善农房舒适性和安全性，强化农房节能减排；有利于延长农房使用寿命，帮助农民减支增收，提升农村宜居性，改善农村风貌，加快美丽乡村建设，助力全域旅游省建设。打造了如琼海美雅村、潭门镇、白沙罗帅村、琼中什寒村等一批特色旅游村。

## （二）生态保护与环境治理

海南省从 2001 年开始实施"绿化宝岛"行动，每年开展植树造林、生态修复，于 2013 年制定了《绿化宝岛大行动工程建设总体规划》，近年来持续实施该行动，取得了显著成效。2011~2016 年，累计完成造林绿化 174.1 万亩，森林覆盖率从 60.2% 提高至 62.1%，各市县城区绿地率达到 35% 以上，道路绿化达标率达到 95% 以上，森林生态环境和人居环境得到明显改善。2003 年，国务院下达海南省的退耕还林任务为 100 万亩，由于有的地方乱砍滥伐，植被遭受破坏。海南省人大常委会开展了"退耕还林执法检查暨环保世纪行"活动，积极推动退耕还林工作，全省当年完成造林面积达到 103.2 万亩。2006 年海南省政府开展了《中华人民共和国森林法》"执法检查暨沿海防护林环保世纪行"活动。检查组向海南省政府提出的整改意见和建议受到高度重视，海南省政府决定从 2007 年开始每年拿出 1500 万元，用 3~5 年的时间恢复和加强海南海防林。目前进展情况很好。2007 年，海南省人大常委会结合代表提案，将《中华人民共和国森林法》和《海南省林地管理条例》的"执法检查与天然林环保世纪行"活动结合起来,对全省12个市县的天然林进行了检查,对15处重点毁林点进行挂牌整改督办。

2015年各市县开展生态保护红线划定工作,生态环境保护厅要求各市县须结合"多规合一",加强与国土、林业、水务、海洋等部门配合,合理统筹生产、生活和生态空间,共同做好本区域生态保护红线划定工作。在此基础上深入开展"多规合一"改革,出台了《生态保护红线生态补偿实施细则》和《生态保护红线绩效考核实施细则》,建成和运营生态保护红线监管平台,开展生态保护红线立碑定界技术规范研究,在昌江县开展生态红线立碑定界试点工作。2017年出台了《海南省生态保护和建设行动计划(2017—2020年)》,指导中部四市县出台生态补偿实施方案。制定并实施2017年海洋生态环境监测方案,落实海洋生态红线管控制度,确保海南省海洋生态红线"划得清、管得严、守得住"。划定湿地生态红线,增强湿地生态功能,维护湿地生物多样性,全面提升湿地保护与修复水平。持续推行"绿盾"自然保护区监督检查的专项行动,"绿盾2018"工作方案指出,在开展"绿盾2017"专项行动基础上,2018年将进一步突出问题导向,全面排查全省10个国家级自然保护区和22个省级自然保护区存在的突出环境问题,全面提升全省自然保护区建设与管理水平。

近年来,海南省通过不断加强生态环境建设,空气质量、水环境质量均取得较大的提升。《2017年海南省环境状况公报》显示,2017年海南省全省环境空气质量持续优良,优良天数比例为98.3%,无重度污染天数,全省各项污染物指标均达标,且远优于国家二级标准,其中$SO_2$、$NO_2$、CO、PM10四项指标均符合国家一级标准,PM2.5和$O_3$略高于国家一级标准。地表水和近岸海域水质总体为优,水质优良率为94.4%,城市(镇)集中式饮用水水源地共28个,水质全部达标,城镇内河(湖)水质大幅提升,地下水环境状况总体良好,声和辐射环境治理保持稳定,生态环境更加宜人。

2005年海南省人大常委会以"让群众喝上干净水"为主题,开展了《水污染防治法》的"执法检查暨江河环保世纪行"活动,列出了13个重点监督整改单位,促使问题逐步得到解决。2015年开展"打击典型水环境违法行为"专项行动,督促企业落实整改,并通过媒体或网站向社会公开违法案件情况，接受社会公众监督。全省共排查涉及排放水污染物企业400余家，开展废水排放监测200多家，排查梳理出来的各类排放水污染物违法企业100多家。同年，制定《海南省农村生活垃圾治理指导意见（2015—2017年）》，陆续开展乡村存量垃圾清理活动，建立村、镇、农场环卫清扫保洁体系，引导行政村、作业区（生产队）通过修订完善村规村约，与村民签订"门前三包"责任书等形式，划定保洁责任区域，制定奖惩制度，建立村民认可遵从的农村卫生保洁制度。

在经济产业结构优化方面，海南省大力发展生态农业，大力推进循环农业示范省建设，打造热带特色高效农业，推进桂林洋国家热带农业公园、陵水现代农业示范基地、国家南繁科研育种基地等农业产业园区，高标准建设"五基地一区"。建立全程可追溯、互联共享的信息平台。同时，海南省积极发展生态旅游业，大力发展海洋旅游、乡村旅游、热带雨林等旅游形式，完善旅游路线。大力发展休闲渔业，在全省范围内选择渔业文化丰富、旅游条件优越的县市作为试点，探索休闲渔业发展模式，带动了全省渔业发展，使其成为渔业经济的新的增长点。此外，海洋经济产业也成为一项重点工作。海南省重点发展海洋渔业、海洋油气、海洋旅游等优势产业，积极培育海洋生物医药、海洋物流运输、海洋信息、海洋可再生能源、海水淡化、海洋装备制造等新兴产业。推进渔业供给侧结构性改革，控制近海养殖捕捞，大力发展深水网箱养殖、优质种苗培育、人工渔场和海洋牧场。制定《"十三五"深水网箱养殖产业发展实施方案》，继续组织做好深水网箱养殖科技攻关工作。抓好渔业种业发展。实施《海南省热带水产苗种行动计划》，扶持省级以上良种场建设，支持省级以上良种场引种保种。启动文昌会文—琼海长坡水产苗种产业带整治，争取建设成为"海南热带水产苗种产业科技园示范区"。

海南省积极发展生态工业，政府通过提高环境标准和准入门槛，从严控制"两高一资"、低水平重复建设和产能过剩产业项目建设，大力推动旅游、热带高效农业等十二个优势产业发展，推动新兴产业快速成长，围绕绿色产业体系，推进生产方式绿色化转型，积极发展新能源、新材料、汽车、装备制造等节能环保、低碳产业发展，同时对省重点企业实施强制性清洁生产审核，建设工业点源污染。另外，加大医药产业扶持力度，促进南药、黎药、苗药发展，支持企业加快完成仿制药质量和疗效一致性评价工作，推动医药产业转型升级、健康发展。

海南省努力提高科技创新能力，实施创新驱动发展战略。持续推进"互联网+"行动计划。支持本土互联网企业发展，建设海南大数据交易中心、南海大数据"一院一谷一中心"等项目，构建大数据、云计算、物联网和支撑平台。加强物流园区和物流信息化的建设，促进海陆空无缝衔接、高效联运。培育发展动漫游戏、影视制作、体育赛事、旅游演艺等产业聚集区。培育了一批高新技术企业，鼓励企业加大研发投入，开展技术、产品、管理创新，开发具有自主知识产权的新产品。拓展创新平台，引进国内外科研机构，鼓励社会投资建设和运营管理创新创业载体，加快重点实验室、工程技术研究中心建设。完善创新机制，深化科技管理体制机制改革，发挥投资基金、风险补偿引导作用。加快成果转化，促进产学研一体化发展。增强知识产权创造、运用、保护、管理和服务能力。实施质量强省战略，发扬"工匠精神"，推进重要产品追溯体系建设，打造"海南质量""海南品牌"。

# 第二节　海南省科技创新对生态文明建设的贡献分析

## 一、海南省科技创新对生态文明建设的贡献率

2006~2016年，海南省科技创新对生态文明建设的贡献率由35.36%增长至44.87%（见图7-1），但低于全国同期水平；平均年贡献率为39.89%，整体增幅达9.51%，年均增幅约为0.95%，低于全国同期水平。移动平均贡献率方面，海南省2006~2008年科技创新对生态文明建设的移动平均贡献率为36.44%，低于全国同期水平（36.80%）；2014~2016年的三年移动平均贡献率达到了43.17%，同样低于全国水平（44.00%）。"十一五"期间，海南省科技创新对生态文明建设的平均年贡献率为37.12%，"十二五"期间的科技创新对生态文明建设平均年贡

献率为 41.68%，"十二五"期间比"十一五"期间提高超过 4 个百分点。

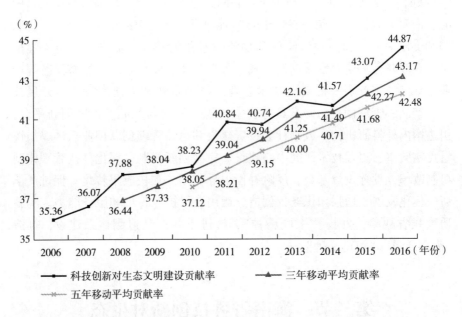

**图 7-1　2006~2016 年海南省科技创新对生态文明建设贡献率**
资料来源：笔者计算。

## 二、海南省科技创新对生态文明建设贡献率的驱动指标分析（2016 年）

### （一）驱动优势指标分析

通过分析 2016 年海南省科技创新支撑生态文明建设指标体系中的各项指标数据及全国排名情况，发现海南省存在驱动优势指标，包括生态空间面积比例、万元 GDP 地耗、研发投入强度、每万人拥有研发人员数、第三产业增加值。其中，海南省生态空间面积比例、万元 GDP 地耗、研发投入强度的增长速度均位于全国第 1 位。海南省前三位的驱动优势指标分布于空间优化、资源节约、创新支撑三大板块，说明海南省在通过科技创新支撑生态文明建设方面的发展较为均匀、全面（见表 7-2）。

表 7-2 海南省科技创新对生态文明建设贡献优势指标分析

| 指标名称 | 全国排名 | 所属板块 |
|---|---|---|
| 生态空间面积比例 | 1 | 空间优化 |
| 万元 GDP 地耗 | 1 | 资源节约 |
| 研发投入强度 | 1 | 创新支撑 |
| 每万人拥有研发人员数 | 3 | 创新支撑 |
| 第三产业增加值 | 5 | 空间优化 |

资料来源：笔者计算。

## （二）驱动劣势指标分析

通过分析 2016 年海南省科技创新支撑生态文明建设指标体系中的各项指标数据及全国排名情况，发现海南省存在驱动劣势指标，包括人均绿地面积、万元 GDP 的 $CO_2$ 排放量、万元 GDP 能耗、万元工业产值 $SO_2$ 排放量。其中，海南省 2016 年人均绿地面积的增长率位于全国第 31 位，万元 GDP 的 $CO_2$ 排放量的生产总值位于全国第 30 位，说明 2016 年海南省在这些板块的发展潜力较小（见表 7-3）。

表 7-3 海南省科技创新对生态文明建设贡献劣势指标分析

| 指标名称 | 全国排名 | 所属板块 |
|---|---|---|
| 人均绿地面积 | 31 | 空间优化 |
| 万元 GDP 的 $CO_2$ 排放量 | 30 | 生态保护 |
| 万元 GDP 能耗 | 29 | 资源节约 |
| 万元工业产值 $SO_2$ 排放量 | 27 | 环境治理 |

资料来源：笔者计算。

## 三、海南省科技创新对生态文明建设贡献率的静态指标分析（2016 年）

### （一）静态优势指标分析

2016 年海南省科技创新对生态文明建设的静态优势指标为生态生产率、人均 GEP、单位面积 GEP、自然保护区面积 4 项，分别位列全国第 4 位、第 5 位、第 6 位、第 9 位。4 项指标中，有 1 项属于创新支撑板块，2 项属于生态保护板块，1 项属于空间优化板块（见表 7-4）。

表 7-4　海南省科技创新对生态文明建设静态优势指标分析

| 指标名称 | 全国排名 | 所属板块 |
|---|---|---|
| 生态生产率 | 4 | 创新支撑 |
| 人均 GEP | 5 | 生态保护 |
| 单位面积 GEP | 6 | 生态保护 |
| 自然保护区面积 | 9 | 空间优化 |

资料来源：笔者计算。

### （二）静态劣势指标分析

2016 年海南省科技创新对生态文明建设的静态劣势指标为技术合同成交额、万元工业产值 COD 量、研发投入强度、全员劳动生产率 4 项，除技术合同成交额位列全国第 31 位外，其余 3 项指标均排在全国第 30 位。4 项指标中，有 3 项属于创新支撑板块，说明海南省在创新支撑方面处于相对弱势地位（见表 7-5）。

表 7-5　海南省科技创新对生态文明建设静态劣势指标分析

| 指标名称 | 全国排名 | 所属板块 |
|---|---|---|
| 技术合同成交额 | 31 | 创新支撑 |
| 万元工业产值 COD 量 | 30 | 环境治理 |

续表

| 指标名称 | 全国排名 | 所属板块 |
|---|---|---|
| 研发投入强度 | 30 | 创新支撑 |
| 全员劳动生产率 | 30 | 创新支撑 |

资料来源：笔者计算。

# 第三节　海南省科技创新对生态文明建设贡献的相关问题及建议

## 一、当前存在的问题

海南省科技创新支撑生态文明建设进程中目前存在的问题体现在以下几个方面：

第一，海南省农村污水处理面临新矛盾。目前，海南省在农村污水处理设施的管理上，普遍存在管理责任的主体不清晰，管理的投入不足等严重问题。一是重建设轻管理。作为海南生态核心区的白沙，尽管在农村污水处理过程中前期投入大笔资金，于 2015 年建成了一批农村污水处理设备，但这座人工湿地生活污水处理设施由于日常管理不善，仅 3 年时间就导致其失去了净化功能，投资 203 万元建成的污水处理设备被废弃。二是污水处理厂及配套管网建设滞后。五指山市在 2015 年建成污水处理设施，不仅污水处理效果不明显，而且建成后水务部门无法进行有效监管，设备开关仅靠村民自觉，导致污水处理进度缓慢，污水收集能力不足等问题。目前，部分村镇正逐步推广一体化微型智能污水处理系统，通过系统监控来控制整套设备，水质不达标时设备将自动启动，若遇到其他原因导致设备不运转的现象，数据将第一时间传输到控制中心，计划到 2020 年，将在五指山市 59 个行政村实现全覆盖。

第二，相关法律和科学治理机制尚待建立完善。海南省目前生态文明建设相关法律制定滞后，科学的参与机制有待建立完善。海南省生态文明建设目前主要依靠政府牵头和实施，未能充分调动企业、社会团体的参与积极性；整体上无法实现政府治理、市场治理、社会治理的叠加效应。

第三，粗放型经济增长方式尚未得到根本转变。海南省对于资源的利用并没有从整体上建立循环经济体系，资源综合利用和再生资源回收利用滞后，资源的"瓶颈"制约也开始凸显；高新技术产业所占份额小。

第四，产业结构不合理，经济发展过度依赖旅游业和房地产业。一方面，旅游业的淡旺季明显，脆弱性突出，容易受到多方因素的制约；另一方面，一些市县的建设与发展过度依赖于房地产业，高地价和高房价提高了企业的运营成本，制约了其他行业的技术改造和升级发展；还存在低水平重复建设现象。

## 二、对策及建议

对于进一步发挥海南省自然资源禀赋，提高科技创新对海南省生态文明建设贡献的建议如下：

第一，加强制度设计和相关立法。首先，利用好特区立法权，制定完善《海南省沿海地区和沿江、沿河地区生态环境保护条例（试行）》，杜绝一些政府部门随意改变规划，破坏生态环境的行为。同时制定完善《海南省生态补偿条例（试行）》，明确补偿原则、补偿领域、补偿主体、补偿方式及资金来源五个方面，确定相关利益主体间的权利义务和保障措施，进一步细化耕地、海域、森林、矿产资源、地下水等各领域生态补偿细则，构建多领域、多层次的补偿体系。其次，按照海南主体功能区的划分，制定更为详细的差异化考核实施细则。例如，在限制开发区域、禁止开发区域内，可将森林覆盖率与森林质量、林分结构、生态功能等指标同步考核，防止高森林覆盖率和水土流失严重现象同时出现，在开发区域、重点开发区域，则要重点突出绿色 GDP 的占比，从政绩考核上引导地方党政层面走绿色发展道路。最后，重视税收对资金流向的引导作用，通过调整税目和税率（额），对环保企业予以减免税，加大对环保企业的资金支持。

第二，进一步转变政府职能。在环保项目评估、环保专项资金使用、环保项目采购环节严格管理，建立群众监督机制，成立相应的环保专项资金使用管理委员会，增加专家学者在委员会中的话语权，为相关政策、方案、计划和规划的制定提供咨询意见，以便增加决策的科学性。

第三，构建完善的环境监管和治理市场体系。建立并完善海南省碳排放权交易市场，成立碳减排行业协会，在污染预防环节发挥积极作用。设立环境监测资质行政许可制，明确社会监测机构可以从事的业务范围及相应的资质要求，做好污染监测工作。在污染治理方面，设立由政府投资、社会融资及费用征收（排污费或环保税）组成的水、气、土壤等环保专项整治基金，将其优先贷给专业环保公司和实施第三方治理的排污企业，扶持专业环保公司的发展壮大，提高排污企业开展第三方污染整治的积极性。

第四，加大科技推广力度和环保投入。建立环保科技应用成果转化中心，将成熟技术转化为实际工业应用，重点扶持一批成长性好的示范型环保企业，组建环保产业联盟，规模化推进环保科技的普及。在环保资金投入方面，要改变当前由政府主导环保投入的现状，鼓励环保企业主动参与设计产业链，构建政府和企业的双赢局面。

第五，积极推动节能环保产业的发展。制定环保产业发展专项规划，大力发展环保技术、管理和信息服务、环境污染治理工程承包服务、环境污染治理设施运营服务和在线监控系统第三方运营服务，促进环保服务业的健康发展，推动企业节能减排。

# 第八章 内蒙古自治区科技创新对生态文明建设贡献的应用示范研究

## 第一节 内蒙古自治区科技创新对生态文明建设贡献的现状概述

内蒙古自治区以草地资源闻名，全区有 13 亿亩草原，有 3.55 亿亩森林，有 6000 多万亩湿地，构成了祖国北方重要生态屏障。2010 年，国务院出台了草原生态保护补助奖励政策，决定对包括内蒙古自治区在内的全国 8 个主要草原牧区实施草原生态保护补助奖励。2011 年，内蒙古自治区给牧区牧民发放草原生态保护补助奖励资金 50 多亿元，其中有国家资金 40 亿元、自治区配套资金 10 多亿元。2012 年，内蒙古自治区又将国家草原生态保护补奖资金 37.66 亿元全部下拨到全区各盟市，此次补奖政策覆盖自治区 10.2 亿亩可利用草原，涉及 5567 个嘎查村，惠及农牧民 146 万户。2012~2017 年，内蒙古自治区完成造林绿化面积 5774 万亩；森林面积 3.73 亿亩，居全国第一位；活立木蓄积量 14.8 亿立方米，居全国第 5 位；森林覆盖率 21.03%，提高 1.03 个百分点；荒漠化面积减少 625 万亩，沙化土地面积减少 515 万亩；草原植被盖度达到 44%，接近 20 世纪 80 年代中期最好水平，不断推进节能降耗助力全区绿色发展，节水型社会建设取得显著成效。

内蒙古自治区成立以来，生态文明建设大体可分为三个阶段：第一阶段（1947~1977 年）是内蒙古自治政府成立到党的十一届三中全会。

内蒙古自治区生态文明建设呈现出自然资源利用得相对比较少、工业规模小的特点，人对自然生态的影响还比较有限，绝大部分草原、森林和农田保持着良性的自然再生产循环状态。这一阶段的建设重点是保护草原、森林、矿山等自然资源。第二阶段（1978~2007年）是从党的十一届三中全会到党的十七大。改革开放后，特别是国家实施西部大开发政策以来，内蒙古自治区党委、政府始终高度重视生态建设和环境保护，进行了农牧业、林业、沙漠水土流失治理等一系列生态建设，取得了生态建设与发展的成果，生态文明建设有了长足的发展，生态环境实现了"整体遏制，局部好转"的重大转变，生态文明制度和体制机制建设取得一定成果。第三阶段（2007年至今）是党的十七大之后，这一时期生态建设的理念、内涵、方式都不同于前两个时期，社会发展从单一的生态保护或建设，转变为以人为核心的社会化的综合性工程，更加注重不同部门、不同产业间的配合与协调，内蒙古自治区科技创新支撑生态文明建设进入快速期。

在内蒙古自治区政府和民众的共同努力下，内蒙古自治区的生态文明建设取得了长足发展。一是执政理念发生深刻变化，生态文明制度建设逐步完善；二是自然环境保护成果斐然，环境保护取得了"生态总体恶化趋势趋缓，重点治理区生态明显改善"的良好效果；三是生态科技的普遍利用，促进生态经济发展；四是环保思想逐步深入人心。

# 一、内蒙古自治区科技创新支撑生态文明建设的主要政策

近年来，内蒙古自治区不断加快推进生态文明制度建设，在《关于加快推进生态文明建设的实施意见》《关于加快生态文明制度建设和改革的意见及分工方案》的基础上制定了一系列生态环境保护及科技创新政策，内蒙古自治区科技创新支撑生态文明建设的主要政策如表8-1所示。

表 8-1　内蒙古自治区科技创新支撑生态文明建设的主要政策

| 时间 | 政策文件 | 相关内容 |
|---|---|---|
| 1997 年 | 《内蒙古自治区人民政府关于加快名牌产品生产企业技术进步的决定》 | 大力推动"名牌推进战略的深入实施,加快名牌产品生产企业技术改造"的步伐。加大对名牌企业技术进步工作的政策扶持力度,促进全区技术水平的提升 |
| 2001 年 | 《内蒙古自治区促进高新技术成果转化和高新技术产业化的若干规定》 | 实施自治区"科教兴区"战略,推动高新技术成果的引进、转化工作,加速高新技术成果的商品化、产业化进程,增强自治区经济发展实力 |
| 2005 年 | 《内蒙古自治区人民政府关于实施技术跨越战略的意见》 | 以技术跨越推动经济增长方式的根本转变,带动整体经济跨越式发展。确立"到 2020 年,主要重点产业技术水平达到国内领先地位,产业整体素质和竞争能力位居全国前列,基本实现重点产业技术和特色经济的跨越式发展"的总体目标。以技术跨越加快推进新型工业化,以信息化带动工业化步伐、加快发展现代服务业 |
| 2006 年 | 《内蒙古自治区中长期科学和技术发展规划纲要(2006—2020)年》 | 落实"科教兴区"战略,推进自主创新,建设创新型内蒙古自治区。制定一系列措施,包括加大科技投入、优化科技投入结构、整合全社会科技资源、推进重大科技专项实施、强化财政科技投入的绩效管理、加强政策性金融对自主创新的支持、引导商业金融支持自主创新、拓宽创新型中小企业投融资渠道、加快推进高新技术成果转化 |
| | 《关于做好"城中村"规划改造的指导意见》 | 以统筹城乡发展为总体目标,通过改造,使"城中村"在居住环境、管理体制、经济发展和社会文明等方面与城市全面融合。实现生活环境和质量从农村向城市转变,管理体制从村委会向城市社区居委会转变,传统农业经济向城市现代经济转变。促进城市土地资源空间布局优化和产业结构调整,提升城市实力和现代化水平 |

续表

| 时间 | 政策文件 | 相关内容 |
|------|----------|----------|
| 2007 年 | 《内蒙古自治区科技创新引导奖励资金管理办法》 | 《内蒙古自治区科技创新引导奖励资金管理办法》对资金来源、使用范围、资金申请与项目审批、资金管理与扶持等做出了具体说明，以规范自治区科技创新引导奖励资金管理，提高资金使用效益 |
| | 《关于加强建筑节能工作的若干规定》 | 制定新建建筑节能 50% 的标准，逐步对既有建筑进行节能改造，推进供热体制改革，加强对市场和节能建筑工程质量监管，加大节能技术和新能源开发利用力度，推动建筑节能向绿色建筑发展，进一步转变经济增长方式，以尽可能少的资源消耗创造尽可能大的经济效益的要求 |
| 2008 年 | 《内蒙古自治区矿山地质环境治理保证金管理办法》 | 保护矿山环境，有效防治矿山开发造成的地质环境破坏及诱发的地质灾害，促进经济社会可持续发展 |
| 2010 年 | 《内蒙古自治区应对气候变化实施方案》 | 进一步加强应对气候变化能力建设，减缓和适应气候变化，依靠科技创新和科技进步，减缓温室气体排放，充分发挥科技进步在减缓和适应气候变化中的先导性和基础性作用，大力发展新能源和可再生能源技术、节能技术和先进农牧业技术，为应对气候变化，增强可持续发展能力提供强有力的科技支撑 |
| 2011 年 | 《内蒙古自治区"十二五"节能减排综合性工作方案》 | 指出要实施重点工程，推进科技创新，积极推动以企业为主体、"产学研"相结合的节能减排技术创新与成果转化体系建设，将节能减排共性和关键技术攻关项目列为自治区科技支撑计划重点领域和优先主题。实现"十二五"期间节约能源 6000 万吨标准煤左右的目标 |
| 2013 年 | 《内蒙古自治区人民政府关于贯彻落实大气污染防治行动计划的意见》 | 要强化生态保护和建设，加强沙化土地、水土流失治理，继续实施好"三北"防护林、天然林保护、自然保护区、京津风沙源治理、退耕还林还草等重点生态工程，增强科技创新能力，到 2015 年城市建成区绿化覆盖率达到 35% 以上，到 2017 年，全区地级城市细颗粒物浓度比 2012 年下降 10% 左右，通过技术改造使企业的排污强度在 2012 年的基础上下降 30% 以上 |

续表

| 时间 | 政策文件 | 相关内容 |
|---|---|---|
| 2014 年 | 《内蒙古自治区人民政府关于实施创新驱动发展战略的意见》 | 指出组织实施生态安全屏障建设技术攻关，开展生态建设实用技术集成与示范，推进不同类型区域综合节水技术集成与示范，提升废物资源化综合利用与污染综合治理技术水平，提高节能减排科技支撑能力 |
| 2015 年 | 《内蒙古自治区人民政府关于水污染防治行动计划的实施意见》 | 指出要全力保障水生态安全，加强河湖水生态保护，科学划定生态保护红线，加快技术成果推广应用，重点推广饮用水净化、节水、水污染治理及循环利用、城市雨水收集利用、再生水安全回用、水生态修复、畜禽养殖污染防治等适用技术，目标是到 2020 年，全区水环境质量得到阶段性改善，污染严重水体较大幅度减少，饮用水安全保障水平持续提升，地下水超采得到严格控制，地下水污染加剧趋势得到初步遏制。到 2030 年，力争全区水环境质量总体改善，水生态系统功能初步恢复。到 21 世纪中叶，生态环境质量全面改善，生态系统实现良性循环 |
| | 《内蒙古自治区气候资源开发利用和保护办法》 | 有效保护和合理开发利用气候资源，推进生态文明建设，促进经济社会可持续发展。鼓励、支持与气候资源开发利用和保护相关的科学技术研究、先进技术推广应用 |
| | 《内蒙古自治区人民政府关于加快推进"互联网+"工作的指导意见》 | 明确主要目标：到 2020 年，"互联网+"加速推进，以云计算、大数据、物联网、移动互联网等为代表的新一代信息技术在经济社会各行业各领域广泛应用，互联网在促进经济结构调整、产业转型升级中发挥作用明显，信息消费快速增长，互联网经济发展水平全面提升。建成 5 个自治区级互联网经济集中区、10 个电子商务集聚区、10 个大宗商品电子交易市场，电子商务交易额达到 5800 亿元以上，互联网服务收入达到 500 亿元。聚焦"互联网+"工业、农牧业、商贸、金融、政务、文化、民生、生态等重点发展领域 |
| | 《内蒙古自治区人民政府关于加快科技服务业发展的意见》 | 指出要重点推动科技服务业发展，以支撑创新驱动发展战略为目标，以满足科技创新需求和提升产业创新能力为导向，统筹科技资源，完善政策环境，构建具有内蒙古自治区特色的专业化、网络化、规模化、开放化的科技服务业新体系 |

续表

| 时间 | 政策文件 | 相关内容 |
|------|----------|----------|
| 2016 年 | 《内蒙古自治区人民政府关于贯彻落实土壤污染防治行动计划的实施意见》 | 指出要加大科技研发力度，推动环境保护产业发展。到 2020 年，全区土壤环境质量总体保持稳定，农用地和建设用地土壤环境安全得到基本保障，土壤环境风险得到基本管控，受污染耕地安全利用率达到 90%以上，污染地块安全利用率达到 90%以上。到 2030 年，全区土壤环境质量稳中向好，农用地和建设用地土壤环境安全得到有效保障，土壤环境风险得到全面管控，受污染耕地安全利用率达到 95%以上，污染地块安全利用率达到 95%以上。到 21 世纪中叶，土壤环境质量全面改善，生态系统实现良性循环 |
| | 《内蒙古自治区培育发展农村牧区垃圾污水治理市场主体实施方案》 | 更好地发挥市场的决定性作用，培育发展多元化的农村牧区垃圾污水治理市场主体，全面提升内蒙古自治区农村牧区生活垃圾和污水治理工作水平，改善农村牧区人居环境 |
| | 《内蒙古自治区"十三五"新型城镇化规划》 | 针对城镇化快速发展过程中的问题，依据当前形势，制定了新型城镇化的指标。提出了城镇化程度进一步提高、城镇布局更加协调、进城人口市民化水平显著提升、城镇人居环境和谐宜人、城市发展模式科学合理 5 个建设目标 |
| 2017 年 | 《内蒙古自治区促进科技成果转移转化八项措施》 | 为促进高新技术成果转移转化制定八项措施：应用大数据交易平台，实施后补助奖励政策，引导和激励创新主体，建立资金多元投入机制，培育中介服务体系，理顺科技成果使用权、收益权、处置权关系，激发科技人员活力，强化组织落实 |
| | 《内蒙古自治区知识产权事业发展"十三五"规划》 | 明确了知识产权事业发展目标：到 2020 年，全社会知识产权意识普遍提高，政策法规体系更加完善，全区知识产权创造、运用、保护、管理和服务能力显著增强。知识产权整体发展水平进入西部省区先进行列，各项指标达到全国中等水平 |
| | 《内蒙古自治区"十三五"旅游业发展规划》 | 根据《内蒙古自治区国民经济和社会发展第十三个五年规划纲要》的总体要求，围绕建设成为国内外知名旅游目的地的战略定位，努力做大做强旅游业，促进内蒙古自治区经济社会转型升级 |

续表

| 时间 | 政策文件 | 相关内容 |
|------|---------|---------|
| | 《内蒙古自治区"十三五"信息化发展规划》 | 在总结当前信息化产业发展现状的基础上,进一步提出加快内蒙古自治区信息化进程的具体措施 |
| | 《内蒙古自治区贯彻落实〈国家创新驱动发展战略纲要〉实施方案》 | 建立全区生态环境大数据平台,进行资源与生态要素数据化集成与分析,针对内蒙古自治区森林、草原、沙漠、沙地、湖泊、湿地等生态类型,按照立地条件一致性划分为若干类型区,建立不同类型区生态保护与资源可持续高效利用技术规范体系。建设若干园区基地,开展荒漠化防治产业化科技创新示范,围绕生态修复、水生态环境、水土保持、生态产业,形成一系列经济、稳定、可复制的区域生态保护与修复发展模式。加强北方生态屏障保障功能提升理论和技术研究,形成理论和技术优势 |
| 2017年 | 《内蒙古自治区"十三五"科技创新规划》 | 提出以保障农牧民增收为总目标,充分发挥科技创新驱动作用,着力解决现代农牧业发展中的"瓶颈"性技术难题,构建适应产出高效、产品安全、资源节约、环境友好农业发展要求的科学技术支撑体系,提升农牧业可持续发展能力。解决内蒙古自治区生态环境改善面临的技术"瓶颈",发展重大生态修复技术体系,遏制区域性生态恶化趋势,生态恢复与重建基础研究及应用技术开发方面取得重大突破;为生态环境质量的明显改善和构建祖国北疆生态安全屏障提供科技支撑 |
| | 《内蒙古自治区人民政府关于加快发展全区环保产业的指导意见》 | 指出要加强科技创新,依托国家、内蒙古自治区科技重大专项计划和实用高新技术成果转化、重点领域关键技术攻关、创新平台载体建设等工程,开展环保产业关键共性技术攻关,突破环境保护治理中的技术"瓶颈",形成一批具有自主知识产权和重大影响的科研成果 |
| | 《内蒙古自治区人民政府办公厅关于开展城市环境综合整治专项行动的通知》 | 进一步改善城市环境面貌,全面提升人居环境质量,打造良好城市形象,解决城市环境卫生"脏乱差"等问题 |

| 时间 | 政策文件 | 相关内容 |
|---|---|---|
| 2017 年 | 《内蒙古自治区人民政府关于建立农村牧区人居环境治理长效机制的指导意见》 | 为进一步改善内蒙古自治区农村牧区人居环境，建立农村牧区人居环境治理的长效机制，推进"健康内蒙古"建设，农村牧区基础设施建设和城乡基本服务均等化进程。按照国家对农村人居环境治理工作的总体要求，重点开展垃圾和污水治理、改水改厕，加强村庄绿化、村庄道路等公用设施管护，全面推进全区农村牧区人居环境综合治理。力争到 2020 年，基本形成管理队伍稳定、资金保障持久、设施设备齐全、治理技术成熟、监管制度完善的全区农村牧区人居环境治理长效机制，农村牧区人居环境明显改善，农村牧区的文明程度显著提高 |
| | 《内蒙古自治区控制污染物排放许可制实施方案》 | 通过排污许可制，明确排污企业依证排污的权利和依证防治污染的主体责任，可以解决排污单位治污责任不清、义务不落实，环境保护部门监管不到位的问题 |
| | 《内蒙古自治区生态环境保护"十三五"规划》 | 分析了当前内蒙古自治区生态环境保护面临的形势，当前存在的主要问题，以及未来的目标：到 2020 年，主要污染物排放总量减少，空气和水环境质量总体改善，土壤环境保持稳定，生态系统稳定性和服务功能增强，辐射环境质量继续保持良好，环境风险得到有效管控，环境监管和行政执法体制机制逐步完善，生态文明制度体系完整，生态文明水平与全面小康社会相适应 |
| | 《关于划定并严守生态保护红线的工作方案》 | 对内蒙古自治区划定保护红线的目标、工作任务、进度安排、保障措施进行了阐述 |
| | 《内蒙古自治区湿地保护修复制度实施方案》 | 建立全区湿地保护修复制度，增强湿地保护修复的系统性、整体性、协同性，全面保护湿地，建设我国北方重要生态安全屏障。对全区湿地资源实行面积总量管控，逐级分解落实，实行全面保护。到 2020 年，全区湿地面积不低于 9000 万亩，其中自然湿地面积不低于 8818 万亩，湿地保护率由现在的 28.5% 提高到 35% 以上 |

续表

| 时间 | 政策文件 | 相关内容 |
|------|---------|---------|
| 2017 年 | 《内蒙古自治区大数据发展总体规划（2017—2020 年）》 | 确立中国北方大数据中心、"丝绸之路"数据港、数据政府先试区、产业融合发展引导区、世界级大数据产业基地的发展定位，到 2020 年，形成技术先进、共享开放、应用广泛、产业繁荣、保障有力的大数据发展格局，大数据及其相关产业产值超过 1000 亿元，年均复合增长率超过 25% |

## 二、内蒙古自治区科技创新支撑生态文明建设的具体行动

近年来，科技创新在内蒙古自治区生态文明建设过程中发挥了重要的推动作用，自治区高度重视知识产权工作，将企业作为科技创新的主体地位，把推进知识产权战略作为实施创新驱动发展战略、加快经济发展转变、增强区域核心竞争力的重要内容和重点举措，充分发挥科学技术在生态修复、环境治理、环境数据监测等方面的重要支撑作用，主要体现在以下方面：

### （一）生态保护力度不断加大

内蒙古自治区在全国率先制定《党委、政府及有关部门环境保护工作职责》，明确了党委、政府及 39 个部门环境保护工作职责。耕地、水资源、林业红线划定工作全面启动，基本草原的划定初步完成。"多规合一"试点改革工作和国家主体功能区试点示范深入推进。在自然资源资产负债表编制、领导干部自然资源资产离任审计、生态环境损害责任追究等方面开展了先行先试，并研究出台了《党政领导干部生态环境损害责任追究办法实施细则》《领导干部自然资源资产离任审计试点实施方案》，将呼伦贝尔市确定为领导干部自然资源资产离任审计试点；开展了自然资源资产负债表编制前期工作，制定了《内蒙古探索编制自然资源负债表的总体方案》《大兴安岭重点国有林区改革总体方案》，在呼伦贝尔市、赤峰市开展森林、草原、湿地资源资产实物量核算账户试点，在包头市、鄂尔多斯市

试点填报矿产能源和土地资源实物量变动表。

　　深入实施五大生态（京津风沙源治理、"三北"防护林建设、天然林保护、退耕还林还草、水土保持工程）和六大区域性绿化（公路、城镇、村屯、矿区园区、黄河两岸、大青山前坡）等重点生态工程。森林面积由3.6亿亩增加到3.8亿亩，草原植被盖度由37%提高到44%，森林覆盖率和草原植被盖度"双提高"。荒漠化和沙化土地"双减少"，分别减少625万亩和515万亩，减少面积均居全国首位。完成全区生态环境十年变化（2000~2010年）调查评估。优化调整各级自然保护区，6个晋升为国家级、4个晋升为自治区级。积极推进生态创建工作，截至2015年底，8个旗县开展了国家级生态旗县创建工作，3个旗县通过环保部验收；100个乡镇（苏木）、4个村（嘎查）获得国家级生态乡镇（苏木）和生态村（嘎查）命名，70个乡镇（苏木）、113个村（嘎查）获得自治区级命名。生态环境状况实现总体遏制、局部好转，"美丽内蒙古"建设取得明显成效。

## （二）生态环境质量得到改善

　　全面实施大气污染防治行动计划，稳步推进重污染天气预警体系建设和大气颗粒物源解析工作，同时以乌海及周边地区为重点实施区域联防联控。2015年，12个盟市空气质量平均达标天数292天，优良天数比例达80.9%。水环境质量保持稳定，2015年，全区监测地表水国控断面为34个，较2010年25个增加9个，水质达到或优于Ⅲ类水体比例为57.6%；13个城市监测的地市级集中饮用水水源地取水水质达标率为89.9%，与2010年相比保持稳定，均实行月报制度，并完成一次全分析监测。全区生态环境质量状况有所改善，EI指数为44.97，饮用水水源地周边土壤环境质量98.4%为清洁水平。重点流域治理任务顺利推进。辐射环境质量总体良好。超额完成减排任务。

　　重点推进赤峰市的巴林左旗、克什克腾旗、巴彦淖尔市的乌拉特后旗三个重点防控区的重金属污染防治工作，三个区域的水、大气环境及重点防控企业的重点重金属污染物全部达标。加强涉重企业厂区及周边地区重金属污染物监测，推进土壤污染修复试点工作，有效解决了鄂尔多斯市毛连圪卜污水圈综合整治、包头市韩庆坝和黄河铬盐股份有限公司39.26万吨铬渣治理等历史遗留问题。组织实施五种重金属污染物排放总量控制并制定总量审核的有关规定。先行先试开展全区环境污染责任保险试点工作并出台意见，24 家涉重企业已投保。52 家重点企业完成清洁生产审核。截至 2015 年底，列入国家规划的 36 个项目均已完成，顺利通过国家考核，未发生突发涉重污染事件。

## （三）科技投入不断加大

2007 年起，内蒙古自治区财政设立科技发展创新引导奖励资金，支持重大科技专项、优势特色产业的技术创新和科技创新人才队伍建设，激励和引导全社会自主创新。单列知识产权专项经费，重点支持专利创造、保护和专利技术产业化。确立企业是科技投入的主体，鼓励企业加大技术创新和新产品研发投入。重点支持产业关键共性技术、高新技术、社会公益技术研究及科技公共平台和人才队伍建设。

## （四）环境公共服务体系不断完善

环境大数据、信息技术使内蒙古自治区环保监测能力显著增强。目前，全区城市污水处理率和生活垃圾无害化处理率分别达 90% 和 95%。环境监管能力大幅提升，115 个环境监测机构中 87 个实现基本仪器达标，达标率约为 76%；118 个监察机构中 77 个通过标准化验收，达标率约为 65%，12 个盟市和 30% 的旗县实施了移动执法；设立了 13 个监控中心，监控企业 564 家，安装监控设备 1773 套；推进 11 个盟市、98 个旗县和 8 个经济开发区共 117 个监测执法业务用房建设；内蒙古自治区环保云管理平台正式上线运行，环境大数据应用平台列为环保部生态环境大数据试点，重点工业企业环境大数据项目列为内蒙古自治区"互联网+"试点示范项目；2015 年全区重点污染源自动监控数据传输有效率、自行监测结果公布率和监督性监测结果公布率分别为 91.2%、83.2% 和 97%，全部达到国家考核要求；强化环境风险防控，保障全区 1258 家核技术利用单位、3889 枚放射源安全，内蒙古自治区辐射环境监督站成为全国首个通过质量、环境、职业健康安全管理体系认证的省级辐射站；危险废物规范化管理 2015 年督查考核合格率达 91.5%，全国排名第 3，建立了内蒙古自治区危险废物环境风险源数据库；12 个盟市医疗废物无害化处置率均为 100%；搭建了全区化学品环境管理登记信息系统平台。

## （五）科技创新支撑产业结构不断优化

### 1. 电子信息产业快速发展

信息基础设施建设不断完善，电子政务建设成效显著，内蒙古自治区政务云中心初步建成，已部署 57 个部门 400 多个信息系统，走在全国前列。环保在线监测系统等一批业务应用系统建设成为全国试点示范。各级政务网站在推行政府信息公开、网上行政审批、公共服务中发挥了重要作用。

教育信息化支持了远程教育、科学研究、教育管理、资源共享，提供了高效便捷的网络平台。医疗信息化促进了医疗、医药和医保的联动，保障了 80% 以上三甲医院建立电子病历信息系统和电子健康档案。社保五险合一、民政低保、经适房和廉租房等民生信息系统建设加快，保障社保"一卡通"即时结算覆盖 80% 以上的城乡居民。全区文化信息资源共享工程建设成效明显。呼和浩特、乌海等市成为全国信息惠民试点城市，呼和浩特、包头、鄂尔多斯、乌海、呼伦贝尔等市成为全国智慧城市试点示范城市。

初步形成以彩电等消费电子产品、电子基础原材料为主，包括电子元器件、软件开发、信息服务等门类的电子信息产业体系。蒙古文软件的开发和推广应用加快。工业自动化控制系统研发加快。培育引进云计算、光伏材料产业等技术领先、特色鲜明的新型产业，初步形成集聚发展的态势。

大数据产业体系逐渐形成。和林格尔新区大数据产业园等一批大数据园区加快建设，中国电信、中国移动、中国联通、百度、阿里巴巴、腾讯、华为、浪潮、苹果等一批国内外知名企业相继落户，产业集聚效应开始显现。电子信息产业稳步发展，初步形成电子元器件、软件开发、信息服务等门类的电子信息产业体系。2016 年，软件和信息技术服务业实现收入 27.96 亿元。

### 2. 农牧业信息化取得进展

基本形成了以内蒙古自治区农牧业信息网、"12316"三农三牧服务热线和"农信通"手机短信服务为基础，以微信、微博和客户端为延伸的多元化的农牧业和农村牧区信息服务模式。一批旗县已探索出适合本地区发展的信息进村入户模式。初步建设了牧区全产业链溯源数据平台，呼伦贝尔市、锡林郭勒盟等盟市 50 多万只羊佩戴了电子耳标。设施农业物联网 "大棚管家" 建成并得到推广。全区建立了农畜产品市场信息采集网络。

3. 电子商务产业兴起

一批本地化电子商务公共服务平台、交易平台和流通企业自建电子商务平台相继涌现。支撑电子商务发展的物流配送、网络支付、安全认证、信息技术服务等服务业也应运而生。呼和浩特市、包头市、赤峰市、通辽市被列为国家级电子商务示范基地。

# 第二节　内蒙古自治区科技创新对生态文明建设的贡献分析

## 一、内蒙古自治区科技创新对生态文明建设的贡献率

2006 年内蒙古自治区科技创新对生态文明建设的贡献率为 34.62%，低于全国同期水平（35.30%）；2016 年内蒙古自治区科技创新对生态文明建设的贡献率增长至 43.45%（见图 8-1）。内蒙古自治区科技创新对生态文明建设的平均年贡献率为 38.95%，整体增幅达 8.83%，年均增幅约为 0.88%。移动平均贡献率方面，内蒙古自治区 2006~2008 年科技创新对生态文明建设的移动平均贡献率为 35.95%，略低于全国同期水平（36.80%）；2014~2016 年的三年移动平均贡献率为 41.85%，明显低于全国水平（44.00%）。"十一五" 期间，内蒙古自治区科技创新对生态文明建设的平均年贡献率为 36.32%，"十二五" 期间的科技创新对生态文明建设平均年贡献率为 40.68%，"十二五" 期间比 "十一五" 期间提高超过 4 个百分点。

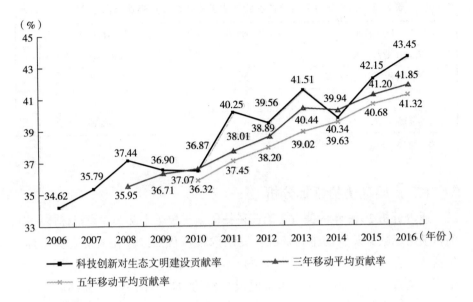

**图 8-1　2006~2016 年内蒙古自治区科技创新对生态文明建设贡献率**

资料来源：笔者计算。

## 二、内蒙古自治区科技创新对生态文明建设贡献率的驱动指标分析（2016 年）

### （一）驱动优势指标分析

通过分析 2016 年内蒙古自治区科技创新支撑生态文明建设指标体系中的各项指标数据及全国排名情况，发现内蒙古自治区存在驱动优势指标，包括万元工业产值 COD 量、单位播种面积粮食产量、研发投入强度、生态服务总值（GEP）。其中，2016 年内蒙古自治区万元工业产值 COD 量位于全国第 1 位，单位播种面积粮食产量、研发投入强度均位于全国第 2 位。内蒙古自治区的驱动优势指标分散于指标体系的环境治理、资源节约、创新支撑、生态保护 4 个板块，说明 2016 年内蒙古自治区在科技创新支撑生态文明建设方面发展较为均衡，但缺少突出的方面（见表 8-2）。

表8-2　内蒙古自治区科技创新对生态文明建设贡献优势指标分析

| 指标名称 | 全国排名 | 所属板块 |
| --- | --- | --- |
| 万元工业产值 COD 量 | 1 | 环境治理 |
| 单位播种面积粮食产量 | 2 | 资源节约 |
| 研发投入强度 | 2 | 创新支撑 |
| 生态服务总值（GEP） | 3 | 生态保护 |

资料来源：笔者计算。

### （二）驱动劣势指标分析

通过分析 2016 年内蒙古自治区科技创新支撑生态文明建设指标体系中的各项指标数据及全国排名情况，发现内蒙古自治区存在驱动劣势指标，包括技术合同成交额、万元 GDP 的 $CO_2$ 排放量、生态空间面积比例。其中，内蒙古自治区 2016 年技术合同成交额的增长率位于全国第 30 位，万元 GDP 的 $CO_2$ 排放量的生产总值位于全国第 28 位。内蒙古自治区驱动劣势指标分布于除资源节约外的所有板块，说明 2016 年内蒙古自治区在这些板块的发展潜力较小（见表8-3）。

表8-3　内蒙古自治区科技创新对生态文明建设贡献劣势指标分析

| 指标名称 | 全国排名 | 所属板块 |
| --- | --- | --- |
| 技术合同成交额 | 30 | 创新支撑 |
| 万元 GDP 的 $CO_2$ 排放量 | 28 | 生态保护 |
| 生态空间面积比例 | 27 | 空间优化 |

资料来源：笔者计算。

## 三、内蒙古自治区科技创新对生态文明建设贡献率的静态指标分析（2016 年）

### （一）静态优势指标分析

2016 年内蒙古自治区科技创新对生态文明建设的静态优势指标为人均

绿地面积、生态资产指数、生态服务总值（GEP）、人均 GEP 4 项，分别位列全国第 1 位、第 2 位、第 3 位、第 3 位。4 项指标分属于空间优化、环境治理、生态保护板块，而缺乏在资源节约和创新支撑板块的静态优势指标（见表 8-4）。

表 8-4　内蒙古自治区科技创新对生态文明建设静态优势指标分析

| 指标名称 | 全国排名 | 所属板块 |
| --- | --- | --- |
| 人均绿地面积 | 1 | 空间优化 |
| 生态资产指数 | 2 | 环境治理 |
| 生态服务总值（GEP） | 3 | 生态保护 |
| 人均 GEP | 3 | 生态保护 |

资料来源：笔者计算。

## （二）静态劣势指标分析

2016 年内蒙古自治区科技创新对生态文明建设的静态劣势指标为高技术产值占 GDP 比重、万元 GDP 的 $CO_2$ 排放量、技术合同成交额、万元 GDP 能耗 4 项，分别位列全国第 29 位、第 28 位、第 28 位、第 27 位。4 项指标中，有 2 项属于创新支撑板块，说明内蒙古自治区在创新支撑方面处于相对弱势地位（见表 8-5）。

表 8-5　内蒙古自治区科技创新对生态文明建设静态劣势指标分析

| 指标名称 | 全国排名 | 所属板块 |
| --- | --- | --- |
| 高技术产值占 GDP 比重 | 29 | 创新支撑 |
| 万元 GDP 的 $CO_2$ 排放量 | 28 | 生态保护 |
| 技术合同成交额 | 28 | 创新支撑 |
| 万元 GDP 能耗 | 27 | 资源节约 |

资料来源：笔者计算。

# 第三节　内蒙古自治区科技创新对生态文明建设贡献的相关问题及建议

## 一、当前存在的问题

近年来，内蒙古自治区科技创新支撑生态文明建设取得了一定的成绩，但仍存在经济发展方式较粗放，产业结构不够合理，城乡区域发展不够平衡，基础设施体系不够完善，环境污染的形势依然严峻，新老环境问题的压力依然很大等问题，主要问题体现在以下几个方面：

生态文明理念有待加强。内蒙古自治区存在着重增长轻发展、重生产轻环境、重开采轻保护的错误观念，长期重视草原的经济功能，忽视草原的生态作用，进行人为的破坏和无止境的索取，直接导致了一系列生态问题。

环境质量状况与全面建成小康社会的目标要求尚有差距。大气环境质量方面，城市总体大气环境问题仍然存在，特别是乌海及周边地区、包头市、呼和浩特市、通辽市等区域，部分污染因子已接近上限，2015 年，除鄂尔多斯市、锡林郭勒盟达标外，其他 10 个盟市均不达标。水环境质量方面，2015 年开展的例行监测的 42 个主要城市集中式饮用水水源地中有个别由于天然本底值高及人为污染导致铁、锰、氨氮等指标不同程度超标，全区 78 个河流断面中（监测 71 个，7 个断流）劣 Ⅴ 类水质断面占未断流断面的 16.9%，湖库 25 个断面中 Ⅴ 类及劣 Ⅴ 类水质断面占 85.7%，城市建成区存在黑臭水体，地下水环境质量 47 个考核点位中极差比例为 21.3%。农村牧区生态环境方面，畜禽养殖污染、村庄生活污染、饮用水安全、历史遗留工矿及现有工矿污染与农业面源污染等问题尚未得到有效解决。

生态环境保护建设与构筑北方重要生态安全屏障的要求尚有差距。一是生态环境仍很脆弱。全区中度以上生态脆弱区域占国土面积的 62.5%，其中，重度和极重度占 36.7%；森林覆盖率低于全国平均水平，草原退化、沙化、盐渍化面积近 70%，天然湿地大面积萎缩。二是生态环境质量有待提高。2015 年全区生态环境质量状况等级总体评价为一般，12 个盟市中乌海市、鄂尔多斯市、巴彦淖尔市和阿拉善盟为较差和差，占国土面积的 35.77%；43 个重点生态功能区所属县域生态环境状况指数为 48.93，其中乌拉特中旗、乌拉特后旗、四子王旗和苏尼特右旗为较差，阿拉善左旗、阿拉善右旗和额济纳旗为差，较差和差的面积占国土面积的 30.80%。三是资源开发与生态环境保护矛盾仍然存在。一些地区重发展、轻保护，资源开发方式仍较粗放，为了发展粮食生产，以牺牲林业、牧业为代价，盲目地、大规模地开垦草原，致使草原资源受到极其严重的破坏，又给草原生态环境带来沉重的创伤，生态系统服务功能有所降低，自然保护区内违法违规开发问题仍然很多。89 个国家和自治区级自然保护区中 41 个存在违法违规情况，涉及企业 663 家。四是生态环境风险监管仍需加强。内蒙古自治区煤炭、火电、化工、黑色及有色金属行业占国民经济比重较大，存在一定生态环境风险隐患，监管力度还需加强。

部分区域生态退化问题依然严重，内蒙古自治区草原退化、沙化严重，草原生产力下降；沙化土地遍布全区 12 个盟市的 90 个旗县市区。江河源头湖泊干涸，水土流失严重，水土流失面积近 3 亿亩，而且每年仍以 1000 万亩的速度在推进。森林覆盖率明显下降。生物资源的破坏速度明显加快。沙尘暴频起与荒漠化扩展同步加快、恶性循环没有得到根本遏制。水资源、矿产资源和草原的保护与利用矛盾依然突出，部分历史遗留及群众关心的问题亟待解决，生态文明制度建设和改革任务仍然比较艰巨，环境保护体制机制与生态文明建设的要求尚有差距，实现构筑北方生态安全屏障的目标还需付出努力。

环境保护体制机制与生态文明建设的要求尚有差距。全区生态文明法治体系、制度体系、执法监管体系和治理能力体系还不健全，吸引社会资本进入生态环境治理领域的体制机制和政策措施还不明晰，政府监管职责缺位、越位、交叉错位等问题仍然存在，生态文明体制改革还需进一步深化。环境治理体系和治理能力现代化建设水平相对较低，环境治理主体单一，全社会共同参与生态环境保护的机制仍不完善。环境保护市场化程度仍然滞后，绿色经济政策仍需不断深化。环保产业发展水平亟待提升，环保产业起步较晚，发展较为缓慢，企业总体实力较差，缺乏龙头企业带动，竞争力不强，难以形成集群联合效应。环保产业服务体系不完善，市场发育程度较低，管理机制不健全。

城镇化发展过程中存在一定的矛盾和问题。一是城镇化进程与城镇化质量不同步，"土地城镇化"快于"人口城镇化"，土地利用方式相对粗放，基础设施支撑保障能力较弱。水资源供需矛盾尖锐，部分城镇水资源开发利用率超过合理水平。产业发展与城镇发展不协调，多数开发区吸纳就业人口较少，县域城镇产业支撑能力不足。二是城镇体系发展不协调。由于地广人稀和地理因素的限制，城镇布局分散、相距较远，城市数量少、规模偏小，经济联系较弱，导致人口和城镇发展空间分布不匹配。西部地区资源型产业就业弹性较低，经济发展带来的人口集聚作用较弱；东部盟市经济发展相对落后，城镇化率比西部地区低 17 个百分点左右。中心城市辐射带动能力有待加强，区域服务职能相对较弱；中小城市实力弱，小城市和小城镇公共服务配给水平较低。城市形态发育不完善，城市群内部分工协作不够、集群效率不高。三是城镇规划、建设和管理水平总体不高。规划多以城镇向外拓展和新增建设用地为重点，忽视旧城区的有机更新和综合开发。城市规划前瞻性、严肃性、强制性和公开性不够，执行程度有待提高。民族文化特色、历史底蕴和自然环境在城市规划建设中体现不充分。各类地上、地下市政设施及相关配套设施往往不能做到"同步设计、同步建设、同步投入使用"，导致市政基础设施系统性较差。城市依法治理力度不够，存在违法建设现象。城市污水和垃圾处理能力不足，大气、水、土壤等环境污染加剧，部分大中城市交通拥堵等"城市病"逐步显现。四是城镇化体制机制仍然不健全。城乡分割的户籍管理、土地管理、社会保障以及财税金融、行政管理等制度，导致城乡利益失衡，制约着农牧业转移人口市民化和城乡发展一体化。土地登记确权工作还未全面开展，草原承包经营制度还需完善，推进农村牧区集体经济组织产权制度改革还处于设计阶段，城乡统一的户口制度尚未实现，林区、垦区企业职工和被征地农牧民、农牧民工等各类群体的养老、保险等制度还不够融合，制约了城镇化健康发展。城市管理体制条块纵横交错，政出多门，各自为政，使城镇整体功能难以得到发挥。

## 二、对策及建议

内蒙古自治区近年来大力实施天然林保护、三北防护林、退耕还林、京津风沙源治理等重点生态工程，有力地推动了生态建设进程。但当前内蒙古自治区的生态仍较为脆弱，对于如何依靠科技创新促进内蒙古自治区生态文明建设，提出以下建议：

第一，建立健全生态文明制度。加快构建系统完备、科学规范、运行有效的生态文明制度体系，促进推进生态建设和管理方式的改革，逐步建立国家、社会和个人参与生态环境保护与建设的管理机制。进一步完善生态建设和环境保护的方针政策，明确企业的生态环境治理责任及其奖惩办法，建立完备的矿产资源开发企业对资源、生态、环境及当地居民的补偿制度等。建立和完善草原、森林和水源等的生态补偿机制，制定并实施草原生态补偿制度，调动牧民建设草原、保护草原的积极性和创造性。

第二，完善生态文明建设的工程体系。加大自然系统和生态环境保护力度，采用新技术逐步加快生态修复，继续实施京津风沙源治理、退耕还林、退牧还草、天然林保护、"三北"防护林、水土保持等生态建设重点工程。完善和实施地方性生态建设与保护项目，提高生态建设项目的实施效果。通过保育草原、植树造林、治理沙漠、保护湿地等一系列措施，恢复、建设多元碳汇体系，提高各类生态系统吸收和固碳功能，逐步实现低碳发展。

第三，加快建立生态文明建设技术创新机制。加快生态环境的技术开发，将资源节约、循环利用、污染治理和生态修复等先进适用技术的开发纳入内蒙古自治区各级政府的中长期科技发展规划，加强"产学研"合作，共同研究解决生态修复、污染治理、循环利用和资源节约的关键技术问题。支持节能减排、再制造、废物资源化利用等关键技术和装备的产业化示范，依托内蒙古自治区科研院所、高校及企业开展生态环境法规政策研究和技术开发，为企业、园区、城市等提供生态环境规划等咨询服务。

第四，充分发挥生态资源优势，大力发展生态经济。大力发展节能环保、新能源、新材料、生物、高端装备制造等战略性新兴产业，构建安全、稳定、经济、清洁的现代能源产业体系，培育非矿产资源型工业。围绕内蒙古自治区煤炭、电力、化工、冶金、建材等重点行业和特色产业，积极培育循环经济产业集群，搭建内蒙古自治区循环经济产业链构架。

第五，正确处理矿产资源开发与环境治理的关系。作为矿产资源大省，内蒙古自治区也是我国北方生态环境脆弱省区之一，干旱缺水，沙漠化严重，生态环境自我修复能力差，环境容量有限，因此，矿产资源开发增速应与生态环境容量相适应、协调。

# 第九章 典型城市科技创新对生态文明建设贡献的应用示范研究

## 第一节 江苏省扬州市科技创新对生态文明建设的贡献

自 2009 年开始，扬州市在落实国家部委、江苏省相关政策的基础上，集中制定了一系列生态文明建设的相关规划、政策与方案，通过采取水环境治理、大气环境治理、固体废物治理及生态环境治理等举措，取得了显著成效。2016 年 7 月，扬州市获准建设江苏省可持续发展实验区，探索符合实际的可持续发展路径。从科技创新资源投入及产出来看，扬州市 2005~2017 年第三产业增加值增长 7.3 倍，人均可支配收入呈快速增长趋势；科技支出总体呈上升趋势，2009~2017 年总体增长 3.7 倍；研发投入强度逐年增长，年均增长率为 2.7%，而扬州市每万人拥有的研发人员数则增长较快，从 2010 年的 40 人增长到 2017 年的 70 人，增长近 75%。从生态文明建设情况来看，扬州市 2005~2017 年城镇化率增长 18%，2017 年达到 66%；空气质量优良率变化较为平稳，目前保持在 63%左右；生态环境状况指数的变化趋势主要分为两阶段：第一阶段（2005~2008 年），扬州市生态环境状况指数呈小幅度上涨趋势，始终保持在较优阶段；第二阶段（2009~2016 年），扬州市生态环境状况指数呈先缓慢上升后缓慢下降的趋势，生态环境状况指数稳定在良好阶段。但是，扬州市还存在生态文明制度有待完善、低碳经济不健全、产业结构有待升级、基础设施建设滞后等问题，并据此提出了相应对策建议。

# 一、扬州市科技创新支撑生态文明建设现状

## （一）扬州市科技创新支撑生态文明建设的政策

自 2003 年起，扬州市就进行了生态建设规划，将扬州市生态市建设分为四个发展阶段：2001~2005 年为启动期，2006~2010 年为建设发展期，2011~2020 年为生态文明建设的深化期，也正是目前所处的阶段。在 2003~2018 年，江苏省以及扬州市各级政府颁布了很多科技创新支撑生态文明建设的相关政策。

自 2009 年开始，扬州市在落实国家部委、江苏省相关政策的基础上，集中制定了一系列生态文明建设的相关规划、政策与方案，为扬州市生态文明建设营造了良好的政策环境，扬州市生态文明建设主要政策如表9-1所示。

表9-1　扬州市生态文明建设主要政策

| 时间 | 政策文件 | 相关内容 |
| --- | --- | --- |
| 2003 年 | 《扬州生态市建设规划（2001—2020 年）》 | 规划期限：启动期（2001~2005 年）；发展期（2006~2010 年）；深化期（2011~2020 年）。总体推进扬州市传统能力建设、现代化能力建设与生态能力建设整合，以生态资产和生态服务功能建设为契机促进生态支持体系的能力创新 |
| 2009 年 | 《扬州市重要生态功能保护区区域规划》 | 提出生态功能保护区类型，划分生态保护区范围，并对各保护区提出环境监管和保护要求 |
| 2010 年 | 《扬州市蓝天工程行动方案（2010—2015 年）》 | 提出严格控制扬尘污染、汽车尾气，并增加四项空气质量考核指标，控制汽车尾气成为蓝天工程的重要内容 |
| 2010 年 | 《扬州市生态市建设行动计划（2010—2012 年）》 | 目标任务：到 2012 年，扬州创成国家生态市。2010 年江都市、邗江区创成国家生态市（区）；2011 年宝应县、高邮市、仪征市创成国家生态县（市） |
| 2011 年 | 《扬州市"十二五"环境保护和生态建设规划》 | 以提高产业核心竞争力和支撑环境质量改善为目标，重点攻克一批关键共性技术及装备，推动先进技术产业化、规模化，加快关键装备国产化进程，形成产业发展优势。一是加快节能技术研发应用，二是加快环保技术创新研发，三是加快资源循环利用及固废资源化步伐 |

| 时间 | 政策文件 | 相关内容 |
|---|---|---|
| 2011 年 | 《"绿满扬州"全民生态行动计划》 | 全市要创建 8000 个绿色家庭, 60 个绿色社区, 100 所市级绿色学校, 20 家市级绿色医院, 10 家大型绿色超市 (商场), 10 家星级绿色饭店, 50 家市级绿色机关, 50 家绿色企业, 维扬经济开发区创成省级生态工业园, 建立 1 万人的环保志愿者队伍, 全面完成年度绿色创建任务 |
| 2012 年 | 《扬州市生态文明建设工程目标任务书 (2011—2015 年)》 | 推进环保科技创新。着力培育自主知识产权、自主品牌和创新型环保企业, 加大节能环保关键技术的创新研发力度。深化"产学研"合作 |
| 2013 年 | 《关于加快开展全国水生态文明城市建设试点工作的通知》 | 国家水利部明确扬州为"全国水生态文明建设试点城市" |
| 2014 年 | 《大气污染防治行动计划》 | 提出调整产业结构, 推进大气污染源头防治; 控制煤炭消费总量, 优化能源结构; 强化工业污染治理; 强化科技支撑, 提高综合治理水平 |
| 2015 年 | 《扬州市生态文明建设规划 (2014—2020 年)》 | 在正确把握全市生态环境现状与面临形势的基础上, 科学评估了生态文明建设的有利条件和制约因素, 明确了生态文明建设的指导思想和总体目标, 构建了生态文明建设的整体框架, 从优化生态空间、推进绿色转型、改善生态环境、打造生态人居、弘扬生态文化、完善生态制度等方面提出了具体的建设任务、重点项目及保障措施 |
| 2015 年 | 《全市生态文明建设突破年实施方案》 | 提出强化绿色科技支撑, 切实加强绿色科技研发, 积极推广应用绿色科技成果, 努力营造绿色科技创新环境 |
| 2016 年 | 《扬州市国民经济和社会发展第十三个五年规划纲要》 | 提出到 2020 年, 空气质量达到二级标准的天数比例达到 72%, PM2.5 年均浓度五年下降 12% 左右, 地表水国控断面优于Ⅲ类水质的比例达到 73% 的目标 |

续表

| 时间 | 政策文件 | 相关内容 |
|------|----------|----------|
| 2017 年 | 《江苏省"两减六治三提升"专项行动实施方案》("263"专项行动) | "263"是生态保护和环境治理专项行动,针对影响环境质量最直接、群众反映最强烈的突出问题,实施"两减",是以减少煤炭消费总量、减少落后化工产能为重点,从源头上为生态环境减负的治本之策;"六治":治太湖、治垃圾、治黑臭、治畜禽、治挥发性有机物(Volatile Organic Compounds,VOCs)、治隐患;"三提升",是在制度创新层面对"加强自然生态保护、创新环境经济政策、加强环境执法监管"做出安排,是在"两减"和"六治"基础上的提升 |
| 2018 年 | 《关于公布第一批通过全国水生态文明建设试点验收城市名单的通知》 | 确定扬州市为第一批通过全国水生态文明建设试点验收城市 |
| 2018 年 | 《扬州市打赢蓝天保卫战三年行动计划实施方案》 | 提出强化科技支撑,积极推广先进实用技术,充实全市环保专家库,组织若干环境问题"诊疗"队,对重点区域、重点流域和重点行业的突出环境问题,"把脉问诊",提出切实可行的建议。目标:到 2020 年,二氧化硫、氮氧化物、VOCs 排放总量均比 2015 年下降 20%以上;PM2.5 浓度比 2015 年下降 20%以上,即在 44 微克/立方米以下,空气质量优良天数比率达到 73.9%,重度及以上污染天数比率比 2015 年下降 25%以上 |
| 2018 年 | 《扬州市生态河湖行动计划(2018—2020 年)》 | 通过全面实施生态河湖行动,到 2020 年,基本建成"互联互通、功能良好、水质达标、生态多样"的现代河湖水系,全市水环境质量明显改善,群众满意度和获得感明显提高。强化科技支撑。充分调用高校、科研机构、科技社团和企业等各方力量,成立高层次的生态河湖建设专家咨询组,加强水资源调配与保护、水环境整治、水生态修复、海绵城市建设等方面重大课题研究和关键技术攻关,加大先进技术引进和推广应用力度,增强技术保障 |

资料来源:国家部委、江苏省、扬州市政府等相关网站。

— 152 —

## （二）扬州市科技创新支撑生态文明建设的举措①

在以上规划、政策和方案的支持下，扬州市在科技促进生态文明建设实践方面采取了多项行动，涵盖水环境治理、大气环境治理、固体废物处理、农村环境与生态环境保护等诸多方面。

### 1. 水环境治理

根据"因地制宜、全市统筹、分片建设、就近接管"的原则，扬州市对全市乡镇污水处理设施建设实施了统一规划，并按自主建设、联合兴建、近郊接管等多种方式，全面推进乡镇污水处理设施建设，水环境治理主要措施如下：

一是着力改善城乡水环境。扬州市是全国唯一与古运河同龄的"运河城"。近年来，扬州市首先从疏通城市水系入手，实施严格的河道保护措施，坚决制止开发建设中"填河造地"的现象，开挖"断头河"、死水河，打通城市水循环；其次开展航道改造、河道美化和沿岸旧房改造、整理运河沿线的文物古迹、建筑街巷等人文资源，建成宽50米、长约13千米的古运河风光带；最后狠抓南水北调东线工程和淮河流域水污染防治，对列入国家和省淮河流域、南水北调水质控制断面的重点河流，推行"河长负责制"，对各项治污工程，明确责任人、施工计划、完成时限，达不到时限要求的，实行挂牌督办，限期解决。全市列入《南水北调东线治污规划》的15个工业结构调整及综合治理项目、5个城镇污水处理及再生利用项目、1个截污导流项目、3个流域综合整治项目，以及列入"十一五"治污规划的11个工程项目全面完成。2018年，授予扬州市古运河等10条河道为扬州市"美丽河道"称号。

二是注重河道水库建设。20世纪80年代以来，河道水面日益缩小，引排能力逐日下降。1991~2009年，先后疏浚整治了古运河、沿山河、仪扬河等29条骨干河道。2005~2013年，60座建于20世纪50~70年代的病险水库全面完成除险加固。2008年11月，新中国建立以来扬州市兴建的规模最大的城市防洪工程——润扬河破土开挖，总投资超过5.8亿元，截至2012年6月，工程顺利建成，成功实现了扬州主城区西部防洪交圈。河道疏浚、水库除险、闸站翻修完成以后，为抗御水旱灾害奠定坚实的

---

① 相关文件、数据均整理自扬州市政府相关网站，包括年鉴、统计公报、政府工作报告等。

基础。

三是农田水利建设初见成效。继 1987 年走出低谷以后，农村水利建设迈出新的步伐。1992~2005 年，每年改造 5.6 万~14.35 万亩的低产田。1991~1994 年，全面完成里下河圩堤达标建设。1989~2010 年，完成沿运 9 个灌区的改造，改善灌溉面积 2.4 万公顷。2001~2010 年，累计完成国家、省节水示范项目改造工程 21 个，实现节水灌溉面积 0.31 万公顷，年增产 385 万公斤。2003~2013 年，大规模进行碧水工程，累计投入 18.1 亿元，疏浚县乡河道 1944 条、6904 千米，整治村庄河塘 2.77 万条（面）。

综上所述，扬州市基本实现城乡污水处理设施全覆盖。随着水环境综合整治力度的不断加大，水环境质量逐渐改善。2017 年，扬州市地表水水质总体为轻度污染；9 个国考断面水质达标率为 100%，全市国考、省考断面的水质优良（达到或优于Ⅲ类）比例及劣Ⅴ类比例均符合年度考核要求。2017 年，全市废水排放总量为 25923.6 万吨，全市化学需氧量排放总量为 44366.2 吨，比 2005 年下降了 25.6%。

### 2. 大气环境治理

扬州市通过组织实施蓝天工程、秸秆综合利用等大气环境治理措施，具体措施如下：

一是大力实施蓝天工程。扬州市以改善大气环境为目标，大力实施大气环境综合整治。辖区内所有燃煤电厂的脱硫设施全部建成投运；市区连续 5 年开展燃煤设施专项治理，推广清洁能源，推行集中供热，淘汰拆除 4 蒸吨以下燃煤设施 423 台（套），基本消除市区有碍观瞻或冒黑烟的烟囱；加大施工扬尘管制力度，采取封闭施工、车辆清洗等综合措施，防治扬尘污染；加强机动车尾气管理，全市建成尾气监测站 8 座共计 19 条线，对黄标车实行区域限行；加强城市道路和施工工地扬尘控制，努力控制大气灰霾污染。

二是全力推进秸秆焚烧和综合利用。为减少秸秆焚烧污染环境，市、县、乡都建立了秸秆禁烧责任网络，加大生态补偿和督查巡查力度，强化目标管理和责任追究，实现秸秆禁烧全覆盖。同时，省政府将高邮、邗江、江都、仪征列为省级农作物秸秆综合利用示范县，将宝应列为农作物秸秆综合利用推进县，实现了全覆盖。省级财政安排扶持资金 1885 万元，市级财政也安排 200 万元专项资金，用于对有关县（市、区）的奖励和补助。各地因地制宜大力推进秸秆综合利用。利用秸秆培植食用菌，大力发展秸秆基料化产业；全面推广秸秆全量还田以及麦套稻等秸秆肥料化技术；积极推进秸秆气化等秸秆能源化建设；部分地区把秸秆饲料化利用与牛羊标准化养殖、畜产品优势区域布局紧密结合；一些地方培育了一定规模的人造板材、包装材料等秸秆工业原料化的农业龙头企业，初步形成了秸秆肥料化、能源化、饲料化、基料化和工业原料化等齐头并进的综合利用格局。

扬州市大气环境治理成果显著。2017 年，全市废气排放总量为10482.07 亿立方米，全市二氧化硫排放总量为 24824.7 吨，比 2005 年下降 75.6%。2018 年，市区空气优良率 66.6%，同比上升 4.1 个百分点；PM2.5 平均浓度 49 微克/立方米，同比下降 9.3%。

3. 固体废物处理

扬州市从生活垃圾、医疗废物、污泥焚烧系统等方面对固体废物进行有效处理，具体措施如下：

一是生活垃圾转运体系全覆盖。多年来，扬州市坚持狠抓城乡垃圾处理设施建设，2011 年，采用 BOT 方式建成投用了日处理能力为 1000 吨的垃圾焚烧电厂，覆盖收集处理城市周边乡镇的生活垃圾，有效解决了垃圾无害化处理和资源化利用的问题，对全市 72 个涉农乡镇配套建设了垃圾中转站，并同步配备垃圾运输车，坚持做到垃圾日产日清，全面实现了农村生活垃圾"组保洁、村运输、镇转运、县（市）处置"模式的全覆盖。

二是医疗废物集中处置全覆盖。2006 年，市区投资新建了扬州恒星医疗废物集中处理中心，出台了《医疗废物集中处置管理办法》《医疗废物处置收费暂行办法》，按照补偿处置成本、合理盈利的原则，对全市卫生机构的医疗废物实行集中处置。为确保医疗废物集中处置全覆盖，市财政专门划拨资金，对村级医疗废物集中处置实行全额补贴。全市 358 个镇级以上卫生院、1236 个村级医疗卫生单位和私人诊所的医疗废物全部得到安全集中处置。

三是建立污泥焚烧处理系统。扬州市于 2008 年建成污水处理厂污泥焚烧处理系统，将汤汪污水处理厂和六圩污水处理厂的水处理污泥送扬州港口污泥发电有限公司作焚烧处置。2010 年扬州港口污泥发电有限公司在湿污泥直接喷炉焚烧的基础上，建成 50 吨/日锅炉尾气干化系统，总污泥处理能力为 200 吨/日，扬州城区污泥处理厂污泥全部得到焚烧处理。

总之，扬州市固体废物处理能力稳步提升。扬州市不断完善固体环境管理基础工作，加强基础工作建设，全面展开危险废物规范化整治工作，推进固体废物处置能力，提高工业固体废物综合利用率。2017 年，全市一般工业固体废物产生量为 568.80 万吨，综合利用量为 382.95 万吨，废物综合利用率为 92.39%；全市危险废物产生量为 18.59 万吨，危险废物处置利用率达 92.62%。

### 4. 农村环境保护

扬州市从自然村庄环境整治、特色小镇建设、禽畜污染防治等方面，以"河塘清洁、道路清洁、村庄清洁、绿化植树"为重点，按照"七无"（无暴露垃圾和露天粪坑、无水面漂浮物、无乱贴乱画和乱拉乱挂、农村公路无障碍、无污水横流、无乱搭乱建和建筑物严重破损现象、绿化地带无明显损毁）、"五有"（有一批环卫设施、有一支清洁队伍、有一项环境卫生制度、有一套奖惩体系和有足够的经费保障）的总体要求，对农村环境进行综合整治，在全市范围内深入开展"百万人清洁家园"大行动。具体举措如下：

一是对自然村庄实施环境整治。首先要求规划布点村庄达到"六整治、六提升"标准，即重点整治生活垃圾、生活污水、乱堆乱放、工业污染源、农业废弃物和河道河塘，着力提升公共设施配套、绿化美化、饮用水安全保障、道路通达、建筑风貌特色化和村庄环境管理水平，整治后的村庄要达到一星级以上"康居乡村"标准。其次对非规划布点村庄突出"三整治、一保障"的要求，重点整治生活垃圾、乱堆乱放、河道河塘等环境卫生问题，保障农民群众基本生活需求，有效改善村庄环境面貌，整治后村庄达到"环境整洁村庄"标准。

二是加快特色小镇、乡村建设。启动实施特色田园乡村"111"行动，沙头镇沙头村和月塘镇四庄村入选省级试点，方巷镇沿湖村获评国家级"最美渔村"。首批 10 个市级特色小镇建设，头桥镇入选省级特色小镇创建单位，杭集镇入选全国特色小镇，仪征枣林湾入选国家首批运动休闲特色小镇试点。执行《扬州市河道管理条例》，全市四级河长体系全面建立。清淤县乡河道 740 万方、村庄河塘 970 万方，创成省级水美乡镇 3 个、水美村庄 10 个。

三是切实加强禽畜污染防治。扬州市开展了禽畜养殖等农业面源污染调查，组织编制了禽畜养殖污染防治规划，划定了禽畜养殖禁养、控养区域，将规模化养殖企业纳入日常环境监督管理范畴。遵循"资源化、减量化、无害化、生态化"的原则，对小型养殖场，鼓励采取自建蓄粪池收集，结合蔬菜、花木生产进行资源化综合利用；对规模化养殖企业，根据具体情况，积极推广应用畜禽类粪便堆积发酵、干湿分离、池塘养鱼、生产沼气、有机肥生产、农牧结合等无害化处理技术，加强环境管理和技术指导，实现畜禽粪便的循环资源利用。2017年扎实推进"263"专项行动，关闭搬迁禁养区内畜禽养殖场844家。

通过农村环境整治，村庄环境水平显著改善，公共设施条件有效提升，扬州市形成了环境优美、生态宜居、特色鲜明的乡村面貌。为巩固创建成果，加强农村环境"四位一体"长效管护队伍的建设，全市基本实现了农村环境长效管护队伍的全覆盖。2018年，宝应、邗江、仪征、高邮创成省级生态文明建设示范县区；全市创成示范乡镇18个、示范村14个。

5. 生态环境保护

扬州市从城市森林生态网络建设、启动绿色扬州工程、建立城市绿地保护制度等方面，对生态环境进行保护，具体措施如下：

一是启动城市森林生态网络建设。2005年起，扬州市全面启动了"让森林走进城市、让城市拥抱森林"的城市森林生态网络建设，通过规划建绿、沿路植绿、沿河布绿、见缝插绿等措施，再现了"绿杨城郭是扬州"的城市特色。

二是启动绿色扬州工程。在城区，先后重点打造了以城市环城高速绿色通道为代表的"六线二园"工程，古运河、大运河风光带建设工程，以及沿路、沿水、沿城等为代表的绿色扬州工程。紧紧围绕江淮生态大走廊规划建设的"八大工程"，投资27.24亿。"一带一廊"沿岸、高等级公路等重点交通干线沿线绿化率达100%。

三是建立城市绿地保护制度。扬州市人大常委会制定了永久性绿地保护制度，做出《关于建立城市永久性绿地保护制度的决议》，要求扬州市政府每2~3年提请审议确定一批永久性保护绿地，经确定的永久性绿地不得随意变动或改作他用，更不得进行经营性开发建设。2017年新增永久性保护绿地4块。

四是开展城乡绿化工作。围绕村庄绿化、绿色通道和高效林业等特点，大力开展城乡绿化工作，建成省级绿化合格村1170个，打造沿路绿化通道 4600 多千米, 沿水防护林带 3200 千米, 并已形成里下河地区、丘陵山区和沿江地区 "三大板块" 的高效林业网络。早在 2011 年 6 月扬州就荣获 "国家森林城市" 称号, 2017 年, 全市森林覆盖率已经达到了 23%, 比 2008 年提升了 7.9%。2018 年, 新增城市绿地 158.5 万平方米, 新增植树 665 万株, 自然湿地保护率 51%, 同比提升 1.8 个百分点。

### (三) 扬州市科技创新支撑生态文明建设成效

扬州市科技创新支撑生态文明建设取得了较为明显的成果, 生态产业快速发展, 生态旅游产业初具规模, 生态创建活动丰富多彩。

一是生态产业快速发展。2017 年全市 2693 家规模以上工业企业完成总产值 9371.10 亿元, 增长 13.9%, 工业增加值增长 8.0%。产值过千亿元的行业有 3 个, 3 个行业合计完成产值 3842.4 亿元, 同比增长 14.2%, 高出全市增幅 0.3 个百分点, 对全市产值增长的贡献率为 41.9%, 拉动全市产值增幅 5.7 个百分点。全市战略性新兴产业完成工业总产值 4045.9 亿元, 增长 16.5%, 高于规上工业平均增速 2.6 个百分点, 比 2016 年提升 6.2 个百分点。其中新材料、新光源、高端装备制造、智能电网、节能环保、生物技术和新医药 6 个行业达到 2 位数增幅, 分别增长 28.7%、17.3%、15.3%、13.8%、12.9% 和 10.7%。五大重点产业累计完成产值 6274.2 亿元, 增长 13.4%, 占规上工业总产值的比重达 67%。

二是生态旅游产业初具规模。2017 年全市旅游实现总收入 796.72 亿元, 同比增长 15.2%, 接待国内外游客 6297.38 万人次, 同比增长 11.9%; 实现旅游外汇收入 7505.62 万美元, 同比增长 19.5%; 过夜游客同比增长 17.6%。全市拥有国家 A 级景区 37 家, 其中 AAAAA 级 1 家、AAAA 级 10 家、AAA 级 13 家。省星级乡村旅游区 (点) 48 家, 其中四星级 16 家。共有星级饭店 48 家, 其中五星级 4 家、四星级 13 家。星级饭店客房出租率 67.55%。

三是生态创建活动丰富多彩。扬州市 1108 个行政村中, 已有 965 个村创成市级生态村、76 个村创成省级生态村、3 个村创成国家级生态村, 生态村创成率达 94.5%。全市累计有 72 个乡镇获得国家生态乡镇命名或通过考核待命名, 国家生态乡镇创建实现了全覆盖。全市围绕提升全民环保和生态文明意识, 通过深入开展了 "绿满扬州" 等生态活动, 累计创成绿色家庭 8000 个、绿色社区 62 个、绿色商场 10 家、绿色宾馆 11 家、绿色机关 70 家、绿色企业 62 家，成立了 1 万人的环保志愿者队伍、100 多人的环保通信员队伍以及 40 人的市化工园区环保监督队伍。通过一系列的生态创建活动，大大提高了居民生态环境意识，为建设生态文明社会奠定了广泛的群众基础。

可见，近年来，扬州坚持一张蓝图绘到底，久久为功，在苏中、苏北地区率先创成"国家生态市"的基础上，加快"国家生态文明建设示范市"和"全国水生态文明建设试点城市"建设，践行绿色发展理念，坚持生态为基，让生态成为市民的永续福利，生态文明建设走在江苏省前列。

## 二、扬州市科技创新对生态文明建设贡献的指标分析

### (一) 扬州市生态环境状况指数变化趋势分析

生态环境状况指数用来反映被评价区域生态环境质量状况的一系列指数的综合情况。生态环境状况指数构成包括生物丰度指数、植被覆盖指数、水网密度指数、土地退化指数和环境质量指数。根据扬州市相关统计数据，计算出扬州市生态环境状况指数的变化趋势如图 9-1 所示。

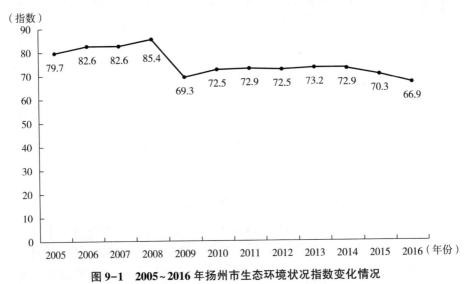

图 9-1　2005~2016 年扬州市生态环境状况指数变化情况

资料来源：2005~2017 年扬州统计年鉴、统计公报、政府工作报告等。

由图9-1可知，扬州市生态环境状况指数的变化主要分为两阶段。第一是生态环境质量为优的阶段：2005~2008年，扬州市生态环境状况指数呈小幅度上涨趋势，从2005年的79.7增长到2008年的85.4，始终在75以上；第二是生态环境为良的阶段：2009~2016年，扬州市生态环境状况指数呈先缓慢上升后缓慢下降的趋势，从2009年的69.3增长到2013年的73.2，又缓慢下降到2016年的66.9，总体情况为良。

### （二）扬州市城镇化率变化趋势分析

2005~2017年扬州市城镇化率总体趋势如图9-2所示。扬州市城镇化率总体稳步增长，城镇化率由2005年的48.3%增长至2017年的66.1%，总体增长了17.8%，2011年以后增长趋势较为平缓。

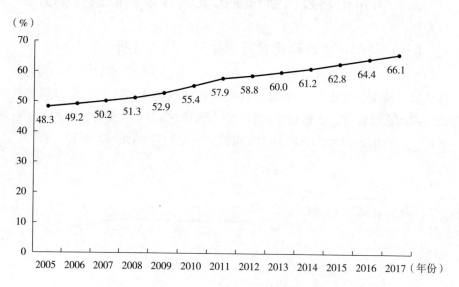

**图9-2 2005~2017年扬州市城镇化率变化情况**

资料来源：2005~2017年扬州统计年鉴、统计公报等。

### （三）扬州市空气质量优良率变化趋势分析

扬州市空气质量优良率变化趋势如图9-3所示。扬州市空气质量优良率总体分两个阶段：一是优良天数较高的阶段（2005~2012年），扬州市的空气质量优良率始终保持在88%左右变动，表明一年中空气质量优良的情况在320天左右；二是平稳阶段（2013~2016年），扬州市空气质量优良率呈缓慢上升趋势，从 2013 年的 64.9% 上升到 2016 年的 71.8%，优良天数提高 25 天。

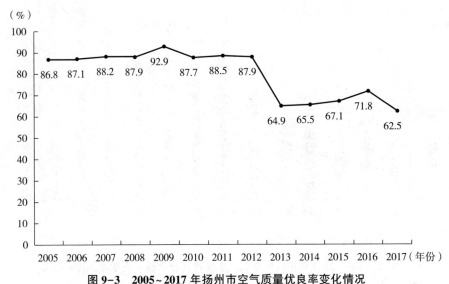

**图 9-3　2005~2017 年扬州市空气质量优良率变化情况**

资料来源：2005~2017 年扬州统计年鉴、统计公报等。

## （四）扬州市第三产业增加值及人均可支配收入变化趋势分析

扬州市第三产业增加值和人均可支配收入变化趋势如图 9-4 所示，扬州市第三产业增加值和人均可支配收入总体呈快速上升趋势。其中第三产业增加值始终呈直线上升趋势，从 2005 年的 318 亿元增长到 2017 年的 2327 亿元，是 2005 年的约 7.3 倍；人均可支配收入经历了两个增长期，首先是 2005~2013 年经历了快速增长，年均增长率为 13.2%，其次经历了一个小增长，在 2014 年略微下降之后，又开始缓慢上升，2014~2017 年年均增长率为 8.6%。

## （五）扬州市科技支出与高新技术产值分析

扬州市科技支出与高新技术产值变化趋势如图 9-5 所示。扬州市科技支出与高新技术产值总体呈上升趋势，其中科技支出在 2010~2017 年整个研究期内始终呈上升趋势，说明扬州市科技投入力度逐年增长。高新技术产值在 2010~2015 年缓慢增长，2016~2017 年有回落的趋势，总体来说，高新技术产值有所上涨。

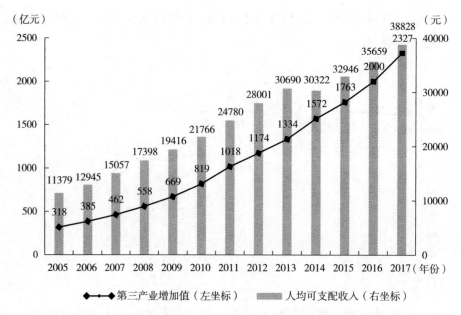

图9-4 2005～2017年扬州市第三产业增加值及人均可支配收入变化趋势

资料来源：2005～2017年扬州统计年鉴、统计公报等。

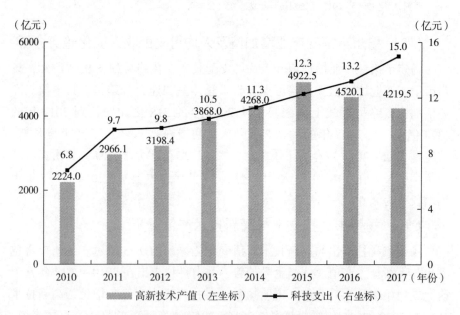

图9-5 2010～2017年扬州市科技支出与高新技术产值变化趋势

资料来源：2010～2018年扬州统计年鉴。

### （六）扬州市研发投入强度及研发人员比重分析

2010~2017 年扬州市研发投入强度及研发人员比重变化趋势如图 9-6 所示。扬州市研发投入强度和万人拥有研发人员数均呈现上涨趋势。其中研发投入强度由 2010 年的 1.78% 增长至 2017 年的 2.15%；每万人拥有的研发人员数由 2010 年的 40 人增长到 2017 年的 71 人，年均增长率达到 11.07%。总体来看，扬州市研发投入逐渐增加，研发人员增长明显。

图 9-6　2010~2017 年扬州市研发投入强度及研发人员比重变化趋势

资料来源：2011~2018 年扬州统计年鉴。

## 三、扬州市科技创新对生态文明建设贡献存在的问题及建议

### （一）当前存在的问题

第一，生态制度体系有待完善。目前扬州市的环保、循环经济等相关制度已基本建立并得到执行，现行各项制度为扬州市生态建设奠定了良好的基础。但生态文明相应的政策法规考核体系尚不健全，全面推行生态文

明建设的相关政策体系尚未建立。环境价格机制和生态补偿机制有待形成，环境执法不够有力，环境与发展综合决策机制、环境管理体制、环境科技创新机制、公众参与机制需要进一步完善。

第二，经济污染负荷高。近年来，扬州市经济持续较快发展，经济总量增长迅速，全市环境污染负荷较高。扬州市紧紧围绕节能减排目标，强势推进工程减排、管理减排、结构减排三大措施，污染物排放总量一定程度上有所下降，但排放强度依然较高，与生态文明目标差距较大。

第三，产业结构有待进一步调整。扬州市产业结构还需优化。与苏南地区相比，第三产业比重还有待提高。一是农业产业化程度依然较低，与规模化、集约化、产业化农业要求存在较大差距，且大部分农产品科技含量不高，附加值较低，制约了农业资源的综合利用和农业效益的进一步提高。二是新兴产业占比不高，重点产业产品多数处于技术链、价值链低端，高新技术产业有待进一步加强。三是新兴服务业发展滞后：服务业仍以商贸、旅游等传统服务业为主，特色生产性服务业、高端消费性服务业、新兴服务业发展比较滞后，服务业自身结构还需要进一步优化。

第四，农村基础设施建设相对滞后。目前，全市城乡污水处理、垃圾中转站、清运车等的建设和配套虽然已经基本实现全覆盖，但局限于中心镇区及少量村庄，使农村生活污水、生活垃圾处理等环境基础设施建设仍然比较缺乏，同时村镇环保力量的不足，导致长效管护机制尚未得到有效运行。

第五，公众生态意识尚需提高。全社会生态文明意识和生态文化建设较为薄弱。环境宣传教育还需进一步加强，社会的生态环境道德意识有待提高。公共文化设施的开发程度还不够高，生态教育基地类型单一；公众层面未形成家庭、学校、社会全方位的生态教育体系，缺少民间积极参与生态和环境保护的社会机制；企业层面缺少以培养绿色企业和生态环境相关内容学习为目的建立的考核评估机制等措施。全社会尊重自然、顺应自然和保护自然的理念尚未完全树立，公众的环境维权意识、环境责任意识相对较差，节约环保的生活方式尚未成为大多数公众的自觉行为。

## （二）对策建议

针对上述问题，提出如下对策建议：

第一，加大政府管理力度，建立与生态文明相关的法律、制度与政策体系。着力加强生态文明法治建设，以刚性约束促进绿色发展、资源节约、环境保护，切实把生态文明建设纳入法治化轨道，使生态文明建设全面融入经济建设、政治建设、人文建设、社会建设；着力深化生态文明体制改革，加快形成一批制度化的成果，切实用制度保护生态环境；进一步完善已有的生态文明建设的政策，消除政策的盲点与不协调之处，形成政策合力。

第二，加大发展低碳经济、循环经济的力度。进一步落实扬州市已有的低碳经济、循环经济的规划、政策；加强资源节约循环高效使用，努力以最小的资源能源消耗实现最大的发展效益；加大探索低碳经济发展的有效模式，推进生产方式和生活方式绿色化，坚定不移地走绿色低碳循环发展之路。

第三，进一步优化产业结构，形成较为完善的符合扬州市特点的现代产业体系。完善功能品质，精心打造美丽宜居"公园城市"，强化创新驱动，全力建设"新兴科创名城"，持续推动技术创新，突出企业创新主体地位。

第四，加快农村基础设施建设，促进城乡协调发展。扬州市要着力优化国土空间开发利用格局，加快构建科学合理的城市化格局、农业发展格局、生态安全格局、自然岸线格局；要着力抓好生态文明建设的关键点，努力促进扬州市生态环境质量的实质性转变，解决农村基础设施建设相对滞后的问题，促进城乡协调可持续发展，进一步改善增强人民群众的获得感。

第五，多措并举提高公众生态意识。通过电视、互联网、手机等平台，加大对生态文明的宣传力度，让人们认识到环境污染的严重性以及提高生态效益的重要性，使生态文明理念深入人心；举办低碳社区、绿色校园等有利于公众参与的生态文明建设活动，让生态文化与绿色文化成为扬州人的自觉行动，最终将生态文化转化成一种日常生活方式，比如生态消费、低碳出行等。

# 第二节　内蒙古自治区呼伦贝尔市科技创新对生态文明建设的贡献

1999 年，呼伦贝尔市（呼伦贝尔盟）成为全国生态示范区建设试点地区。此后，呼伦贝尔市制定了一系列生态文明建设的相关规划、政策与方案。呼伦贝尔市通过加强对生态系统的保护和建设、推动工业转型升级、推动农牧业现代化和提升现代服务业等举措，取得了积极成效。呼伦贝尔市近几年第三产业增加值总体呈上升趋势，人均可支配收入呈快速增长趋势，研发投入强度总体呈上升趋势。从生态文明建设情况来看，呼伦贝尔市城镇化率持续增长，2017 年达到 72.63%，空气质量优良天数变化较为平稳，优良率常年接近 100%。2014～2017 年境域内水质监测结果逐年变好，2018 年有所回落。在取得一系列成果的基础上，呼伦贝尔市还存在农牧业生产和发展方式需要优化、资源依赖型经济模式依然存在、生态管理和建设体系不健全等问题，据此提出了相应对策建议。

## 一、呼伦贝尔市科技创新支撑生态文明建设的现状

内蒙古自治区呼伦贝尔市是全国面积最大的地级市，地处东经 115°31′～126°04′、北纬 47°05′～53°20′，东西 630 千米、南北 700 千米，总面积达 25.3 万平方千米，占内蒙古自治区面积的 21.4%，相当于山东、江苏两省面积的总和。东部与黑龙江省为邻，北部和西北部与俄罗斯接壤，西部和西南部同蒙古国交界。

呼伦贝尔市现辖 14 个旗市区，包括海拉尔区和扎赉诺尔区 2 个区，满洲里市、扎兰屯市、牙克石市、根河市和额尔古纳市 5 个市，阿荣旗、莫力达瓦达斡尔族自治旗、鄂伦春自治旗等 7 个旗。自 1998 年以来，呼伦贝尔相继被列为全国重点旅游开发区、全国生态建设示范区和国家级旅游业改革创新先行区，获得"中国优秀旅游城市"等荣誉称号。

## （一）呼伦贝尔市科技创新支撑生态文明建设的主要政策

呼伦贝尔市在响应国家有关部委、自治区相关部署的基础上，制定了一系列科技创新支撑生态文明建设的规划、政策和方案，具体如表9-2所示。由表9-2可知，呼伦贝尔市围绕生态示范区建设制定的规划、政策与方案为生态文明建设营造了良好政策环境，指明了生态文明建设的方向与实施路径。

表9-2　呼伦贝尔市科技创新支撑生态文明建设的主要政策

| 时间 | 政策文件 | 相关内容 |
|---|---|---|
| 1999年 | 《关于批准河北省赤城县等地为第四批全国生态示范区建设试点地区的批复》 | 正式批准呼伦贝尔盟为全国生态示范区建设试点地区 |
| 2000年 | 《呼伦贝尔生态示范区建设规划》 | 提出生态示范区建设目标，依照治理保护和适度开发利用的方针，到2010年基本建成社会经济和自然协调发展的国家生态屏障和高效、优质、低耗的绿色产业基地 |
| 2005年 | 《关于加强呼伦贝尔草原保护建设的决定》 | 加强呼伦贝尔草原保护建设，促进草原生态良性循环。明确草原保护建设工作的任务；实行基本草原保护制度；支持鼓励草原建设，恢复生态环境；合理利用草原资源，促进草原持续发展；加大草原监理机构队伍建设 |
| 2010年 | 《呼伦贝尔市生态市建设规划》 | 规划实施分为两个阶段：力争到2017年，把呼伦贝尔建成国家级生态市，在生态文明建设方面走在内蒙古自治区前列；到2020年，全市经济结构、产业布局、生态环境系统和社会管理体系符合可持续发展要求，基本达到建成生态型经济强市目标 |
| 2014年 | 《呼伦贝尔市大气污染防治行动计划》 | 提出到2017年，呼伦贝尔市细颗粒物浓度比2012年下降10%左右的目标，重点任务有：淘汰分散燃煤锅炉，有效治理煤烟污染；深化工业污染治理，减少污染物排放；加强扬尘污染控制，深化面源污染管理；加强机动车排放治理，有效降低机动车污染 |

续表

| 时间 | 政策文件 | 相关内容 |
|------|----------|----------|
| 2015 年 | 《内蒙古自治区水污染防治工作方案》 | 制定了水污染治理工作目标，到 2020 年，内蒙古自治区重点流域水质优良比例总体达到 59.6%，地级城市集中式饮用水水源水质达到或优于Ⅲ类比例总体高于 81.0%。全区地下水质量考核点位水质级别保持稳定且极差比例控制在 21.3% 左右。到 2030 年，全区四大重点流域水质优良比例总体为 75% 左右，城市集中式饮用水水源水质达到或优于Ⅲ类比例总体为 95% 左右 |
| 2016 年 | 《党政领导干部生态环境损害责任追究实施细则（试行）》 | 强化党政领导干部生态环境和资源保护职责，落实党政领导干部生态环境损害责任追究制度 |
| 2016 年 | 《内蒙古自治区呼伦湖国家级自然保护区条例》 | 全面提升呼伦湖自然保护区的规划、保护、管理和执法职能，为维护保护区生态功能、有效保护生物多样性和促进呼伦湖地区经济社会可持续发展提供有力的法律保障，进一步推动呼伦湖生态保护治理等各项工作顺利实施，使呼伦湖生态保护工作进入法制化轨道 |
| | 《生态保护补偿机制的实施意见》 | 提出到 2020 年，要探索建立起跨地区、跨流域补偿试点，多元化补偿机制，实现森林、草原、湿地、荒漠、水流、耕地等重点领域生态保护补偿全覆盖，建立排污权市场机制 |
| 2017 年 | 《呼伦贝尔市草原生态保护补助奖励政策实施方案（2016—2020 年）》 | 全面落实国家实施新一轮的草原生态保护补助奖励政策 |
| | 《内蒙古自治区生态环境保护"十三五"规划》 | 确立了坚持绿色发展、推进生态文明、强化改革创新、确保质量改善的基本原则，规划目标，到 2020 年，主要污染物排放总量减少，空气和水环境质量总体改善，土壤环境保持稳定，生态系统稳定性和服务功能增强，辐射环境质量继续保持良好，环境风险得到有效管控，环境监管和行政执法体制机制逐步完善，生态文明制度体系完整，生态文明水平与全面小康社会相适应 |

续表

| 时间 | 政策文件 | 相关内容 |
|---|---|---|
| 2018年 | 《呼伦贝尔市农村牧区人居环境整治三年行动方案（2018—2020年）》 | 实施农村人居环境整治三年行动计划，以农村垃圾、污水治理和村容村貌提升为主攻方向，整合各种资源，强化各种举措，稳步有序推进农村人居环境突出问题治理 |

## （二）呼伦贝尔市科技创新支撑生态文明建设的具体行动

在以上政策和支持框架下，呼伦贝尔市通过加强生态系统的保护和建设、工业转型升级、农牧业现代化、现代服务业等方面推动生态文明建设①，具体有以下几点举措：

### 1. 加强对生态系统的保护和建设

"十一五"期间，呼伦贝尔市生态建设累计投入资金17.37亿元，实施了天保工程、重点公益林保护、退耕还林还草等工程。国家级生态市创建扎实推进，国家森林城市创建开始启动，累计退耕542.6万亩、退牧2520万亩，活立木蓄积量增加了9154万立方米，森林覆盖率达到51.25%；实施了大规模沙区综合治理工程，累计投资3.1亿元，治理沙地210万亩。单位地区生产总值能源消耗和主要污染物减排总量均完成了内蒙古自治区下达的指标任务。

"十二五"期间，呼伦贝尔市生态建设投入63.4亿元，造林619万亩，森林覆盖率达到51.4%，新增活立木蓄积量1.2亿立方米，荣获"国家森林城市"和"低碳试点城市"称号。累计发放草原生态补助奖励资金26亿元，禁牧和草畜平衡1.04亿亩。沙区综合治理累计投入8.8亿元，完成541.9万亩，实现了荒漠化和沙化面积"双减少"。推进呼伦湖生态环境综合治理，水位上涨3.2米，水域面积达到2038平方千米。绿色矿山、和谐矿区建设持续推进。完成了内蒙古自治区下达的节能减排节水任务。

呼伦贝尔市把呼伦湖保护治理作为重点，认真落实《呼伦湖流域生态

---

① 资料来源：2005~2019年《呼伦贝尔市政府工作报告》，2005~2019年《呼伦贝尔市国民经济和社会发展统计公报》。

与环境综合治理规划》，加快实施总投资 91 亿元的涉及科研监测、草原生态保护建设、湿地生态系统恢复等 7 大类、50 项建设内容，从根本上解决呼伦湖及其周边区域面临的生态问题。

截至 2018 年，呼伦湖生态综合治理一期工程 18 个项目全部建成，二期工程启动实施，呼伦湖水量稳定增加、水质逐步改善。全面实施了呼伦贝尔大草原、大兴安岭森林、河湖水系、黑土地保护治理工程。总之，呼伦贝尔市近 10 年采取了一系列举措推动生态文明建设（见表 9-3）。

表 9-3　近十年呼伦贝尔市生态建设措施

| 时间 | 主要措施 |
|---|---|
| 2009 年 | 完成草原围栏建设 480 万亩、禁牧 500 万亩、休牧 4000 万亩、退耕 100 万亩、黑土区水土流失综合治理 5.8 万亩。创建国家森林城市工作正式启动，呼伦贝尔市被确定为全国 11 个现代林业示范市之一。全面启动了呼伦贝尔沙区综合治理工程，投入 1.57 亿元，组织开展生态大会战，治理沙地 110 万亩 |
| 2010 年 | 以沙区综合治理为重点，完成退耕 100 万亩、草原建设 500 万亩、休牧 5000 万亩的生态建设任务，牧区牲畜头数稳定在 400 万头（只）。完成治理沙地 100 万亩，遏制沙化势头。出台实施沙区治理后期管护办法，加大沙区治理后期管护力度 |
| 2011 年 | 认真落实国家《大小兴安岭林区生态保护与经济转型规划》和草原生态补奖政策，发放草原补奖资金 4.84 亿元。全面实施天然林保护二期和退耕还林等工程，重点推进沙区综合治理，治理沙地 109.23 万亩。全面开展矿业秩序整顿，关停违规矿山、限期整改不达标企业，打造绿色生态矿山；开展征占用林地、草原和乱开滥垦草原清理整顿等工作 |
| 2012 年 | 全面落实草原生态保护补助奖励政策，累计发放资金 10 亿元。退耕 300 万亩，退牧 3313 万亩。投入 6.9 亿元，治理沙地 452 万亩，草原沙化势头得到有效遏制。实施天然林保护、三北防护林等重点工程，造林 577.4 万亩。淘汰落后产能，关停 14 台小火电机组、12 个小水泥厂、9 个小煤矿和 1 家造纸企业 |
| 2013 年 | 治理沙地 100 万亩，禁牧和草畜平衡超过 1 亿亩，造林绿化 120 万亩。森林采伐量控制在 110 万立方米以下。严格落实草原生态保护补奖政策，发放资金 5 亿元。绿色矿山、和谐矿区建设扎实推进，完成了宝日希勒塌陷区治理 |

| 时间 | 主要措施 |
| --- | --- |
| 2014 年 | 全面推进呼伦湖生态环境综合治理，实施了"河湖连通"等工程，水面提升 1.15 米，水域面积达 2100 平方千米。落实草原保护补助奖励资金 5 亿元，禁牧 2850 万亩，草畜平衡 7508 万亩。治理沙区 100 万亩。绿色矿山、和谐矿区建设持续推进。造林绿化 120 万亩，其中重点区域绿化 16 万亩。开展环保整治"百日行动"，解决环境隐患和重大问题 28 个，关停违规企业 2 家 |
| 2015 年 | 出台《呼伦湖国家级自然保护区管理条例》，推动《呼伦湖生态保护与治理总体规划》获得国家批准。加强综合监测体系建设，全面落实国家主体功能区规划，实行源头保护制度。加强草原生态保护，落实草原生态保护补助奖励等各项政策。开展绿色矿山、和谐矿区建设，推进矿山地质环境综合整治。深入开展水污染防治，实行最严格水资源管理制度，进行额尔古纳河、嫩江等重点流域环境综合整治 |
| 2016 年 | 落实国有林区天然林商业性停伐政策，绿化造林 78.6 万亩。设立了呼伦贝尔林业生态发展基金，为国家储备林、林业生态工程和林业基础设施建设搭建了融资平台。落实新一轮草原生态保护补助奖励政策。扎实开展打击毁林毁草专项行动，退耕 33.6 万亩。全面推进呼伦湖生态环境综合治理一期系列工程。完成自然资源资产负债表编制试点和水生态文明试点年度工作 |
| 2017 年 | 继续实施天然林保护工程，巩固天然林商业性停伐成果。绿化造林 75 万亩。落实新一轮草原生态保护补助奖励政策，全年禁牧 1687 万亩、草畜平衡 8671 万亩，退牧还草 122 万亩。加强水环境综合治理，同步推进贝尔湖等湖泊和域内水系生态修复及管护。继续实施沙区综合治理，巩固治理成果。推动燃煤锅炉脱硫、脱硝、除尘设施升级和超低排放改造。实施最严格的水资源管理制度，制定《呼伦贝尔市地下水管理办法》，加强饮用水水源地保护 |
| 2018 年 | 加快推进呼伦湖生态综合治理，一期工程 18 个项目全部建成。全面实施呼伦贝尔大草原、大兴安岭森林、河湖水系、黑土地保护治理工程。落实新一轮草原生态保护补助奖励政策，推进草牧业试验试点区建设。河长制、湖长制深入落实。继续实施沙区综合治理，建立草原沙化监测系统 |

资料来源：2009~2018 年《呼伦贝尔市政府工作报告》。

**2. 推动工业转型升级，培育新兴产业**

呼伦贝尔市在生态文明建设过程中，加大传统工业改造提升力度，推动煤电化等传统资源能源型产业进行技术改造、延长产业链条。培育壮大蒙中医药、节能环保、清洁能源、生物科技、大数据、云计算等战略性新兴产业，绿色产业成为新的增长点。强化科技支撑，鼓励技术创新，以高标准的环保要求作为企业生存发展的前提，对现有的煤电化、金属冶炼等能源消耗高、资源利用率低、污染减排压力大的企业进行技术改造，督促环保不达标企业尽早达标。加大对乳业、建材等产业的整合重组力度，具体措施如下：

第一，改造提升传统工业。在煤炭行业，加快神宝公司、大雁公司扩能技改；在化工行业，支持东能、金新提质增效；在有色金属行业，推动驰宏矿业锌合金生产线投运、荣达矿业深部资源接替技改和中金公司含铜废石综合利用项目；在电力行业，支持伊敏煤电电厂超低排放改造项目，积极推进呼伦贝尔至河北南网电力外送通道建设；在木材加工行业，加快满洲里装配式木结构建筑生产加工基地建设；在装备制造业，实施华德、蒙拓农牧业机械智能化升级改造。

第二，培育壮大新兴产业。在培育壮大新兴产业方面，积极发展装配式现代木结构建筑产业，支持满洲里联众木业、根河根林木业等企业提升档次、扩大规模、加快发展；鼓励玉米转化、牧机制造、新能源等市场前景好的产业扩大产能、延伸产业链条、提高产品附加值；启动阜丰公司10万吨苏氨酸和10万吨赖氨酸项目前期工作；鼓励华德、瑞丰、蒙拓等牧机制造企业提高数字化、智能化水平；推动光伏发电"领跑者"示范基地规划纳入国家实施方案。引导企业运用互联网思维和信息技术谋划产业发展，发挥"互联网+"的乘数效应，推动海拉尔华为大数据中心、中网科技云计算中心二期项目建设工作。

第三，推进工业园区建设。呼伦贝尔市近几年加快工业园区建设，调整优化园区产业布局。鼓励支持各工业园区继续完善配套设施，提升污水处理、集中供热和铁路专用线等基础设施保障能力，为入园企业发展提供全方位、全天候、全过程的配套保障。科学谋划园区招商和承接产业转移工作，提高园区产业关联度，形成上下游相衔接、资源循环利用的集群化、规模化发展态势。加快建设呼伦贝尔经济技术开发区、岭东工业园区、伊敏工业园区等重点园区。精准招商，优化服务环境，完善配套政策，大力发展绿色、节能、环保产业。

### 3. 推动农牧业现代化

呼伦贝尔市近几年深入推进农牧业供给侧结构性改革，以"名优特精"为发展方向，变数量增长为质量效益增长。按照农业供给侧结构性改革要求，大力推进农牧业现代化，着力强化物质装备和技术支撑，着力构建现代农牧业产业体系、生产体系、经营体系，推动粮经饲统筹、农林牧渔结合、种养加一体、一二三产业融合发展。

第一，优化种养结构。近几年，呼伦贝尔市调整优化种养结构，农区玉米种植面积稳定在 750 万亩，大豆种植面积扩大到 900 万亩，新增设施农业 3 万亩。扩大马铃薯、甜菜种植面积。加快发展生态节水型农牧业，新增高效节水灌溉农田 60 万亩。实施黑土地保护 10 万亩。耕地轮作 65 万亩以上。引导牧区走草畜平衡、少养精养之路。提高农区养殖业水平，扩大农区肉牛、生猪养殖规模。林区重点抓好蘑菇、木耳、苗木、中草药、蓝莓、狐、貂等特色种养业。

第二，提高产业化水品。提高产业化水平，培育壮大呼伦贝尔农垦集团、阜丰集团、伊赫塔拉等龙头企业。支持晟通糖业 100 万吨甜菜制糖、禾牧阳光肉牛良种繁育、呼伦贝尔肉业集团肉牛繁育等产业化项目。做强玉米生物科技、健康食品、蒙中医药产业基地。大力发展马铃薯种薯繁育基地，支持组建薯业集团。加快草牧业科技示范园区建设。健全农牧业社会化服务体系。引导农牧业清洁生产，促进形成绿色种植、循环种养新格局。

第三，加大品牌建设力度。加大品牌建设力度，围绕肉牛、肉羊、蘑菇、木耳、蓝莓、药材等一批绿色优质农畜林产品，打造更多的"呼伦贝尔"名优特精区域公用品牌。加强农产品质量安全监管，近几年"三品一标"认证增加 20 个。完善农畜林产品市场营销体系，大力推进"互联网+"，实现"种得好、养得好"向"质量好、效益好"转变。

第四，实施奶业振兴战略。呼伦贝尔市近几年加快实施奶业振兴战略，严格落实奶业振兴规划，优化奶业布局，做精做优岭西草原奶业，做大做强岭东半农半牧高效集约奶业发展区。建设优质奶源基地，出台鼓励政策支持发展适度规模的奶牛养殖场，大力发展家庭牧场，强化饲草饲料供给，种植高产苜蓿 5 万亩以上、粮饲兼用玉米 110 万亩以上。以打造全国高端液态奶生产基地、优质干乳制品和特色民族奶制品重要产区为目标，鼓励和支持企业加大技术改造和产品研发力度，开发优质干乳制品和高端液态奶产品。强化奶业安全监管，开展生鲜乳专项整治行动，确保奶源质量安全。

**4. 以全域旅游为引擎，提升现代服务业**

第一，推进全域旅游产业发展。以原生态、国际化、全域游的旅游业为引擎，带动服务业发展，做优旅游业。以"大草原、大雪原、大花园、大族源"为主题，推动旅游与自然生态、民族民俗、文化体育的深度融合。加快旅游景区景点的提档升级，打造一批自然景观和地域文化深度融合、具有较大影响力的精品景区，开发草原森林旅游观光列车系列项目，开展"田园综合体"建设，规划建设一批"小特精"的农区特色村落、牧区庄园牧场、林区森林康养、垦区特色风光等民俗体验式旅游项目。围绕"商、养、学、闲、情、奇"和"吃、住、行、游、购、娱"，创新特色旅游产品，满足游客多元化需求。完善和优化呼伦贝尔草原经典游、呼伦贝尔多民族风情体验游、呼伦贝尔岭东南风光民俗游等精品旅游线路。加快旅游标识、旅游驿站、旅游厕所、救援救助中心等服务设施标准化建设，推动文化和旅游部数据中心呼伦贝尔边境旅游数据基地项目建设。

第二，发展现代服务业。呼伦贝尔市近几年坚持传统与现代商贸物流并举，加快海拉尔生活性物流园和阿荣旗、扎兰屯商贸物流园建设。推动物流信息化，建设商贸物流综合信息服务平台。提高餐饮、住宿、娱乐、购物等传统服务业水平。大力发展健康养老、金融会展、电子商务、社区家政服务、信息咨询等新兴服务业。支持分享经济、跨境电商等新业态、新模式发展。

## （三）呼伦贝尔市科技创新支撑生态文明建设的成效

呼伦贝尔市科技创新支撑生态文明建设的成果主要体现在以下几个方面：

一是整体生态环境得到改善。2012年，呼伦贝尔市承办了"第九届中国城市森林论坛"，荣获"国家森林城市"称号。2013～2017年，全市累计造林510.5万亩，活立木蓄积量达到2.7亿立方米，森林覆盖率达到51.4%。国有林区天然林商业性停伐政策全面落实。草原生态补助奖励累计发放26.3亿元，落实禁牧和草畜平衡1亿亩以上。沙区综合治理累计投入5.8亿元，治理面积达329万亩，荒漠化和沙化面积实现"双减少"。呼伦湖综合治理成效明显，水域面积稳定在2050平方千米左右，水质及周边生态环境明显改善，依法治湖实现历史性突破。最严格水资源管理制度得到落实，河长制全面推行。矿山治理投入资金 4.6 亿元，完成治理面积 6.8 万亩。高标准基本农田建设完成投资 13.7 亿元，累计治理面积达 95.4 万亩。

二是产业结构不断优化，绿色产业得到发展。三次产业结构由 2012 年的 17.9：47.1：35 优化为 2017 年的 15：45：40，经济发展对资源的依赖程度逐步降低。农畜产品加工转化率五年提高 20.8 个百分点，达到 58%。传统工业转型升级步伐加大，战略性新兴产业不断成长。民营经济持续发展，中小企业素质提高，非公经济增加值占地区生产总值比重由 51.7% 提高到 54.3%。淘汰落后产能，累计退出 105 万吨煤炭和 7 万吨钢铁产能。

三是现代服务业得到发展。呼伦贝尔市近几年传统服务业加速发展，现代服务业不断成长。旅游业方面，品牌竞争力明显提升，旅游人数和旅游收入年均分别增长 11.2% 和 23.9%。鄂伦春嘎仙洞、根河敖鲁古雅等具有民族和历史文化特色的景区陆续开园，"冷极号"旅游列车启程运营。呼伦贝尔市荣获"全国十佳冰雪旅游城市"称号，满洲里市获批国家首批边境旅游试验区。商贸物流业方面，建设了海拉尔生活性物流园和阿荣旗、扎兰屯商贸物流园。

## 二、呼伦贝尔市科技创新对生态文明建设贡献的指标分析

### （一）呼伦贝尔市城镇化率变化趋势分析

2012~2018 年呼伦贝尔市城镇化率变化趋势如图 9-7 所示，2012~2017 年，呼伦贝尔市城镇化率持续增长，由 2012 年的城镇化率为 68.97%，持续增长到了 2018 年的 72.63%，最近 5 年每年约增长 0.5%。可以看出呼伦贝尔市的城镇化水平相对较高。

### （二）呼伦贝尔市人均可支配收入变化分析

2014~2018 年呼伦贝尔市人均可支配收入变化如图 9-8 所示，近 5 年人均可支配收入持续增长，每年增长约 2000 元，由 2014 年人均可支配收入 20674 元，稳步增长至 2018 年的 28428 元，接近 3 万元，人民生活水平得到显著提升。

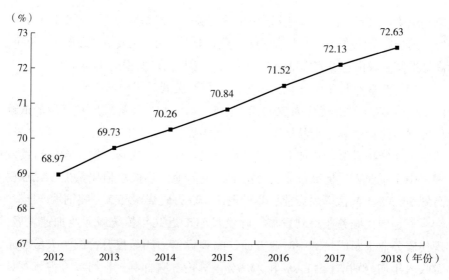

**图 9-7　2012~2018 年呼伦贝尔市城镇化率变化**

资料来源：2012~2018 年《呼伦贝尔市政府工作报告》《呼伦贝尔市统计年鉴》《呼伦贝尔市国民经济和社会发展统计公报》等。

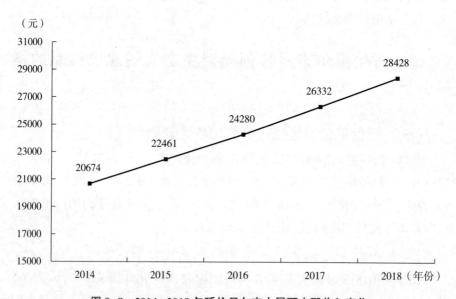

**图 9-8　2014~2018 年呼伦贝尔市人居可支配收入变化**

资料来源：2014~2018 年《呼伦贝尔市政府工作报告》《呼伦贝尔市统计年鉴》《呼伦贝尔市国民经济和社会发展统计公报》等。

### (三) 呼伦贝尔市第三产业增加值变化分析

呼伦贝尔市第三产业增加值变化情况如图 9-9 所示,第三产业增加值总体呈快速上升趋势,由 2009 年的 320 亿元稳步增长到 2016 年的 648 亿元,2017 年回落到 580 亿元后,2018 年又增至 617 亿元。虽然近两年有所回落,但自 2015 年突破 600 亿元,近 4 年增加值都在 600 亿元附近,第三产业的大力发展有力地支持了呼伦贝尔市的生态建设,同时也反映了呼伦贝尔市产业转型的显著效果。

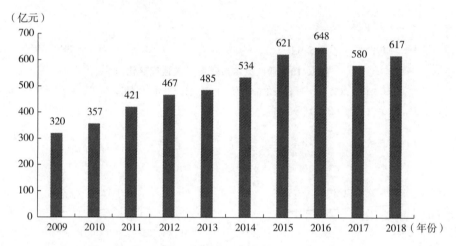

**图 9-9 2009~2018 年呼伦贝尔市第三产业增加值变化**

资料来源:2009~2018 年《呼伦贝尔市政府工作报告》《呼伦贝尔市统计年鉴》《呼伦贝尔市国民经济和社会发展统计公报》等。

### (四) 呼伦贝尔市研发投入强度分析

2013~2017 年呼伦贝尔市研发投入强度变化如图 9-10 所示,2013 年以来呼伦贝尔市研发投入强度呈先下降后上升趋势,2015 年达到最低点,为 0.06%,2016~2017 年快速增长,2017 年达到 0.25%,科技创新研发投入力度不断加大。

### (五) 呼伦贝尔市万元 GDP 能耗变化分析

2012~2018 年呼伦贝尔市万元 GDP 能耗变化如图 9-11 所示,呼伦贝尔市近几年万元 GDP 能耗呈波动下降趋势,2014~2016 年变化显著,其中 2016 年降至 0.7509。2017 年由于 GDP 统计口径的变化,万元 GDP 能耗数值回升较多。

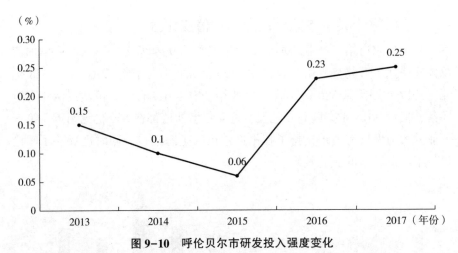

**图 9-10　呼伦贝尔市研发投入强度变化**

资料来源：2013~2017 年《呼伦贝尔市政府工作报告》《呼伦贝尔市统计年鉴》《呼伦贝尔市国民经济和社会发展统计公报》等。

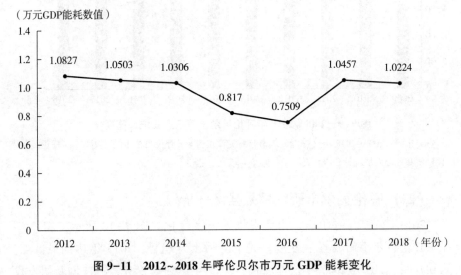

**图 9-11　2012~2018 年呼伦贝尔市万元 GDP 能耗变化**

资料来源：2012~2018 年《呼伦贝尔市政府工作报告》《呼伦贝尔市统计年鉴》《呼伦贝尔市国民经济和社会发展统计公报》等。

## （六）呼伦贝尔空气优良天数和Ⅲ类以上水体比例数据分析

作为全国生态示范区，呼伦贝尔市空气质量在全国位列前茅。2009~2018 年呼伦贝尔市空气优良天数和Ⅲ类以上水体比例变化如图 9-12 所示，近 10 年呼伦贝尔市全年空气质量优良（空气质量指数 AQI 小于 100）天数均高于 340 天，其中 9 年高于 350 天，近 10 年空气质量优良天数比例超过 97%。2014 年以来呼伦贝尔市Ⅲ类以上水体比例逐年增高，2017 年达到了 76.90%，2018 年回落至 40.90%。

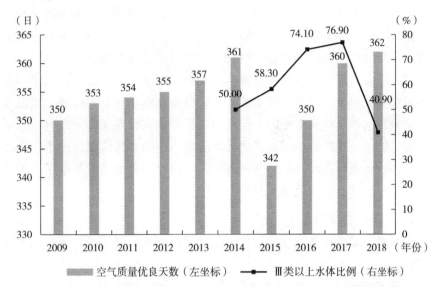

**图 9-12　2009~2018 年呼伦贝尔市空气优良天数和Ⅲ类以上水体比例变化**

资料来源：2009~2018 年《呼伦贝尔市政府工作报告》《呼伦贝尔市统计年鉴》《呼伦贝尔市国民经济和社会发展统计公报》等。

## 三、呼伦贝尔市科技创新对生态文明建设贡献的相关问题及建议

### （一）当前存在的问题

综合分析呼伦贝尔市科技创新支撑生态文明建设的现状，发现主要存在如下问题：

一是农牧业生产和发展方式需要优化。呼伦贝尔具有丰富的自然资源，但是也存在农牧业的生产和发展方式不合理的问题，其生产方式也严重破坏了生态和经济发展的平衡，为呼伦贝尔生态文明建设增加了更大的挑战，当地农牧业粗放型经营模式与人们的传统发展理念尚未从根本上得到转变。当

地牧民存在过分使用草场资源，甚至存在"超载放牧"的现象，影响草原和生态的持续发展，导致资源综合利用水平不高，影响经济效益的提升。

二是资源依赖型经济模式依然存在。长期以来，呼伦贝尔的经济模式以资源依赖型为主，需要进行土地屯垦、煤炭开采等传统手段发展生产经济。虽然近几年呼伦贝尔市的产业结构得到优化，但是资源依赖型经济模式依然存在。常年持续的这种发展模式导致草原退化、水土流失、森林植被破坏等一系列生态问题。这种现状严重影响了该市生态文明建设的进程。

三是生态管理和建设体系不健全。生态文明建设必须要受到法律的保护才能落实到实处。目前，该市的生态文明制度体系仍有待完备，虽然有很多政策和法律上的明文规定，但从体制机制来讲没有起到全局性、根本性、稳定性与长期性的作用。呼伦贝市按照当地的实际情况提出了一些防治与治理的政策与手段。虽然这些政策在一定时间和范围内改善了该市的生态环境，但需要具体地落实到各个基层。

## （二）对策建议

针对呼伦贝尔市科技创新支撑生态文明建设存在的问题，提出如下对策建议：

一是开展有效宣传生态文明建设的活动。当地的农牧民作为社会公民，有责任和义务树立牢固的生态文明思想，在享受权利、利用自然资源的同时履行保护生态的义务。呼伦贝尔市各级政府以及当地的宣传媒体可从生态文明建设的新视角组织和开展多种活动，利用网络、媒体等宣传手段，加大农牧民对生态文明建设的深度了解，鼓励农牧民进行生态移民。

二是坚持农牧民走绿色、协调、可持续发展之路。呼伦贝尔当地的农牧民在发展经济的同时必须要走可持续发展的道路，平衡人、牲畜和草场三者的关系。通过协调人、牲畜和草场三者关系，推行草—畜—人平衡发展举措，努力恢复呼伦贝尔的生态系统，实现人与自然的和谐理念。

三是不断完善管理法律法规政策。一是进一步完善保护生态环境的法律法规，通过法律的手段治理农牧民破坏生态环境的行为；二是完善森林草原的动态监管，实施对森林草原监管人员的奖罚机制；三是完善执法程序，加大执法力度，保证公平公开公正；四是加强普及对农牧民关于保护生态环境相关法律的宣传，将法律法规落实到每家每户。

# 第十章　典型区县科技创新对生态文明建设贡献的应用示范研究

## 第一节　浙江省安吉县科技创新对生态文明建设的贡献

安吉县位于浙江省西北部，是湖州市辖县之一，呈三面环山盆地地形，自然生态禀赋良好，同时位于沪宁杭三角洲中心位置，地理区位优越，是浙江省"七山一水二分田"的典型代表。面临严峻的工业污染难题，湖州市政府率先实施了生态化转型并取得了显著成效。从20世纪的采矿山、办印染厂等造成烟尘漫天、青山被毁到如今的绿色环绕、美丽乡村，安吉县深入践行"绿水青山就是金山银山"的理念，开启了在保护中发展、在发展中保护的全新路径，实现了生态良好、生产发展、生活富裕的目标，成为绿色发展的生动实践。

安吉县是全国第一个生态县，2001年确立"生态立县"战略，2003年正式提出"国家级生态县"建设目标，自2008年起实施"中国美丽乡村创建"工程，目前共有179个行政村开展了创建工作，建设覆盖面达95.7%以上。2009年以来，安吉县以标准化为要求，编制了涵盖农村卫生保洁、园林绿化等在内的36项长效管理标准，还专门成立风貌管控办，保护好农村的一山一水、一草一木。2015年，安吉县美丽乡村建设相关办法被写入国家标准。

在不懈努力下，安吉县生态文明建设进展突出体现在四个方面：一是雏形初具的生态经济。安吉通过"转变一产""优化二产"和"提升三产"等政策举措，已形成了一个以现代农林业及旅游业为主导的生态化经济产业体系。二是保持优良的生态环境。经过 10 多年的乡村产业结构调整和环境整治努力，安吉县的森林覆盖率达到 71%，城区绿化率达到 51%，全县空气质量常年维持在优良水平。三是品质大大提升或美化的生态人居。成功地将当地美丽乡村建设标准上升为国家标准，并实现了生态文明、美丽中国建设的融合对接。四是生态文化得到初步挖掘和开发。将本地自然禀赋与当代社会的大众性经济文化需求相对接，如享有"中国竹乡""中国白茶之乡"等美誉。"安吉模式"是一种重要的"工业化经济"向"生态化经济"发展转型的思路和战略，其中自然资源的新型利用方式和主动对接现代商业运营机制是关键要素。

目前，安吉县城乡一体化格局已基本形成，城乡基础设施日趋完善，"一环四带六区"整体经营格局初步形成，统筹发展水平全国领先，成为全国首个"联合国人居奖"获得县、首个美丽乡村标准化创建示范县、首个竹林碳汇试验示范区、全省首批水生态文明示范县、全市首个浙江省森林休闲养生建设试点县，"国家可持续发展实验区"建设正加快推进。

# 一、安吉县科技创新支撑生态文明建设概况

## (一) 安吉县生态文明建设的主要政策

安吉县生态文明建设实践可以分为筹谋启动阶段（1999~2003 年），生态县创建（2004~2007 年），生态文明建设试点示范区（2008~2014 年），生态文明建设先行示范区（2015 年至今）四个阶段（见表 10-1）。

表 10-1  安吉县生态文明建设主要政策

| 时间 | 政策文件 | 相关内容 |
|------|----------|----------|
| 1998 年 | 浙江省第十次党代会 | 提出要创造"天蓝、水清、山绿"的优美环境的明确目标，对原来实施的环境保护战略做出了阶段性提升 |
| 1999 年 | 《浙江省环境保护目标责任制度考核办法》 | 建立起由"一把手"负总责、分管领导具体抓落实、环保部门统一监督、有关部门分工协作的责任体系 |

| 时间 | 政策文件 | 相关内容 |
|---|---|---|
| 2001 年 | 安吉县委、县政府 | 在 1999 年成立"绿色工程建设领导小组"后，于 2001 年提出实施生态立县战略，打造"生态经济强县、生态文化大县、生态人居名县"，标志安吉县的生态县战略正式确立 |
| 2002 年 | 浙江省第十一次党代会 | 进一步提出"绿色浙江"战略目标，并在同年制定了《浙江省可持续发展规划纲要》 |
| 2003 年 | 《浙江省生态省建设规划纲要》 | 明确了生态省建设的指导思想和建设步骤，将生态省建设大体分为：启动（2003~2005 年）、推进（2006~2010 年）和提高阶段（2011~2020 年）。结合浙江生态省建设的主要任务，从经济发展、环境保护、社会进步三个方面，选取具有代表性的 26 个指标，构建了浙江生态省建设评价指标体系 |
| 2007 年 | 浙江省政府 | 继续实施生态省建设，明确提出大力推进生态文明建设，努力打造"生态浙江""美丽浙江" |
| 2008 年 | 安吉县人大通过《关于建设"中国美丽乡村"的决议》 | 标志着美丽乡村建设成为安吉生态文明建设的核心性领域，同年，安吉县成为环保护组织实施的全国首批"生态文明建设试点示范区（县）"。 |
| 2010 年 | 《关于推进生态文明建设的决定》 | 明确提出打造"富饶秀美、和谐安康"的生态浙江，努力成为全国生态文明建设示范区 |
| 2011 年 | 安吉县党代会 | 提出要从生态文明建设的"全国试点"向"全国示范"跨越，致力于"人居环境、生态经济、生态价值、绿色城镇、生态制度"5 个方面的示范建设 |
| 2012 年 | — | 安吉县获得了中国第一个县级"联合国人居奖" |
| 2013 年 | 《深化城乡环境整治、全面开展山青水净三年（2013—2015）行动计划》 | 紧扣"无违章""零污染"两大目标，大力推进"洁河净水、绿坡青山、清洁生产、连线成片、城乡治污、城市畅通"六大工程，最终实现生态、生产、生活"三生共赢" |
| 2014 年 | 国家发展和改革委员会等六部委 | 批准安吉县所属的湖州市为全国首批"生态文明先行示范区"。以安吉县为蓝本起草的《美丽乡村建设规范》成为全国首个"美丽乡村"地方标准 |

续表

| 时间 | 政策文件 | 相关内容 |
|---|---|---|
| 2016 年 | 《安吉县 2016 年大气污染防治工作实施计划》 | 制定大气污染防治工作的主要目标：①建立属地主抓、行业主管、企业主体、全民参与的防治机制。②PM2.5 浓度持续下降，力争 PM2.5 年均浓度全省 58 个县市排名 40 位以内，PM2.5 年均浓度降幅全省领先；重污染天气明显减少，空气质量稳步提升。③群众反映突出的大气污染问题有效解决，群众对空气质量的满意度不断提升 |
| | 《安吉县国民经济和社会发展第十三个五年规划纲要》 | 提出要坚持创新驱动，激发持续增长新活力，优化创新创业环境，强化企业创新主体，加强创新平台建设 |
| | 《安吉县人民政府关于促进健康产业发展的实施意见》 | 加快发展健康产品产业、健康养生产业、健康休闲产业等，以产业园区和产业基地为载体，着力引进和培育一批业内领先的健康产业项目以及一批有影响力的健康产业人才，全面打造"一城四区" |
| | 《湖州市生态文明先行示范区建设条例》 | 全国首部就生态文明示范区建设的专门立法，遵从上位法，并针对当地情况做出了有益的探索。《湖州市生态文明先行示范区建设条例》针对生态补偿面临法律依据不足、补偿方式单一等问题，明确规定政府建立以资金补偿为主，实物、技术、政策、智力补偿为辅的多元化生态补偿机制，并明确了补偿的范围和对象 |
| | 《安吉县"互联网+"行动计划的通知》 | 加快推动互联网与各领域深入融合和创新发展，着力培育一批"互联网+"示范平台、特色小镇和领军企业，引进和实施一批"互联网+"项目，促进经济转型升级 |
| | 《安吉县人民政府关于加快服务业发展的若干意见》 | 加大有效投入，鼓励做大做强，培育提升企业，优化发展环境，强化要素统筹 |
| | 《安吉县国家生态文明建设示范县规划》 | 标志着安吉县国家生态文明建设示范县创建工作正式启动。同时安吉县生态县建设领导小组办公室制定了《安吉县国家生态文明建设示范县工作方案》，明确了总体目标、主要任务、建设重点以及保障措施。并将38 项创建指标分解到县直各部门，使生态文明建设示范县创建工作有组织、有领导、有重点、有秩序地深入开展。同时，全县所有乡镇的国家生态文明建设示范乡镇创建同步进行 |

| 时间 | 政策文件 | 相关内容 |
|------|---------|---------|
| 2016 年 | 《"三四五"及治气治霾工作问责机制》 | 要求各乡镇（街道）及部门根据实际同步出台问责机制，实现任务层层明确，责任层层落实，确保各类督查问题处置到位 |
| 2017 年 | 《美丽乡村水环境优美村创建标准》 | 全国首个美丽乡村水环境建设标准，进一步丰富了治水内涵，明确了 4 个方面、59 项内容，打造治水美村新载体 |
| | 《安吉县创建国家级生态文明建设示范县工作方案》 | 围绕生态文明建设总体目标，确定了安吉县创建生态文明建设示范县的总方向、总要求、总措施。并分别制定了启动、创建、完善、验收各阶段目标 |
| 2018 年 | 《安吉县加快科技创新若干政策（2018 年修订）》 | 提出要加大科技创新投入、支持科技创新创业平台建设、提升企业创新能力、加强专利创造应用 |

## （二）安吉县科技创新支撑生态文明建设的具体行动

在以上政策和支持框架下，安吉县在科技促进生态文明建设实践方面具体有以下行动：

### 1. 构建新型产业体系

大力发展"生态+"产业，重点打造"123"产业体系，即一大优势产业（健康休闲），两大主导产业（绿色家居、高端装备制造），三大新兴产业（信息经济、通用航空、现代物流）。支持新兴产业、行业发展壮大，重点培育信息经济、通用航空、健康医药、高端装备制造等新兴领域，着力打造优势特色产业基地。

美丽经济是安吉乡村发展的一条主脉络，通过科技创新形成了一二三产融合的生态经济形态，实现了生态产业的蓬勃发展。具体体现在以下几个方面：

第一，做强先进制造业。加快提升发展椅业、竹业、纺织等优势传统产业，用智能装备和先进技术改造传统工艺设备，促进生产方式由低端同质粗放生产向高端智能化集约绿色转变。

第二，优化现代服务业。结合"互联网+""生态+"，不断推动健康服务、休闲旅游、文化创意、体育健身等生活性服务业业态创新、管理创新和服务创新。发展现代物流、总部经济、金融服务、电商经济、信息服务等生产性服务业，强化对农业、制造业研发、生产、商务、运营、管理等全过程服务支撑。出台了《安吉县人民政府关于印发安吉县加快发展休闲旅游经济若干政策》(2014 年 3 月 18 日)、《安吉县人民政府关于加快电子商务发展的实施意见》(2014 年 10 月 16 日) 等一系列支持政策。乡村政府在乡村空间规划、市场主体培育等方面做了大量的扶持性工作，比如派出原来的矿区职工到外地进行考察学习，从而发展起本地的第一批"农家乐"业户。

第三，做精现代生态农业。实施农业"两区"品质提升工程，培育一批特色农业园区与浙江省农业科学院全面合作，推进环笔架山现代农业园建设。构建以粮食、畜牧、蔬菜为基础，安吉白茶、生态笋竹、花卉、干鲜果、蚕桑、中草药和休闲农业为特色的农业产业体系。通过大力发展与中国美丽乡村相适应的特色休闲农业，现已建成 4 个万亩现代园区、60 个10 万亩绿色有机农产品基地、15 个主导产业示范区、30 个绿色农业精品园和 20 个休闲农业与乡村旅游景区。

安吉县重点发展产业情况如表 10-2 所示，重点发展产业及"十三五"目标定位如表 10-3 所示。

2. 促进资源要素集约利用和生态环境保护

第一，强力推进节能降耗。实施全民节能行动计划，落实用能总量和强度双控行动，实施项目节能评估审查制度，严格限制高耗能行业准入。加大对水泥、造纸、印染、化工、铸造等高能耗行业企业落后产能的淘汰力度，对高耗能行业企业在供电紧张时期重点实施限产、限电措施。全面推进合同能源管理，为企业实施节能改造提供诊断、设计、改造、运行、管理"一条龙"服务，推进节能市场化运作。加强政府办公场所、大型公共建筑用能管理，推动街道和楼宇能源智能化管理。在全域规划上，调整完善生态人居、生态城市、生态文化等 6 个专项规划，形成从指标到空间、从用地到景观整体衔接的美丽乡村、生态文明建设工作规划体系，截至2018 年 5 月，安吉县已有 90% 的村庄引入了物业管理。

表10-2 安吉县重点发展产业情况

| 类别 | 产业名称 | 发展方向（增长点） | 重点布局 | 发展目标 |
|---|---|---|---|---|
| 一大优势产业 | 健康休闲产业 | 休闲旅游、健康养生、健康医药、影视文化等相关产业，促进产业融合，集聚做大白茶等特色产业发展优势，深入挖掘白茶产业品牌，实施白茶产业提升工程、绿色食品培育壮大工程，彰显安吉特色产业影响力 | 安吉灵峰旅游度假区、安吉县教科文新产业、安吉县健康医药产业园 | 重点突出健康、旅游两大主题，抢抓长三角休闲旅游与健康养生市场，到"十三五"末健康休闲旅游产业总产值达到400亿元 |
| 两大主导产业 | 绿色家居产业 | 重点发展整体家居、系统家具、家装建材、家纺 | 安吉椅业产业园、竹产业科技创业园 | 重点围绕特色椅业、绿色竹业、新型纺织三大领域，融合发展，做大做强，打牌整和提升体竞争力，到"十三五"末产值达400亿元 |
| | 高端装备制造产业 | 智能工程机械、节能环保装备、机器人制造装备及关键基础件、新能源汽车及零部件、现代物流设备、新型竹木机械专用设备制造等 | 开发区、天子湖、梅溪等装备制造业集聚区 | 到"十三五"末，产值达到200亿元以上，亿元以上企业增加至50家 |
| | 信息经济产业 | 重点发展坚持产业发展、应用服务、基础设施"三位一体"发展，大力发展信息制造和服务产业，重点培育发展智能软件控制系统、终端设备、关键电子器件及电子商务、智慧城市及互联网服务业等 | 开发区、昌硕街道 | 到"十三五"末，力争实现销售收入达到100亿元 |
| 三大新兴产业 | 通用航空产业 | 建造飞行服务区、展示销售中心、航展中心机车、飞行驾照培训中心、航空俱乐部会所、驻场企业商务楼，并购置各类飞行器、航材以及飞行设备设施等，联动无人机创新中心发展 | 天子湖航空产业园 | 到"十三五"末，力争实现产值达到50亿元 |
| | 现代物流产业 | 大力发展临港物流、第三方物流、城乡配送物流等，加大基础设施完善，公共平台打造、物流企业联盟、政策和技术创新等方面建设力度 | 安吉综合物流中心、浙北临港物流园、塘浦物流中心 | 到"十三五"末，争取实现产值达到80亿元 |

资料来源：《安吉县国民经济和社会发展第十三个五年规划纲要》。

表 10-3　重点发展产业及"十三五"目标定位

| 类型 | 产业 | 重点发展方向 | 目标定位 |
|---|---|---|---|
| 优势产业 | 健康休闲 | 休闲旅游 | 国家全域旅游示范区、国家级农旅融合产业开发先导区、国际乡村度假胜地 |
| | | 健康养生 | 长三角地区健康休闲养老首选区 |
| | | 绿色食品 | 长三角地区绿色农产品供应基地、优质农产品精深加工基地 |
| | | 健康医药 | 长三角健康医药产业化基地 |
| 主导产业 | 绿色家居 | 办公椅、功能椅、休闲椅等特色椅业 | 全球椅业总部·国际采购中心 |
| | | 竹地板、竹家具、竹炭等绿色竹业 | 世界竹都、竹业总部 |
| | | 生态功能性化纤、竹纤维等新型纺织 | |
| | 高端装备制造 | 智能工程机械、节能环保装备、机器人制造装备及关键基础件、新能源汽车及零部件、现代物流设备、新型竹木机械专用设备制造等 | 长三角地区重要装备制造业基地 |
| 新兴产业 | 信息经济 | 智能软件控制系统、智能终端设备、关键电子元器件以及电子商务、智慧城市及互联网服务业等 | |
| | 通用航空 | 通航装备及零部件、通用航空服务等 | 长三角通用航空产业示范基地 |
| | 现代物流 | 临港物流业、第三方物流、城乡配送物流等 | 长三角内河物流中心、中国物流安吉基地 |

资料来源:《安吉县国民经济和社会发展第十三个五年规划纲要》。

加快构建公交优先的综合交通体系,推广节能与新能源交通运输装备,完善智能交通管理系统,创建全国绿色交通试点县。提高建筑节能标准,推广绿色建筑和建材。积极推广应用"四新技术",通过实施废料循环利用、突出路面治气治霾、使用生态水助推绿色环保养护。

第二,提高资源节约利用率。深入实施清洁生产,推进安全用水和节约用水工程建设,提高土地节约集约利用率,建立资源节约型和环境友好型产业体系。建设再生资源社会回收体系,努力培育一批产业规模大、经济效益好、研发能力强、技术装备先进、回收网络健全的再生资源回收骨干企业，促进废旧商品回收利用集约化、规模化和产业化发展。

第三，大力发展循环经济。2005 年浙江省启动了"发展循环经济 991 行动计划"。积极开展园区循环化改造，强化物质集成、资源集成、信息集成，逐步形成"横向耦合、纵向延伸、循环链接"的循环型产业链和产业发展支撑体系。实施了一系列循环经济重点工程，如表 10-4 所示。

**表 10-4　安吉县"十三五"循环经济重点工程**

| 园区循环化改造工程 | 进一步推进安吉县经济开发区、湖州省际承接产业转移示范区天子湖、临港区块的循环化改造，推进园区资源高效循环利用，促进园区绿色低碳循环发展，实现全部园区循环化改造 |
| --- | --- |
| 资源综合利用工程 | 废竹资源综合利用：高效利用竹（笋）材中的废弃部分深加工生产竹地板、竹装饰材、竹日用品、竹健康饮品等。湿法利用废旧铅酸电池：自主研发铅回收工艺绿色全湿法自主技术，回收率达 95.0% 以上。低氧铜杆资源综合利用：采用连铸连轧工艺，利用汽车水箱管、废旧电机马达线、漆包线等品种，分拣出其他铅、铁等混入的金属，生产出优质低氧铜杆 |
| 再生资源循环利用工程 | 推进秸秆、废金属、废纸、竹粉、工业炉渣、废塑料、废玻璃、废轮胎、废弃电器电子产品以及废旧汽车等再生资源规模化、高值化、循环化利用。培育再生资源回收骨干企业，综合开展回收利用业务，建设"互联网+回收"再生资源网络系统，促进废旧商品回收利用集约化、规模化和产业化发展 |
| 园区基础设施绿色化工程 | 推行园区基础设施绿色化，对园区内供水、供电、供热、道路、通信等公共基础设施实施绿色化改造，促进共建共享、集成优化 |
| 建筑垃圾资源化利用工程 | 合理布设建筑垃圾收集网点、建筑垃圾加工处理企业，将"三改一拆""四边三化""五水共治"行动，城市建设、农村建新拆旧等生产的大量建筑垃圾转变成可用于制砖、抹灰砂浆等新型建筑材料，有效实现建筑垃圾资源化循环利用，减少天然砂、石资源的开采。防止随意倾倒，影响和污染环境 |

资料来源：《安吉县国民经济和社会发展第十三个五年规划纲要》。

第四，环境污染治理。安吉县一直致力于小城镇环境综合整治、全面小康建设示范村创建、村庄环境整治等工作，并取得了重大进展。2004 年，浙江省启动了"811 环境整治行动"这一基础性、标志性工程，围绕生态经济、节能减排、环境治理、污染防治、生态保护与修复、环保能力、生态文明制度、生态文化 8 个方面目标，重点推进 10 项生态文明建设专项行动：节能减排行动、循环经济行动、绿色城镇行动、清洁水源行动、清洁空气行动、清洁土壤行动、绿色屏障行动、森林浙江行动、防灾减灾行动和绿色创建行动。

安吉县将"治污水"作为重中之重，狠抓装备水平低、环保设施差的小型工业企业整治，推进工业废水分质集中处理。2003 年起安吉县政府每年设立 2000 万元的农村生活污水处理补助资金，一般占到项目总投资的 50%（经济薄弱的占到 80%）。安吉县将农村生活污水处理作为生态文明建设重点工程和基础性工作持续进行，探索了三大模式、十余种不同的污水处理技术。到 2015 年底，安吉县的行政村农村生活污水治理覆盖率已达 100%，2013 年开始探索农村生活污水治理后期运维的"专业管理、社会化服务"机制，构建了农村生活污水治理设施运维管理智能化平台，设立 3G 网络技术运维平台，制定了《安吉县农村生活污水处理设施运维管理考核细则》，2015 年，安吉集中式饮用水源保护地水质达标率为 100%，全县地表水水质达标率达 100%。"十三五"时期进一步提出在城区污水处理率达到 95% 以上，建制镇污水处理率达 85% 以上。截至 2017 年 11 月底，全县 24 个县控以上断面水质均达到功能区要求，其中 Ⅱ 类以上水质断面 23 个，占比 95.8%，已投入资金 5637 万元，完成水利项目 108 个，10 个村通过考核验收，计划 5 年内实现全县 30% 以上的村完成创建。

大力推进工业废气、车船尾气、餐饮油烟、秸秆焚烧和建筑扬尘"五气共治"。严格控制煤炭消费总量，推进"煤改气"和高污染燃料锅炉淘汰工作。加快机动车尾气排放控制标准的实施进程，对"黄标车"采取区域限行、鼓励淘汰等措施，加大高污染排放车辆淘汰力度。加强城区餐饮业油烟污染治理，整治污水、垃圾处理设施废气，进一步完善城区建筑工地和道路扬尘污染控制。深入推进温室气体减排工作，推进灰霾（PM2.5）、负氧离子等生态综合监测体系及预报预警服务体系建设，建立区域空气质量监测网络以及区域空气质量监测评价、信息交流管理体系，联动防控大气污染。

不断加快农村生活垃圾分类处置，加快城区生活垃圾分类收运、处置，餐厨垃圾处理项目完成招投标和设备采购。开展"垃圾不落地"试点，余村"两定模式"（定时、定点投放垃圾桶）和上墅"上门机制"（垃圾车上门收集）成效明显。

强势推进土壤防治。编制了重金属污染综合防治年度实施方案，目前已完成焚烧发电厂二期扩建，污水处理厂污泥全部进入焚烧厂无害化处理，处置率达100%。结合农业"两区"建设工作，形成定点监测和流动监测相结合的农产品土壤环境质量监测制度，着重开展土壤等重金属污染状况的例行监测和评价。

第五，强化生态保护与建设。不断推进生态保护与修复工程，切实强化耕地保护，加强页岩地址环境保护，加大龙王山自然保护区、天荒坪风景名胜区、龙山森林公园、赋石水库、老石坎水库等生态屏障和重要水源地保护，维护生态系统整体功能。着力建设国家级自然保护区，完善自然保护区网络和管理体系。积极创建"森林特色小镇"和"森林人家"，全面推进森林城市和生态公益林建设。

3. 构建科技公共服务平台，优化创新创业环境

深入实施国家和省"千人计划"、湖州市"南太湖精英计划"、"1321"人才工程。实施"领军人才+创新团队+项目"的引才模式。构筑引智引才网络体系，建立"海外引才工作站"和"国内引才联络站"，实施"浙商回归创业工程"，有效开展与海内外留学生组织、华人社团和中介机构交流合作，不断加大以才引才、以商引才工作力度。

不断强化企业创新主体地位。引进培育一批科技型小微企业和初创企业，鼓励科技人员、高校毕业生等各类人才创新创业，营造大众创业、万众创新的浓厚氛围。通过提供创业场所、设立创业基金、提供科技服务等多种途径，积极推进"草根"的"三创"（创客、创新、创业）发展。创建高新技术产业园，重点发展生物医药、电子信息、光机电一体化、新能源新材料等产业，目前科技创业园一期、二期已完成。通过大力实施技术创新、功能创新、制度创新措施，成为带动全县高新技术产业发展的龙头和新的增长点。

4. 培育生态文化

在大力发展生态产业的同时，不断培育生态文化，初步实现了生态文化的挖掘与开发。"中国竹乡""中国白茶之乡"等名扬天下，不仅为美丽乡村建设和生态旅游开发提供了重要的路径支持，在一定程度上也构成了其历史文化传统的一部分。2004年安吉县政府制定了"生态日"，2014年又制定了"环境整治日"，随后大力建设"安吉生态博物馆"，致力于实现

文化馆、影视馆和特色博物馆的全覆盖，通过村民自主制定实施"文明行为守则""村规民约""家训家风"等在社会范围内培育公民的文化意识，取得了显著的成效。

推出"大篷车生态文明宣传教育活动"。2016 年 8 月，原安吉县环境保护局联合县生态公益协会以"大篷车"为载体，用更加生动灵活的形式，在社区、中小学、企业、工地等场所，开展生态环保宣传教育工作，进一步提高社会公众的环保意识以及对安吉县开展国家生态文明建设示范县的知晓度和参与度。

### (三) 安吉县科技支撑生态文明建设的成效

第一，产业转型升级方面。安吉县竹产业发展取得了显著成效，安吉全县现有竹产品配套企业近 2000 家，竹材加工已囊括从原竹到成品的一条完整产业链，循环利用率达到了 100%。竹产品注册商标 200 余个，各类专利技术 1000 多个。2014 年建立永裕竹产业科技创新平台，到 2016 年 6 月通过平台产业化的项目有 5 项，申请发明专利 10 项，授权实用新型专利 12 项，获得国家教育部科技进步奖 1 项，累计为企业创造经济效益约 35 亿元。

第二，资源节约利用方面，安吉县推进城市建筑垃圾、生活垃圾资源的分类收运和综合利用，实现变废为宝，提高生活垃圾的无害化处理和资源化利用能力。将 187 个村庄作为"一盘棋"统一规划，开展环境整治。农村污水处理、清洁能源利用、生活垃圾无害化处理等 13 项治理措施实现全覆盖。

第三，生态保护与建设方面。湖州市率先开展自然资源资产负债表编制，完成林木资源、水资源、土地资源和矿产资源等实物量统计表编制和建档工作。建立部门联动机制，定期召开安吉县生态文明建设工作会议，全面掌握工作进展。开展离任审计。根据编制情况进一步细化完善审计评价标准、方法和内容，组织开展了对孝丰镇、溪龙乡的生态责任审计。根据实际情况，对《乡镇生态文明示范建设考核办法》中的指标进行不断完善，提高考核科学性、适用性以及实效性，确保考核公平公正，有力推动了乡镇开展生态文明示范建设。

## 二、安吉县科技创新对生态文明建设贡献的主要指标分析

### （一）安吉县研究与试验发展人员变化分析

2010~2016 年安吉县研究与试验发展人员数量如图 10-1 所示，2010~2016 年安吉县研究与试验发展人员数量不断上升，从 2010 年的 700 人上升到 2016 年的 3849 人，增长了超过 4 倍。

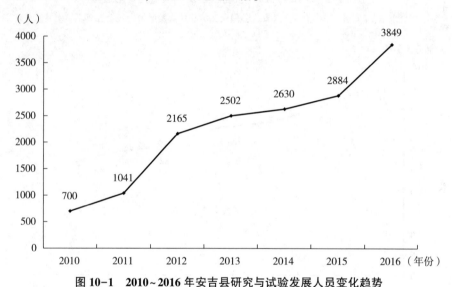

（人）

**图 10-1　2010~2016 年安吉县研究与试验发展人员变化趋势**

资料来源：《安吉县统计年鉴》《安吉县国民经济和社会发展第十三个五年规划纲要》。

### （二）安吉县研发投入强度变化分析

2010~2016 年安吉县研发投入强度如图 10-2 所示，2010~2016 年安吉研发投入强度始终缓慢上升，从 2010 年的不足 1%（0.98%）上升到 2016 年的 2.19%，但 2015~2016 年的增幅较小。

### （三）安吉县万元工业增加值废水排放量变化分析

2010~2016 年安吉县万元工业增加值废水排放量比重如图 10-3 所示，2010~2016 年安吉县万元工业增加值废水排放量不断下降，从 2010 年的 9.2 吨/万元下降到 2016 年的 5.2 吨/万元，下降了近 43%。

**图 10-2　2010~2016 年安吉县研发投入强度变化趋势**

资料来源：《安吉县统计年鉴》《安吉县国民经济和社会发展第十三个五年规划纲要》。

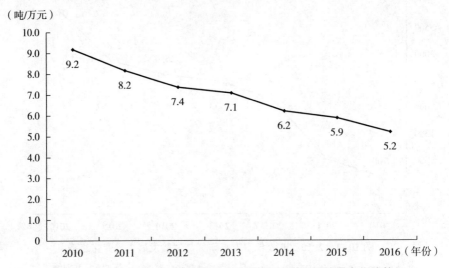

**图 10-3　2010~2016 年安吉县万元工业增加值废水排放量变化趋势**

资料来源：《安吉县统计年鉴》《安吉县国民经济和社会发展第十三个五年规划纲要》。

# 三、安吉县科技创新对生态文明建设贡献的相关问题及建议

## （一）存在的问题

随着信息技术和电子商务的应用发展，传统市场受到极大的冲击和挑战。当前安吉县经济社会发展更加平稳健康，贯彻"绿水青山就是金山银

山"理念以及生态文明先行示范区建设加速其生态优势向资本优势转化，释放生态红利，科技创新不断推动全县产业结构优化和创新转型。但同时也存在一定的挑战和不足：基础不厚，与周边县区之间仍有较大差距；结构不优，传统产业占比依然较高；区位不畅，深度融入区域一体化进程难度较大；承载不强，生态环境保护压力大，优质配套服务不足。

在产业发展方面，具体来看，安吉县较大的传统专业市场分布在转椅市场、竹业市场以及白茶产业市场，这些专业市场普遍仍存在管理体制不顺畅、培育管理粗放、贸工互动不充分等问题，综观安吉县专业市场发展状况，可以发现尽管在载体建设与功能性市场设置方面有较大起色，但它们普遍只是初具形态，对外辐射力度较小。安吉县白茶产业在经过10多年的品牌和产量扩张后，正面临发展"瓶颈"。

一是由于量增价跌，竞争加剧，安吉白茶面临市场定位分歧的问题。其保持较高市场价格在于独特的白化绿茶品质、较低的产量以及严格的质量控制。而随着白茶面积的过度扩张，产量大幅增长，导致质量监督困难，同时人工成本、生产资料成本的不断上涨也使其利润下降。

二是白茶产业的过度发展破坏生态，但生态修复阻力很大。目前，安吉县的白茶面积已远超过专家指出的理想的白茶面积（10万亩以内），导致白茶种植丘陵化，森林资源破坏，水土流失严重，但由于基层政绩考核压力和生态环境的公共性，导致退茶还林阻力很大，基本处于停滞状态，生态修复由于农民思想的保守也进展缓慢。

三是白茶质量控制系统存在缺陷，需要进一步完善。尽管政府为安吉白茶质量保障做了很多工作，制定了统一的安吉白茶国家标准及由母子商标和茶园证组成的质量可追溯系统，成立了专门的白茶办，组建了白茶协会监督、管理白茶生产，严厉打击假冒伪劣行为等一系列措施。但由于白茶办和政府机构资源有限，无法进行全面的质量监控，追溯体系只能进行事后补救，无法将问题消灭在萌芽状态，留下了巨大的隐患，很多非标准化生产，未经质量检测的外地白茶回流安吉冒充安吉白茶，也对安吉白茶品牌造成冲击。

四是大量安吉白茶的外地种植对安吉白茶的冲击逐步显现出来，当前安吉县主要通过商标垄断、包装控制来减少外地白茶回流的冲击，但效果不是很理想，对外地白茶品牌的崛起可能带来的冲击还缺乏长远考虑。

五是随着电子商务的蓬勃发展，网购浪潮下，安吉一些白茶企业如宋茗白茶、龙王山、溪龙仙子、大山坞等少数知名品牌进行了电商试水，建立了网上销售平台，但效果不是很理想，投入大而销售额小，基本处于亏损状态。鉴于安吉白茶的高端定位和供不应求的市场现状，安吉白茶企业普遍对于要不要继续加盟安吉白茶电子商务投资很犹豫。此外，随着茶叶国际市场的不断扩大，白茶企业对于要不要扩大白茶的出口也存在一定的顾虑，尽管从短期看安吉白茶国内市场充足，但从长期看进军国际市场能有效分散市场风险。

### （二）对策及建议

安吉县以"中国美丽乡村"创建为载体，培育品牌产业、建设品位村镇、塑造品质农民，探索出了一条三产联动、城乡融合、农民富裕、生态和谐的符合地方特色的科学发展道路。通过实施"双十村示范、双百村整治""三改一拆""四边三化"和"五水共治"、环境、产业、素质和服务"四大工程"等一系列重点工作，将安吉县发展为一个环境优美的宜居之地。通过精心培育，竹、茶、椅已成为安吉县的三张名片。同时将建设"美丽乡村"与打造全域旅游有机结合，实现了安吉县休闲旅游蓬勃发展。基于安吉县当前发展为进一步加快安吉县生态文明建设，发挥科技创新的支撑作用，提出以下几点建议：

第一，继续有条不紊地开展国家生态文明建设示范县创建。完善乡镇生态文明创建考核指标，在前期摸底调查和资料收集的基础上，不断补充完善安吉县国家生态文明建设示范县创建规划。

第二，通过不断的科技创新推进农村生活污水治理设施运行维护管理。加快建设农村生活污水治理设施运维管理智能化平台，同时不断提高运维管理水平，认真执行《安吉县农村生活污水处理设施运维管理考核细则》，加大运维管理巡查力度，不断完善污水治理设施运维管理台账。

第三，精益求精打造生态文明建设示范项目。以乡镇生态文明考核为抓手，大力开展生态文明建设示范项目实施，督促乡镇切实提高项目建设质量，不断提升生态文明建设水平。

第四，提高生态文明意识，营造形式多样的生态文明建设氛围。依托安吉县生态公益协会组织开展生态文明知识宣传，做到形式多样，内容丰富。积极策划省、市、县生态日系列活动，通过电视广播等媒体，加大生态文明宣传力度，营造生态文明建设浓厚氛围。

## 第二节 浙江省德清县科技创新
## 对生态文明建设的贡献

德清县位于浙江省北部，东望上海、南接杭州、北连太湖、西枕天目山麓，处长三角腹地，总面积937.92平方千米，现辖8个镇、4个街道，户籍人口达43万。德清境内有中国四大避暑胜地之一的国家级风景名胜区莫干山、"中国最美湿地"下渚湖和素有"千年古运河、百年小上海"之誉的新市古镇。德清县"五山一水四分田"，素有"鱼米之乡、丝绸之府、名山之胜、竹茶之地、文化之邦"的美誉。先后获得全国首批文明县城、全国首个新农村建设气象示范县、全国平安建设先进县、全国生态县等荣誉称号。

自2005年开始，德清县在落实国家部委、浙江省、湖州市相关政策的基础上，制定了一系列与生态文明建设相关的规划及实施方案。通过加强农业农村建设、水环境治理、大气治理、生态建设等举措，全县科技创新支撑生态文明建设取得积极成效。2017年，浙江省被确立为全国唯一的省级国家农业可持续发展试验示范区，同时成为首批农业绿色发展试点先行区。从科技创新资源投入及产出来看，德清县研发投入强度始终缓慢上升，从2010年的1.4%上升到2016年的2.72%，增长了近1倍，高新技术产值占GDP的比值从2011年的11.18%增长到2017年的24%左右；人均第三产业增加值的年均增长率为13.90%，可支配收入的年均增长率达到9.78%，德清县2010~2017年科技创新发展动力明显增强。从生态文明建设情况来看，德清县的城镇化率总体呈上升趋势，2017年达到60.3%；德清县万元GDP能耗呈先下降后上升趋势，万元GDP水耗呈直线下降趋势，其中万元GDP水耗年均降低率达到11.3%；德清县万元工业产值$SO_2$排放量和COD排放量总体呈下降趋势，其中万元工业产值$SO_2$排放量年均下降率达到12.84%；德清县空气质量优良率及地表水水质优良率逐渐升高，2017年分别达到89.9%和100%。但是德清县科技支撑生态文明建设也存在基础设施建设有待完善、风险管控和执法监管能力有待加强、区域性污染相对突出的问题，并据此提出了相关对策建议。

# 一、德清县科技创新支撑生态文明建设的现状

## （一）德清县生态文明建设的主要政策

德清县在浙江省和湖州市相关政策的推动下，也制定了一系列与生态文明相关的政策，主要政策如表 10-5 所示。

表 10-5　德清县生态文明建设的主要政策

| 时间 | 政策文件 | 相关内容 |
|---|---|---|
| 2005 年 | 《德清县人民政府关于建立西部乡镇生态补偿机制的实施意见》 | 率先实施生态补偿机制，对境内 104 国道以西的 304 平方千米区域西部乡镇生态环境的保护和生态项目的建设实施补偿 |
|  | 《德清县矿产资源规划（2005—2020 年）》 | 实现矿业开发与生态环境协调发展，最大限度地促进矿业与生态环境的和谐 |
| 2008 年 | 原环境保护部国家生态县技术评估 | 2008 年 12 月，德清县顺利通过原国家环境保护部的国家生态县技术评估，2009 年 12 月，通过原国家环境保护部生态县现场考核 |
| 2012 年 | 《德清县环卫设施"十二五"发展规划》 | 以"循环经济"和"可持续发展"作为基本的指导思想，本着因地制宜、统筹规划、合理布局、分步实施的原则，进一步加强中心城区的环境卫生管理，完善全县垃圾的收运、处置系统，让德清县环境卫生的整体水平与社会、经济发展相适应，推进德清县环卫事业的一体化进程和产业化发展 |
|  | 《德清县环境保护"十二五"规划》 | 指出要加快环保产业技术创新和体制创新，提高德清县环保产业整体素质和竞争力 |
| 2013 年 | 浙江省委、省政府关于建设美丽浙江的决策部署 | 德清县建成西部环莫干山异国风情休闲观光线和中东部历史人文观光线等两条景观带，荣获"2013 年度浙江省美丽乡村创建先进县"称号 |
|  | 原环境保护部生态文明建设试点县通知 | 德清县成为全国第六批生态文明建设试点县 |

续表

| 时间 | 政策文件 | 相关内容 |
|------|---------|---------|
| 2014年 | 《德清县国民经济和社会发展第十二个五年（2011—2015年）规划纲要》 | 指出要按照"三区一湖"中心城市框架，加快推进科技新城、城东新区、站场新区、临杭工业区和下渚湖的高水平开发，整治改造老城区，提升完善城市功能，加强城市生态景观建设，打造山、水、城融为一体的秀美的现代田园城市 |
| 2015年 | 《德清县域总体规划（2006—2020年）》 | 以"创经济强县、建生态德清"为目标，以名山、湿地、水乡、强县为区域竞争核心，促进要素有序流动和资源优化配置，发挥德清县在区位、产业、生态、人文等方面的比较优势，将德清县打造成融入杭州都市经济圈的先行区、实验区、示范区，使德清县成为"杭州北区、创业新城" |
| | 《2015年湖州市生态文明先行示范区建设德清县工作实施方案》 | 从空间布局、产业结构、生态文化、体制机制等方面明确了2015年德清县生态文明建设的具体工作任务 |
| 2016年 | 《德清县生态环境保护"十三五"规划》 | 计划到2020年，德清县生态环境质量明显改善，治水、治气、治土三大战役取得新突破，区域特征污染物排放总量显著减少；环境功能区划得到严格落实，生态空间格局基本形成，环境风险得到有效管控，环境治理管理能力不断增强，生态环境保护机制逐步完善，全国生态文明示范区新样板建设取得显著成效 |
| 2018年 | 《德清县矿山复绿集中攻坚专项行动方案》 | 提出加快推进矿山复绿工作，全面完成"两路两侧"重点废弃矿山治理任务，在产矿山实施边开采边治理，巩固提升绿色矿山建设成效，绿色矿山实现全覆盖 |
| | 《德清县乡村旅游集聚区发展专项规划》 | 指出坚持以推进旅游供给侧改革，加快旅游业转型升级为主线，深入实施生态文明战略和乡村振兴战略，大力建设美丽乡村，发展以"洋家乐"精品民宿为龙头的乡村旅游集聚区，把德清县旅游业培育成为德清县经济转型升级的龙头产业、美丽乡村建设的特色产业、生态文明建设的先导产业、富民惠民的民生产业 |

续表

| 时间 | 政策文件 | 相关内容 |
|---|---|---|
| 2018 年 | 《德清县"林长制"工作实施方案》 | 建立健全"林长制"管理制度，强化森林资源监管，提升森林资源质量，提高科学利用水平，实现森林资源"三保、三增、三防"，促进德清县经济社会与生态环境协调发展 |
| | 《德清县生态文明示范创建（污染防治攻坚）行动计划（2018—2022 年）》 | 计划到 2020 年，高标准打赢污染防治攻坚战；到 2022 年，各项生态环境建设指标处于浙江省、湖州市前列，生态文明建设政策制度体系基本完善，治理能力不断增强，实现"天更蓝、地更净、水更清、空气更清新、城乡更美丽"，更好地践行"两山"理念样板地模范生和美丽中国示范区 |
| | 《德清县进一步加强能源"双控"推动高质量发展实施方案（2018—2021 年）》 | 提出加快淘汰整治，腾出用能空间；优化产业结构，强化源头管控；聚焦环境改善，优化用能结构，从整体上降低能耗 |

资料来源：以上文件均来自国家部委、浙江省、湖州市、德清县政府等网站公开资源。

## （二） 德清县科技创新支撑生态文明建设的具体行动

德清县按照生态文明建设新要求，深入实施"811"生态文明建设推进行动，强势开展"五水共治""治气治霾"、治污减排和生态保护，加快建设"美丽德清"。归纳总结德清县生态文明建设政策和支持框架。德清县在科技创新促进生态文明建设实践方面的行动涵盖农村农业建设、水环境治理、大气治理、土壤污染防治与生态建设方面。

### 1. 农村农业建设

在农村建设方面，德清县从农业"两区"建设、"互联网+"农业建设、生态循环农业建设、农业园区建设等方面进行部署，具体行动措施如下：

一是强势推进农业"两区"（农业园区和粮食生产功能区）建设。全县共有 36 个现代农业园区通过省级验收，41 个现代农业园区通过市级验收，同时完成粮食生产功能区 1.1 万亩的目标。全面推进农村环境整治，将全县生猪养殖区域调整为禁养区、限养区两类，禁养区面积从占县域面积 37.4%

扩大到 61.0%。莫干山镇劳岭村被评为 2015 年"中国最美休闲乡村"。

二是积极推进"互联网+农业"建设。全县农业科技不断创新，2015年新发展农业龙头企业电子商务 21 个，新建农业物联网试验示范基地 5个；2016 年共推广新型种养模式 5500 亩，引进优质新品种 21 个，落实智能化农业生产园区 2 个、物联网示范点 6 个。

三是积极推进生态循环农业建设。2015 年建成生态循环示范区 1 个，建成省级生态循环示范主体 24 个，通过验收 18 个，建成示范点 139 个。2016 年全县腾空生猪养殖场户 367 家，累计投入资金 1.5 亿元，拆除总面积约 50 万平方米。完成温室龟鳖整治共拆除 772 家，120 万平方米。全面建立县、镇、村、组四级禁烧网络，全县基本实现了无秸秆露天焚烧。

四是加快农业园区建设。2015 年，加快发展新兴产业，全县拥有休闲观光农业点 109 个，其中全国示范企业（园区）3 个。2018 年新港省级现代农业（渔业）园区完成投资 15.93 亿元，创建美丽生态牧场 5 家，累计建成 16 家，新建标准化水禽场 2 家。

五是振兴乡村建设。德清县打造独具莫干山特色的旅游风情小镇，发展"旅游+"业态融合，指导新田农庄申报果蔬采摘旅游基地和欧诗漫申报创建省工业旅游示范基地。2018 年建成 10 条景观线，完成 10 个精品示范村、7 个精致小村、3 个省级美丽宜居示范村创建，新增 AAA 级景区村庄 12 个、城乡"美丽公厕"32 座，建成农村公路 120 千米，获评"四好农村路"省级示范县。实施新一轮"五年强村计划"，相对薄弱村加快消除，村均经营性收入突破 60 万元，德清县成为省部共建乡村振兴示范县。

2. 水环境治理

德清县从污水处理、"四化三边"和"双清"行动、"五水共治"等方面，对水环境进行综合治理，具体行动措施如下：

一是扎实推进全县污水处理、供水一体化工程。2012 年，48 个行政村共建成污水处理设施 2424 座，管网长 362.5 千米；城乡供水一体化工程的东部环网二期工程完成管网建设 12.2 千米，完成总工程量的 97.0%；各乡镇完成三级管网建设 1654 千米，完成集中供水点建设 102 组；2017 年河湖清淤 335 万方，新建污水收集管网 55 千米，改造雨污分流管网 53 千米，全面实现"同源、同质、同网"的供水一体化目标。在全省首推工业园区污水零直排"一企一管一表"智能化改造，高标准完成 43 个"污水零直排区"创建单元，有效推动了全县"城乡一体化"进程。

二是推进"四边三化"和"双清"行动。德清县在公路边、铁路边、河边、山边等区域的洁化、绿化、美化行动，水环境综合治理成效显著，基本实现"河面无杂草、无废弃漂浮物、无病死动物，河中无障碍物，河道沿岸无垃圾、无违章构筑物"的目标。

三是推进全县"五水共治"工作。"五水共治"是指治污水、排涝水、防洪水、保供水、抓节水。2015 年全年共完成污水管网建设 64.6 千米，污水泵站 8 座。武康水厂 2 万吨/日设施设备更新改造工程竣工，东苕溪备用水源工程开工建设，新市—洛舍—钟管供水管网工程完工，实现全域环网双源供水。"五水共治"夺得"大禹鼎银鼎"，成果显著。

四是推进涉水企业整治。德清县加大饮用水源保护，关停饮用水源二级保护区内涉水企业 33 家，推进黄婆漾断面水质提升工作，达到了Ⅲ类水标准。2016 年 466 家低小散涉水排污企业全面整治完成，其中关停 365 家（占 78.3%）、整治提升 101 家；深化治水攻坚战，对 24 个在雨污管网方面存在问题的集中区域开展截污纳管工作；对高新区、钟管工业区、新市工业园区等片区 427 家企业实施工业企业雨污分流整治。2017 年深入开展"低小散""厂中厂"大整治，共排查出 858 家，关停 472 家，整合 11 家。浙江省对县地表水交接断面水质考核结果德清县为优秀。

3. 大气治理

大气治理是生态建设的重要内容，德清县在大气治理方面从开展大气污染防治攻坚行动、强化对城市二次扬尘的防治、深化工业废气重点污染治理等方面展开，具体行动措施如下：

一是开展大气污染防治攻坚行动（治霾 318）。德清县按照大气污染防治工作要求，结合文明城市创建工作，要求全县上下高度重视，举全县之力打胜"治霾 318"攻坚战，有效降低 PM2.5 指标，逐渐减少重污染天气，切实改善空气质量。自 2014 年 11 月攻坚行动启动至今，德清县在整治扬尘、废烟、尾气三大攻坚战中，均取得了一定的工作成效。通过各部门、乡镇（开发区）协同配合，大气污染物排放量持续减少，全县空气质量逐步改善。2017 年，全县空气优良率（AQI）为 89.9%；PM2.5 平均浓度为 41 微克/立方米，比 2016 年下降 4.7%。空气优良率增幅和臭氧浓度降幅均列浙江省第一。

二是强化对城市二次扬尘的防治。德清县对建筑、拆迁、市政施工、道路和运输扬尘污染要加强管理，将"四堆"（煤堆、渣堆、料堆、灰堆）扬尘量控制在最低限度。德清县利用电子眼、降尘罐或可吸入颗粒物连续监测设备，建立直接或间接控制工地可吸入颗粒物排放的监测监控网络，并将有关数据用于日常管理，定期向社会公布一批管理差、扬尘重的施工场地和单位名单。

三是深化工业废气重点污染治理。德清县实施重点行业领域废气清洁排放改造，到 2017 年底前，德清县 4 家热电企业排放达到排放要求，2018 年计划所有水泥制造企业（含独立粉磨站）废气排放达到特别排放限值要求。治理挥发性有机废气（VOCs）。德清县开展以 VOCs 为重点的臭氧（$O_3$）前体物专项治理，强化多污染物协同治理，全面完成重点工业园区和化工、涂装、合成革、纺织印染、橡胶塑料制品、印刷包装、化纤、木业、制鞋、生活服务业、储存和运输业、建筑装饰和电子信息 13 个重点行业 VOCs 整治任务。加强 VOCs 监测监控，重点园区和重点企业逐步配备 VOCs 处理设施运行在线监控装置。

四是优化调整能源结构。首先，严格控制煤炭消费总量，实行煤炭消费减量替代，严控新建燃煤发电项目，实施大机组替代小机组，力争实现煤炭消费总量负增长。其次，强化煤炭质量控制，实施低硫、低灰分配煤工程，推进煤炭清洁化利用，洁净煤使用率达到 90% 以上。最后，推进"高污染燃料禁燃区"建设，2016 年底前全面完成禁燃区内燃烧高污染燃料的锅炉、熔炉、窑炉、煤气发生炉和茶炉等（热电联产机组除外）淘汰改造，全面建成高污染燃料禁燃区。

4. 土壤污染防治

在土壤污染防治方面，德清县从垃圾处理、重金属污染综合防治、危险废物监管等方面进行规划部署，具体相关行动措施如下：

一是健全完善了垃圾处理模式及体系。着力提升城乡垃圾处理一体化工作水平，建成科学规范的建筑垃圾及生活垃圾分类投放、收集、转运和消纳处置运作机制。按照"政府主导、市场运作、公众参与、社会监督"工作思路，建立统一保洁、统一收集、统一清运、统一处理、统一养护"五统一"城乡垃圾处理一体化新模式，涵盖城区、公路、河道、集镇、行政村"五大区域"，采取企业化、网格化、标准化、智能化、社会化

"五化"工作措施，解决德清县生活垃圾统一处理问题，使全县生活城乡垃圾收集覆盖率达到100%，生活垃圾无害化处理率达到100%。建立健全并逐步完善城乡环境一体化长效管理机制。

二是加强了重金属污染综合防治。首先是优化涉重金属企业空间布局。严格落实行业准入要求，推动"涉重"企业专业化、园区化集聚发展。加大涉重行业落后产能取缔淘汰力度，鼓励重金属企业实施"以大带小""以新带老"，提倡重金属排放企业兼并重组，并将环境与健康风险评价作为重金属项目环境影响评价的重要内容。到2020年，基本实现涉重金属行业"圈区生产"。其次推进重金属污染综合防控。推动重金属全生命周期过程管理，积极推广先进适用技术，降低重金属生产原料用量，提高重金属物质回收率；全面落实涉重金属企业污染防治主体责任，完善企业在线监测监控系统，建立定期监测和公告制度，对重金属污染源及其周边水、气、土壤、农产品、食品开展重金属长期跟踪监测。要求重金属重点防控企业每两个月开展一次监督性监测，每两年完成一轮强制性清洁生产审核。到2020年，五类重金属污染物完成省下达的总量控制任务，基本消除重金属污染隐患。

三是实行了危险废物全过程监管。首先，加强危险废物源头管理，严格环境准入，按照区域处置能力从严控制产生危险废物的建设项目，落实减量化要求。其次，推进全过程监管，实现对危险废物从产生到处置的全流程覆盖。加强高环境危害、高健康风险化学物质管制，严格控制环境激素类化学物质污染，2017年底，完成全县环境激素类化学物质生产使用情况调查。再次，加快建设集中处置设施，鼓励和推动工业园区（集聚区）配套建设可利用危险废物、电镀污泥处理等项目，鼓励重点企业自建危险废物处置设施。到2020年，基本形成与产生量相匹配的危险废物和污泥处置利用能力，工业危险废物利用处置率100%。最后，加强医疗废物处置，推进医疗废物"小箱进大箱"行动，医疗卫生机构医疗废物实现规范收集和处置。到2020年，医疗废物规范收集和处置率达到100%。

5. 生态建设

在生态建设方面，德清县广泛开展生态示范创建、稳步提升环境治理能力、深入推进治污减排工作，具体行动措施如下：

一是广泛开展生态示范创建。2008年12月，德清县顺利通过国家原环境保护部的国家生态县技术评估；2009 年 12 月，通过国家原环境保护部生态县现场考核；2013 年顺利成为全国第六批生态文明建设试点县。全县 11 个乡镇，已全部创建成省级以上生态乡镇，武康镇等 10 个乡镇先后成功创建为国家级生态乡镇；县级以上生态村创建率达到 55.6%，莫干山镇高峰村率先在全市范围内创建成为国家级生态村。全县积极开展绿色系列创建，已创建国家级绿色学校 1 所、省级绿色学校 18 所、省级绿色企业 11 家、绿色社区 5 个、绿色家庭 17 户、绿色饭店 4 家、绿色医院 2 家。德清县新增珍贵彩色森林近万亩、平原绿化 4210 亩，获批创建"国家森林城市"。

二是稳步提升环境治理能力。德清县通过对 5 个饮用水源地、17 个地表水监测点等各项环境要素的监测，共获得监测数据 10.4 万个；共发出各类环境监测报告 1019 份。2016 年全县落实"小城市"和中心镇建设资金 7880 万元，拨付城乡供水、公交、垃圾、污水处理一体化建设资金 1.4 亿元。

三是深入推进治污减排工作。"十二五"期间，整治完成铅蓄电池、电镀、印染、造纸、制革、化工六大重污染高耗能行业企业 90 家，其中关停 33 家，原地整治提升 48 家，搬迁入园 9 家；整治完成全县低小散涉水排污企业（作坊）466 家，其中关停 365 家；完成全县 4 家燃煤热电企业脱硫脱硝除尘改造和 4 家水泥企业粉尘治理；淘汰各类高污染燃料小锅炉522 台，关闭 15 家黏土砖瓦厂；累计关停生猪养殖场 3333 家，减少生猪存栏 55 万头；累计拆除龟鳖养殖场 726 户，面积达 110.38 万平方米；区域性污染整治提升取得阶段性成果。2015 年，全县化学需氧量、氨氮、二氧化硫和氮氧化物排放量比 2010 年分别下降 16.06%、19.98%、9.98% 和10.54%，四项主要污染物减排均超额完成"十二五"目标任务，重点重金属污染物排放量显著下降。

四是扎实打好"三四五"攻坚战，即"三改一拆""四边三化"和"五水共治"工作，旨在改变城乡环境，拆出发展空间。2014 年完成三改139 万平方米，完成拆违 313 万平方米，2018 年增长到 1636 万平方米，拆后利用率达 95.8%。建成森林通道 145.1 千米，完成林相改造 8878 亩，完成洛舍镇砂村集中开采区闭坑矿地整治工程场地平整 5780 亩。2016 年实现复垦 96.8 万平方米，复绿 24.2 万平方米。在节能减排方面，淘汰落后产能企业 63 家，腾出用能空间 14 万吨标准煤。鼓励发展循环经济，全年清洁生产通过验收 21 家，创建省级绿色企业 2 家，创建市级绿色企业 1 家。

## （三）德清县科技支撑生态文明建设成效

德清县科技支撑生态文明建设成效显著，先后 13 次进入全国百强县（市）行列，在最新的县域经济百强县（市）中排名 37 位，获得了中国全面小康十大示范县、世博之星·中国（长三角）最具活力民营经济县、国家卫生县城、全国科技工作先进县、全国首批文明县城、全国首个新农村建设气象示范县、全国平安建设先进县、全国生态县、省示范文明城市、省级园林城市、省级森林城市、省美丽乡村创建先进县等荣誉称号。2017年，全县地区生产总值达 470.2 亿元，增长 8.5%；城镇、农村居民人均可支配收入分别为 50450 元、29842 元，分别增长 8.6%、10%。2018 年上半年，全县完成地区生产总值 251.4 亿元、增长 8%；规上工业增加值增长8.6%；一二三产业统筹协调发展，先进装备制造、生物医药、地理信息、通用航空等产业集聚发展、不断壮大。生态文明建设成效主要从以下几个方面体现：

首先，农业发展迅速。重点发展以"讲道德·更健康"诚信农产品为主的都市型现代农业，扎实推进"3830"现代农业园区和粮食生产功能区"两区"建设，获得"中国青虾之乡"荣誉称号，被评为全国农业标准化示范县、省级农产品质量安全放心示范县，获国家农产品质量安全县创建试点，淡水珍珠传统养殖与利用系统入选中国重要农业文化遗产，莫干黄芽获国家农产品地理标志等级保护，农业现代化发展水平综合评价连续三年位居浙江省第一。

其次，休闲旅游、港航物流、金融、文化创意等现代服务业不断壮大。"原生态养生、国际化休闲"旅游品牌进一步打响，入选中国十佳最美乡村旅游目的地，省级莫干山国际旅游度假区正式成立，"洋家乐"成为全国首个服务类生态原产地保护品牌，成功入围首批省全域旅游示范县创建名单；临杭物流园区成为全市首个国家级优秀物流园区，长三角金融后台基地成为浙江省唯一获省政府批复的省级金融后台基地，并成功列入第三批省级服务业集聚示范区，"中国钢琴音乐谷"列入省首批 20 个重点文化产业园区，被评为全国休闲农业与乡村旅游示范县、浙江省首批美丽乡村示范县、中国低碳旅游示范县、浙江省旅游经济强县、浙江省金融创新示范县。

最后，城乡环境建设效果显著。主要体现在以下方面：一是污染防治效果显著。大力推进"水气土废矿"共治，在浙江省首推工业园区污水零直排"一企一管一表"智能化改造，高标准完成43个"污水零直排区"创建单元，渔业养殖尾水全域治理项目获"绿色发展突出贡献奖"，完成治理面积达18.9万亩，16个县控以上水质断面100%保持Ⅲ类水以上，建成水梦苕溪景观带等一批美丽生态河道，河湖长制经验在全国作交流，并作为唯一基层典型报中央财经委员会，"五水共治"夺得"大禹鼎银鼎"。完成VOCs企业治理超百家，PM2.5平均浓度下降4.9%。全国首个城乡环境生态综合体示范基地投运，城乡生活垃圾分类全覆盖，获评浙江省农村生活垃圾治理工作优胜县。完成"两路两侧"废弃矿山治理8个，绿色矿山建成率达100%。二是城市更新扎实推进。高标准完成美丽县城提升工程，私营城整治取得明显成效，完成城中村改造9个，"三改一拆"面积达1636万平方米，拆后利用率达95.8%，小城镇环境综合整治全市率先收官，获评浙江省优秀县。顺利通过"国家卫生县城"复评，全面启动全国文明城市创建三年行动，落实《湖州市文明行为促进条例》，网格化、路长制、志愿者服务工作有效开展，完成3872家餐饮店、7家农贸市场、3家专业市场规范提升，犬类规范管理有效加强，烟花爆竹实现全域"双禁"，城市管理水平和市容市貌明显提升。三是乡村振兴走在前列。建成10条景观线，完成10个精品示范村、7个精致小村、3个省级美丽宜居示范村创建，新增AAA级景区村庄12个、城乡"美丽公厕"32座，建成农村公路120千米，获评"四好农村路"省级示范县。新增珍贵彩色森林近万亩、平原绿化4210亩，获批创建"国家森林城市"。实施新一轮"五年强村计划"，相对薄弱村加快消除，村均经营性收入突破60万元。成为浙江省共建乡村振兴示范县。

## 二、德清县科技创新对生态文明建设贡献的主要指标分析

### （一）德清县人均可支配收入及第三产业增加值分析

2010~2018年德清县人均可支配收入及第三产业增加值变化趋势如图

10-4 所示，2010~2018 年德清县人均可支配收入和第三产业增加值都呈线性增长趋势，其中人均可支配收入的年均增长率达到 9.78%，第三产业增加值的年均增长率为 13.90%，说明德清县近几年的经济水平增长迅速，为科技支撑生态文明建设打下了良好的经济基础。

**图 10-4　2010~2018 年德清县人均可支配收入及第三产业增加值变化趋势**
资料来源：德清县统计局网站公开数据及统计公报。

## （二）研发投入强度分析

2010~2016 年德清县研发投入强度如图 10-5 所示，2010~2016 年德清县研发投入强度始终缓慢上升，从 2010 年的 1.40% 上升到 2016 年的 2.72%，增长了近 1 倍。

## （三）城镇化率分析

德清县的城镇化率变化趋势如图 10-6 所示，德清县的城镇化率总体呈上升趋势。2011~2015 年德清县城镇化率快速增长，从 2011 年的 53.30% 增长到 2015 年的 59.20%，平均每年增长 1.18%；2016 年比 2015 年增长 0.10%，2017 年德清县的城镇化率又重新快速增长至 60.30%。

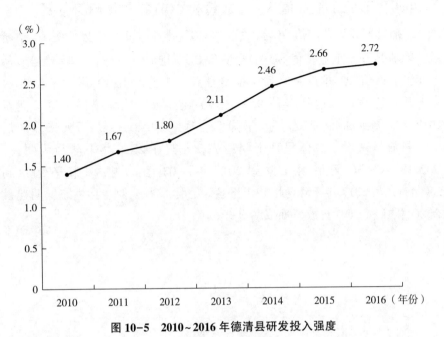

**图 10-5 2010~2016 年德清县研发投入强度**

资料来源：2011~2016 年德清县政府工作报告及统计公报。

**图 10-6 2010~2017 年德清县城镇化率变化趋势**

资料来源：德清县统计局依申请公开数据。

## （四）万元工业产值 $SO_2$ 排放量和 COD 排放量趋势分析

德清县万元工业产值 $SO_2$ 排放量和 COD 排放量变化趋势如图 10-7 所示，德清县万元工业产值 $SO_2$ 排放量和 COD 排放量总体呈下降趋势。从万元工业产值 $SO_2$ 排放量来看，德清县万元工业产值 $SO_2$ 排放量在 2011 年出现短暂增长，达到峰值 9.41 亿元/吨，随后持续缓慢下降，截至 2017 年下降到 3.82 亿元/吨，下降率约达到 59.40%；从万元工业产值 COD 排放量来看，总体呈现下降趋势，尤其在 2016 年下降最为明显，从 2015 年 9.36 亿元/吨下降到 2016 年 4.03 亿元/吨，下降率约达到 56.94%，在 2017 年下降速度趋于平缓。总体来看，德清县生态文明建设在 $SO_2$ 排放和 COD 排放方面成绩显著。

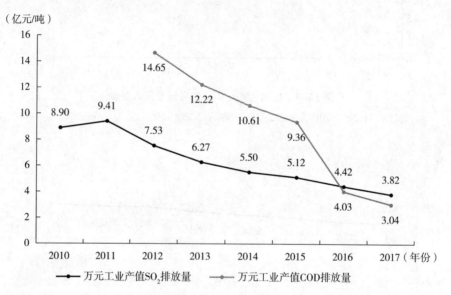

图 10-7　2010~2017 年德清县万元工业产值 $SO_2$ 排放量和 COD 排放量趋势

资料来源：德清县统计局依申请公开数据。

## 三、德清县科技创新支撑生态文明建设存在的问题及对策建议

### (一) 存在的问题

德清县生态环保工作取得明显的阶段性成效，但仍存在一些环境"短板"和问题。

一是环境风险管控和执法监管能力有待加强。环境风险管控和应急能力建设有待进一步加强；环保执法队伍及监管力量不足，与现今环保形势和工作要求不相匹配；环境监管主要依赖传统手段，自动化、信息化、网络化管理水平仍然较低；企业自我管制机制尚未形成，社会监管和公众参与水平有待进一步提升和加强。

二是环保基础设施建设仍需完善。全县污水处理能力有待进一步提升，个别污水处理厂曾出现超负荷运行现象；城镇管网建设还需进一步完善，已有城镇污水管网部分老化破损，截污纳管覆盖不够全面，老城区、城中村、城郊结合部及一些工业区块雨污混流问题依然存在；部分农村生活污水设施运行维护有待进一步加强，污水管网堵塞、污水外溢现象时有发生，部分区域现有污水处理设施无法很好地满足"农家乐""洋家乐"的快速发展需求；清洁能源使用率还不高，工业园区（集聚区）集中供热还未全覆盖；危险废物、工业污泥处置能力有待进一步提升。

三是结构性、区域性污染相对突出。全县经济结构仍以基础原材料工业为主，水泥、建材、化工、铸造、皮革、玻璃、医药、电镀、造纸、印染等重污染高耗能企业比重相对较高，终端能源消耗煤炭占比约20%，高于浙江省12.7%的平均水平；以煤炭为主的能源消费结构短期内还未改变，煤烟型大气污染仍然存在。县内不同区域间环境质量差距明显。

### (二) 对策及建议

根据德清县生态文明建设现状及存在的相关问题，对科技支撑生态文明建设贡献提出了以下建议：

一是制度先行。着力打造一批体现德清县特色的生态文明制度品牌，

进一步完善生态补偿制度与生态文明考核制度,完善总量控制类制度的实施,加快多个规划在规模、时序、基础数据、布局、保障措施等方面进行深度融合,做到用统一的平台管理基础数据、用统一的流程完成规划审批,实现规划之间的统一、协调,避免出现矛盾冲突。解决环境风险管控和执法监管能力有待加强的问题。

二是协同发展。紧抓环境保护、污染治理不放松,全面优化环保基础设施建设,解决环境质量面临的挑战。首先对污染源实施最严格的控制,包括农业和工业两个方面,进一步优化城乡居住环境;其次要根据环境功能区划完善区域生态保护,满足区域性快速发展的需求。

三是产业跟进。积极培育生态经济增长点,解决结构性、区域性污染相对突出的问题。首先,要重点培育休闲观光创意农业,构建生态农业体系;寻找技术突破口,发展绿色养殖业,在"稻鳖共生""稻鱼共生"等生态、绿色、高效种养模式的基础上,继续探索绿色种养模式,扫清技术壁垒;推广循环农业,建立并完善农药废弃包装物统一回收处置机制。其次,从加快产业集聚到创新集聚转型,提升工业的生态化程度,其主要方向在于:提高产业园区的创新准入门槛;继续拓展战略性新兴产业集聚区;加快改造提升纺织服装、装饰建材等传统产业集聚区,更多地依靠科技进步、劳动者素质和创新驱动。再次,整合生态服务业资源,构建生态服务业体系。主要体现在:通过舆论宣传及文化支撑,做大德清的名山湿地品牌;开发以"洋家乐"为代表的生态旅游业,将"原生态养生、国际化休闲"的生态旅游理念推销到国内外;将金融新业态培育为德清生态服务业体系的重要支柱。

# 第三节　福建省长泰县科技创新
# 对生态文明建设的贡献

长泰县位于福建省东南部,界邻厦门、漳州、泉州三地市,距离海岸线约20千米。长泰县境平面图类似蒲扇形。县境东西宽约36千米,南北长约36.5千米,总面积达912.67平方千米,约占福建省总面积的0.7%。

长泰县现辖 5 个乡镇、1 个经济开发区和 1 个旅游区，人口 32 万人（含外来人口 12 万人），人均 GDP 超过一万美元。长泰县的发展定位是"厦漳泉生态型核心区"，是中国台湾同胞重要祖籍地，漳州三个千年古县之一。长泰县列入厦漳泉大都市区同城化规划核心区，有厦成、福广、沈海、漳永 4 条高速公路过境，实现全县镇镇通高速，融入厦门湾半小时经济圈、泉州一小时经济圈，成为厦门港南岸新城和厦门自由贸易区的重要腹地。长泰县生态环境优良，是"912 平方公里全域景区"。全县森林覆盖率 65.8%，空气质量达到国家一级标准，饮用水质达国家二类标准，是福建省首批国家级生态县，先后获评国家园林县城、全省森林县城等多项国家级、省级生态荣誉，成为漳州市"全域景区建设"典型样板。

2002 年，福建省成为生态省建设试点。长泰县积极响应国家政策，推出了一系列生态文明建设政策规划并实施。通过建设美丽乡村、优化产业结构和定制科技创新路线等举措，全县生态文明建设取得显著成果。2014 年，长泰县获得"国家生态文明建设示范区"称号。近几年来，长泰县万元 GDP 能耗呈持续下降趋势，从 2010 年的 0.4788 吨标准煤/万元下降至 2017 年的 0.3723 吨标准煤/万元；第三产业增加值从 2014 年的 45.92 亿元增长至 2018 年的 89.5 亿元，城镇化率、人均可支配收入逐年上涨，人民的生活水平得到了进一步提升。长泰县科技支撑生态文明建设取得了成效，但是也存在生态经济需要优化等问题，根据存在的问题提出了相应建议。

# 一、长泰县生态文明建设概况

## （一）长泰县生态文明建设的主要政策

长泰县在落实国家有关部门、福建省和漳州市出台生态文明建设的相关政策的基础上，制定了一系列政策，如表 10-6 所示，长泰县在贯彻落实国家、福建省及漳州市生态文明建设的相关政策的过程中，结合自身县情，制定了一系列规划、政策与方案，为长泰县生态文明建设提供了良好的政策环境，指明了未来发展方向与实施举措。

表 10-6  2002~2018 年长泰县生态文明建设的主要政策

| 时间 | 部门和政策 | 政策内容 |
|------|-----------|----------|
| 2002 年 | 《福建省政府工作报告》 | 时任省长习近平同志在政府工作报告中，正式提出建设生态省的战略目标 |
| | 《关于同意福建省为全国生态省建设试点的复函》 | 批准将福建省列为生态省建设试点，并纳入全国生态示范区建设试点统一进行指导和管理 |
| 2003 年 | 《马洋溪流域生态环境保护规划》 | 保护马洋溪流域生态环境，遏制生态破坏，维护自然生态系统的平衡和良性循环，确保流域生态环境安全及马洋溪地表水质达到相关标准。措施包括强化水土流失的治理、加强流域森林植被的恢复建设、进行农村环境综合整治、加强旅游经济区环境基础设施建设和严格执行建设项目的环保管理制度 |
| 2004 年 | 《福建生态省建设总体规划纲要》 | 对福建省 2004~2020 年生态省建设做出总体规划，主要内容有：确立建设目标，提出三个阶段目标；提出评价体系；确定重点任务；界定功能区划，将福建省划分为 5 个生态区、17 个生态亚区和 107 个生态功能区；确定重大项目和明确保障措施 |
| 2006 年 | 《关于生态省建设总体规划纲要的实施意见》 | 提出"十一五"期间推进生态省建设的任务措施以及明确各级各部门工作职责 |
| | 《长泰县农村"家园清洁行动"实施方案》 | 以农村垃圾治理为突破口，以重要流域、县城周边和主要交通线为重点，强力整治垃圾污水，建立长效管理机制，改善农村卫生环境，提高农民生活质量 |
| 2010 年 | 《福建生态功能区划》 | 确定了福建省各区域在保障全省生态安全中所处的地位和作用，明确了各区域资源开发、产业发展的优势条件和限制因素 |
| 2011 年 | 《福建生态省建设"十二五"规划》 | 明确了"十二五"期间生态省建设的指导思想、基本要求、建设目标、主要任务和保障措施，提出到 2015 年，生态省建设主要目标基本实现，资源节约型、环境友好型社会建设成效显著，多数设区市达到或接近生态市创建标准，生态文明建设位居全国前列 |

| 时间 | 部门和政策 | 政策内容 |
|---|---|---|
| 2012 年 | 《福建省主体功能区规划》 | 提出到 2020 年，主体功能区布局基本形成，空间结构明显优化，利用效率显著提高，城乡区域差距明显缩小，基本建成科学发展之区、改革开放之区、文明祥和之区、生态优美之区 |
| 2013 年 | 《中共福建省委关于贯彻党的十八届三中全会精神全面深化改革的决定》 | 提出健全自然资源资产产权制度和用途管制制度，建立生态红线管控制度，完善生态补偿制度和资源有偿使用制度，健全生态保护管理体制，对推动生态文明先行示范区发展、建设美丽福建做出新的部署 |
| 2014 年 | 《关于支持福建省深入实施生态省战略加快生态文明先行示范区建设的若干意见》 | 确定福建成为党的十八大以来第一个生态文明先行示范区，福建的生态省建设由地方决策上升为国家战略 |
| 2015 年 | 《福建省贯彻落实中央加快推进生态文明建设意见的实施方案》和《福建省生态文明体制改革实施方案》 | 要求将中央关于生态文明建设和体制改革的各项要求落实到"十三五"规划，牢固树立创新、协调、绿色、开放、共享五大发展理念，加快生态文明先行示范区建设，努力建设机制活、产业优、百姓富、生态美的新福建 |
| | 《福建省长泰县生态文明试点示范区建设规划（2012—2022年）》 | 具有长泰自身特色的国家生态文明建设示范县（市、区）规划，制定了规划实施方案，规划的重点任务和工程项目落实到了各相关部门 |
| 2016 年 | 《福建省"十三五"生态省建设专项规划》 | 提出到 2020 年建设目标：国土空间开发格局进一步优化；能源资源利用更加高效；环境质量持续提升；生态安全屏障作用持续增强；生态文明制度文化体系基本健全 |
| | 《国家生态文明试验区（福建）实施方案》 | 决定选择福建省作为全国第一个国家生态文明试验区，开展生态文明体制改革综合试验。提出到 2017 年，试验区建设初见成效，在部分重点领域形成一批可复制、可推广的改革成果。到 2020 年，试验区建设取得重大进展，为全国生态文明体制改革创造出一批典型经验 |
| | 《关于实施创新驱动发展战略和推进供给侧结构性改革的意见》 | 提出了实施创新驱动发展战略的总体要求和供给侧结构性改革的努力方向 |

续表

| 时间 | 部门和政策 | 政策内容 |
|------|-----------|---------|
| 2016年 | 《漳州市"十三五"生态市建设专项规划》 | 到2010年，符合主体功能定位的城镇化格局、现代农业格局和生态安全格局基本形成，污染排放总量得到有效控制，能源资源利用效率显著提升，生态环境得到进一步改善，生态文明示范区创建工作走在福建省前列 |
| | 《长泰县"十三五"环境保护与生态建设专项规划》 | 进一步从环境保护主管部门的角度提出"十三五"期间针对长泰特色的"生态+"环保发展新模式；包括"生态+"空间环境安全新格局；"生态+"水—气—土一体化环境修复和"生态+"节能减排新模式 |
| 2018年 | 《漳州生态文明建设示范市规划（2016—2020年）》 | 明确了两个规划期限，分别为近期（2016~2018年）和远期（2019~2020年），各个阶段实现相应的建设目标 |
| | 《长泰县加快知识产权强县建设实施方案》 | 到2020年末，实现每万人口发明专利拥有量8.5件，年专利质押融资额0.5亿元。努力培育一批具有国内领先和参与国际竞争能力的知识产权优势企业和产业，为建设知识产权强县、实现长泰创新驱动发展提供强有力支撑 |

资料来源：国家部委、福建省、漳州市、长泰县等政府网站公开资源。

## （二）长泰县科技创新支撑生态文明建设的具体行动

在前述政策和支持框架下，长泰县通过改善生态环境，建设美丽乡村、发展集群生态工业、人才强县战略、定制科技创新路线等推动生态文明建设①，具体措施如下：

1. 改善生态环境，建设美丽乡村

长泰县在发展过程中，坚定坚持绿色发展，力求生态环境高颜值。"十二五"期间，长泰县深化生态文明建设，落实全国生态文明先行示范区五年方案，开展"田园风光、生态之城"建设，深化流域水环境治理，基本完成美丽乡村建设扫盲三年计划，推进"全民综合治水、共建美丽长

---

① 根据2011~2017年《长泰县年鉴》和2011~2018年《长泰县政府工作报告》整理。

泰"三年行动,创建福建省"无违建"示范县,让群众更好地享受到生态产品和绿色福利。具体行动措施如下:

一是整治水环境,关闭污染企业。2012~2016 年,长泰县推进"整治水环境,保护母亲河""全民综合治水,共建美丽长泰"三年行动,畜禽养殖污水、生产生活污水、工业企业污水"三大整治"全面开展,蓄水供水、生态修复、绿化美化"三项工程"深入实施,推广"河长制"经验做法。五年间,拆除猪舍 380.8 万平方米,削减生猪 81.69 万头,彻底关闭250 头以下养殖场。关闭矿山约 2.2 平方千米,否决不符合环保标准和产业规划的项目 29 个,加快关停胶合板、采砂洗砂、废旧塑料加工等行业企业,保护县域内水源。造林绿化 92 平方千米,治理水土流失约 66.6 平方千米,生态治理成效显著。

二是建立县级美丽乡村标准体系。2014 年,长泰县被确定为全国首批美丽乡村建设标准化试点县。长泰县在建设美丽乡村的过程中,探索了具有自身特色的美丽乡村建设之路,做到了将建设成果惠及全县每个乡村、每位群众。目前,长泰建立了包括综合通用基础标准、农村生态基础设施、农村生活环境治理、农村公共服务、农村文化传承、农村休闲旅游和农村基层组织 7 大子体系的县级美丽乡村标准体系,全县 5 个国家级美丽乡村建设标准化试点村,也制定了各具特色的技术规范。长泰建立的县级美丽乡村标准体系,部分标准已上升为省级地方标准和国家标准,具有闽南风格的美丽乡村建设长泰模式基本成型。

三是实施美丽乡村建设扫盲计划。2014 年以来,长泰县实施美丽乡村建设扫盲三年计划,覆盖全县每个乡镇、每个村,不留盲点,全部达到"拆彻底、扫干净、摆整齐、保畅通"的标准。"拆彻底"就是杜绝新增违建,彻底拆除废弃危房、残墙断壁、路边禽舍等;"扫干净"就是建立村庄日常保洁和垃圾清运制度;"摆整齐"就是村民房前屋后的生产生活物品有序堆放,宣传栏、晒衣架、店面招牌等设施设置规范;"保畅通"就是路面畅通无障碍,水沟池塘无杂物,公共场所无乱堆放现象。长泰县各乡镇做到了宣传教育零盲区、环境整治零死角、美丽乡村建设零遗漏,并形成了《美丽乡村示范村建设考评规范》《村容村貌管理与维护规范》《农村公共厕所管理与维护规范》等标准,为工作的持续推进建立规范。

### 2. 发展集群生态工业，优化产业结构

长泰县着力提升先进制造业，实施制造业升级专项行动、龙头企业促进计划，加快发展主导产业，培育壮大战略性新兴产业，改造提升传统产业，推进信息化和工业化深度融合，提升工业整体实力，在产值百亿企业和百亿产业上取得突破。

一是推动企业创新升级，工业智能化发展。长泰县抢抓再工业化和新产业革命、供给侧改革的机遇，确定发展新导向和机制，在总体上追求"工业4.0"（智能化）的同时，加快发展"工业3.0"（自动化），兼顾"工业2.0"（电气化），推动制造业向自动化、智能化发展。长泰县实施创新型高成长性企业"倍增计划"，推进节能技改，累计投入技改资金245.5亿元，占工业投资的56.4%，拥有高新技术企业28家，省级企业工程技术研究中心、科技小巨人领军企业等38家，万人发明专利拥有量平均达8.16件，连续三年居漳州市第一，成为省级知识产权强县、首批省级创新驱动助力工程示范区。

二是打造产业集群。长泰县深化实施龙头促进计划，抓好"七个一批"，发展壮大一批产业龙头、打造形成一批产值上百亿支柱产业集群、加快培育一批新兴产业、创新突破一批行业关键技术、引进消化一批先进装备、改造提升一批传统企业、兼并重组一批关联企业，着力把工业打造为强势经济，赶上先进地区工业优化升级进程。长泰县近几年围绕打造"4+3"先进制造业体系，工业经济做大做强，龙头带动明显，初步形成四大主导产业、三大新兴产业。至2016年，全县有工业企业253家，产值上亿元企业105家，挂牌上市企业11家。长泰县重点强化工业园区开发，持续引进跨国公司、国内大型企业集团、行业龙头企业、知名品牌企业落地开发，积极培育本土民营经济和企业家，不断集合资源、集聚产业、集群发展，确保工业园区二次创业活动出成果。

三是实施人才强县战略。落实人才引进政策，完善人才服务。2015年，长泰县落实《关于进一步加快长泰县科学发展跨越发展的行动计划》《长泰县高新人才汇聚工程实施方案》等引才政策，为各类人才解决住房就医、子女教育、配偶就业等问题，扎实开展省引进高层次人才和市优秀人才评选申报工作，严格按照条件和程序做好推荐工作。加大释放人才政策红利，配套资金30万元奖励科技创业和企业管理高级人才，奖励120家

（名）在品牌创建、科技创新、发明专利等方面有突破的企业（个人）421.5万元。规范健全银塘人才服务中心，在兴泰开发区成立漳州市首个开发区人力资源服务中心，实现人才服务面全县覆盖。

四是建设合作平台，推动人才聚集。长泰县围绕现有产业布局，突出"高精尖缺"导向，树立柔性引才理念，精准引才、育才、用才。大力实施高新人才汇聚工程，与东华大学、陕西科技大学、厦门大学共建长泰县超纤新材料公共技术平台，与厦门大学物理与机电工程学院共建长泰县机电产学研创新服务平台，推动科技人才向企业集聚。大力实施"创新创业人才高地"建设工程，组织立达信申报福建省企业人才高地，并通过省级考评验收，成为福建省四家入围企业之一。启动福建省农业科学院果树研究所长泰现代果业博士专家工作站，构建高新技术产业发展新平台。进一步整合企业技术需求库、人才专家信息库、科研项目信息库、"产学研"成果库等资源，大力实施"联姻工程"，深化拓展校地企"产学研"合作。

五是精准定制科技创新路线。身处工业"二次创业"的长泰，多次组织项目技术对接活动，引导多家企业与高校签订了产学研合作协议。为确保校企间的精准对接、无缝对接，长泰县科技局自行研发出一套产学研合作管理系统。这一系统内含企业技术、人才需求信息、高校专家信息等9个数据库，截至2015年，已与全国25所著名高校的科技处、"产学研"合作处等部门联网。高校专家经过授权，可实时查看、查询或筛选适合自己研究领域的信息，就数据库内相关的技术或人才需求即时与企业通联。对系统中200多位已建立联系渠道的专家学者，除学术基本信息外，还会记录以往的互动信息、擅长领域等。此外，长泰县发展和改革委员会、各大银行等相关部门也可共享这一系统，促成更多的精准对接。

六是培育精致生态农业。长泰县大力发展品牌农业、生态农业、智慧农业，加快3个千亩现代农业产业园建设，壮大长泰芦柑、坂里龙柚、状元蜜橘等特色农业，推进"现代农业+互联网"发展。全县建成设施农业2490亩，培育市级以上农民专业合作社、农业龙头企业等25家，新认证"三品一标"产品53个。探索生产、生活、生态、生意"四生融合"发展模式，规划建设"一带一路"休闲农业产业，培育好种、好看、好玩、好卖、好赚"五好"新业态。目前,长泰县经营休闲农业企业 62 家,休闲农业与乡村旅游从业人员达 3 万多人,农村居民人均可支配收入连续 3 年保持 2 位数增长。

七是打造全域生态旅游。长泰县以"全域景区化"为目标,持续发展旅游业,规划文博馆(文庙)、龙人古琴、天成山、天柱山等文化旅游线路。推进古山重景区、古农古仓等旅游开发,落实酒店、旅游民宿、农家乐扶持政策。长泰县近几年推出"五慢生活""五古丰登"等精品线路和旅游品牌,连续举办全国登山精英赛、古琴文化艺术节等文体旅游节庆活动。近 3 年来,长泰县游客接待量年均增长 17.83%,旅游总收入年均增长 23.67%。

## (三)长泰县科技支撑生态文明建设的成效

长泰县科技支撑生态文明建设成效显著,连续多年全县空气质量达到国家一级标准,饮用水质达国家二类标准,是福建省首批国家级生态县,先后获评"国家园林县城""全省森林县城"等多项国家级、省级生态荣誉,成为漳州市"全域景区建设"典型样板。长泰经济开发区获评全国首批低碳工业园区试点,马洋溪生态旅游区获评福建省农村产业融合试点示范乡镇,古琴特色小镇纳入福建省首批 28 个特色小镇创建名单,APEC 海西文创项目被列入亚洲太平洋经济合作组织低碳示范城镇。长泰唯一连续 11 年获评"县域经济发展十佳县",各项主要经济指标总量或增幅保持漳州市前列,经济社会发展呈现增长较快、效益提升、重点突破、民生改善的良好态势。2017 年,长泰县实现地区生产总值 245 亿元,规模工业总产值 575.9 亿元,固定资产投资 270.2 亿元,一般公共预算总收入达 20.1 亿元,城镇居民人均可支配收入达 34638 元,农村居民人均可支配收入达 17701 元。

长泰县生态文明建设成果主要体现在以下几个方面:

一是产业结构持续优化,高新技术产业快速发展。"十二五"期间,长泰县工业初步形成四大主导产业和三大新兴产业的格局,新增规模工业企业 158 家,产值上亿元企业 105 家,挂牌上市企业 11 家,居漳州市前列。创新驱动明显,实现国家企业技术中心、国家智能制造试点示范企业零突破。园区提升明显,长泰经济开发区成为全国首批国家低碳工业园区试点。工业园区"二次创业"全面铺开，高端装备制造产业园等特色园区加快开发，大通互惠等优质项目相继落户，再造一个工业园区初步实现，先进制造业基地全新打造。

2018年，宏发电声等5家企业认定为省级龙头企业，立达信绿色照明获评全国制造业单项冠军企业，产值超亿元企业扩大到130家。新上规模企业8家，新增省级高成长型企业12家、外贸出口企业21家，数量居全市首位。技改投资完成75亿元，占工业投资比重60%，实施省级重点技改、两化融合项目23个，新增"专精特新"企业4家、国家级高新技术企业14家，大通互惠成为全国首个石油化工高端阀门生产基地智能制造技术中心。

二是现代农业得到发展。"十二五"期间，长泰县财政支农资金达15.87亿元，兑现现代农业发展专项资金3000万元，芦柑、龙柚等农业示范基地改造升级，精心建设了3万亩花卉走廊，推广设施农业2.2万亩，引进新品种63个。近两年，长泰县补充耕地1210亩，建设高标准农田2.2万亩，土地确权颁证全面完成。建立标准化栽培示范点13个，认证"三品一标"2个，创建现代农业产业园3个，新种名优农产品5700亩，新认证无公害农产品4个，新成立农民专业合作社37家，获评省级家庭农场示范场2家。长泰县成为国家农业可持续发展试验示范区。大湖山蜜柚、福源绿化苗木获评省级农民专业合作社示范社，合缘茶道荣获福建省名牌产品，两项农产品获"第十八届中国绿色食品博览会金奖"，建成了福建省最大的设施化畜禽养殖基地，农业发展水平得到进一步提升。漳州市旅投与绿港园合作项目稳步推进，现代农业品牌进一步打响。

三是乡村建设成果显著。长泰县连年投入专项资金，精心打造了16个美丽乡村示范点。2018年新建和改造农村污水处理设施62处，铺设乡镇污水管网28.5千米，拆旧4.5万平方米，绿化2万平方米。美丽乡村扫盲全覆盖，"户分类、村收集、镇转运、县处理"的垃圾处理模式有效运转，"垃圾不落地"做法得到推广，长泰县成为全国美丽乡村标准化建设试点县、福建省宜居环境建设示范县。

## 二、长泰县科技创新对生态文明建设贡献的主要指标分析

根据长泰县生态文明建设现状，从城镇化率、万元 GDP 能耗、人均可支配收入、第三产业增加值指标评价长泰县科技创新对生态文明建设的贡献。

### （一）城镇化率变化分析

长泰县 2012~2017 年城镇化率变化如图 10-8 所示，自 2012 年以来长泰县城镇化率逐年增长，2013 年起城镇化率超过 50%。2014~2016 年增长速度最快，每年超过 1.3%。城镇化的快速推进有利于长泰县的生态文明建设，提高居民生活水平。

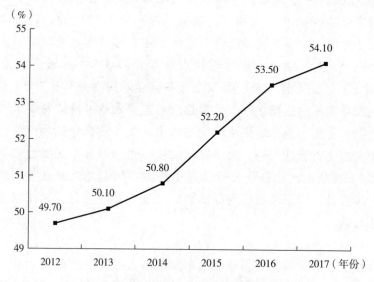

图 10-8　2012~2017 年长泰县城镇化率变化

资料来源：2012~2017 年《长泰县年鉴》、2012~2017 年《长泰县政府工作报告》。

### （二）万元 GDP 能耗变化分析

2010~2017 年长泰县万元 GDP 能耗变化如图 10-9 所示。万元 GDP 能耗是创造每万元所耗费的综合能源消费量。由图 10-9 可知，长泰县自

2010 年以来，万元 GDP 能耗呈逐年下降趋势，从 2010 年的 0.4788 吨标准煤/万元降至 2017 年的 0.3723 吨标准煤/万元。这是长泰县绿色发展理念的具体体现，也是产业结构优化的结果。

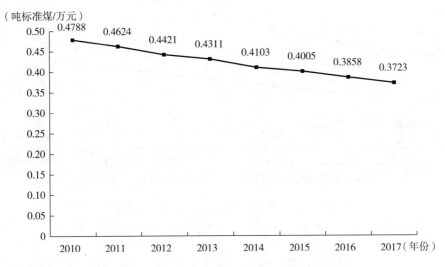

**图 10-9　2010~2017 年长泰县万元 GDP 能耗变化**

资料来源：2010~2017 年《长泰县年鉴》、2010~2017 年《长泰县政府工作报告》。

### （三）　人均可支配收入变化分析

2012~2018 年长泰县居民人均可支配收入变化如图 10-10 所示，长泰县居民人均可支配收入逐年增加，其中城镇居民人均可支配收入由 2012 年的 21176 元逐步增长到 2018 年的 37513 元；农村居民人均可支配收入由 2012 年的 10763 元逐步增长到 2018 年的 19152 元；但是城镇居民收入增加幅度明显超过农村居民，且存在一定的城乡差距扩大的问题。2012 年城镇农村居民人居可支配收入差为 10413 元，至 2018 年扩大至 18361 元。

### （四）　第三产业增加值分析

2014~2018 年长泰县第三产业增加值变化如图 10-11 所示，长泰县近 5 年第三产业增加值增长迅速，由 2014 年第三产业增加值 46 亿元增长至 2018 年接近 90 亿元，增长率约达到 95.65%。长泰县第三产业发展势头迅猛，有利于县域的生态文明建设。

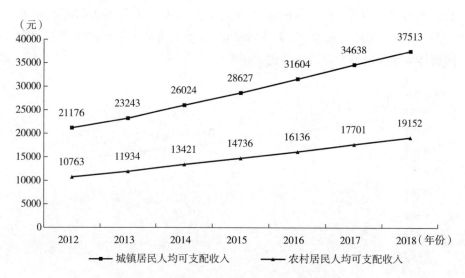

**图 10-10　2012～2018 年长泰县居民人均可支配收入变化**

资料来源：2012～2018 年《长泰县年鉴》、2012～2018 年《长泰县政府工作报告》。

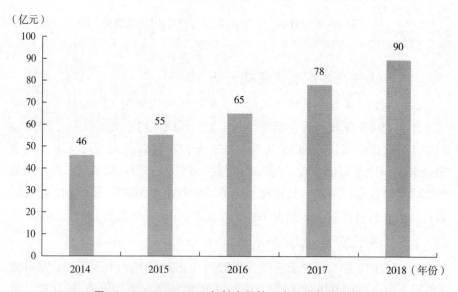

**图 10-11　2014～2018 年长泰县第三产业增加值变化**

资料来源：2014～2018 年《长泰县年鉴》、2014～2018 年《长泰县政府工作报告》。

## 三、长泰县科技创新对生态文明建设贡献的相关问题及建议

### (一) 存在的问题

生态文明建设是一个系统的工程，涉及的内容非常广泛，长泰县在生态文明建设实践中采取了一些措施，也积累了一些经验，但是还存在一些问题。

一是生态经济还需进一步优化。长泰县产业布局较为分散，旅游业布局以已有旅游资源的开发为主。长泰县三次产业之间相互关联和融合度不高，缺乏协同发展，缺乏高新技术战略性先导产业，农业发展与资源环境的矛盾依然存在。

二是生态环境质量还需进一步改善。相关数据显示，长泰县水环境质量呈逐年升高趋势，各断面主要污染物类别近年逐渐转为氨氮和总磷，污染物排放总量逐年增长，有水质富营养化趋势。

三是生态制度和文化建设还需进一步完善。长泰县的生态制度和文化建设在实施广度和深度上还有待加强，部门间关于自上而下进行区域空间规划仅限于各部门内部，没有协调一致自成体系，衔接度不够高。长泰县公众的生态文明意识已达到一定高度，但相关宣传教育的工作仍未到位，生态环保行为更多地表现在感性的认识和行为而缺乏理性的理解。

### (二) 对策及建议

针对长泰县生态文明建设存在的问题，提出如下对策建议：

一是加快优化生态经济。建议长泰县以生态工业、生态旅游业、生态农业三大体系为支撑，构建长泰县生态经济体系。发展电子信息、新材料、节能环保等高新产业，实现长泰县工业产业技术水平提升、生产效率提高、资源能源利用效率提升的目标，从而达到长泰县工业产业转型升级。

二是不断提升生态环境质量。可以通过控制主要污染物排放总量、降低排放强度，完善城乡基础设施，健全生态环境监管体制，修复已遭破坏的生态环境，加强饮用水源保护，确保水环境质量不降级，使长泰县生态

环境质量得到稳步提升，生态安全体系更加完善。

三是加强生态文明制度与文化建设。通过在政府层、企业、社会公众层面加强教育宣传、开放公共文化设施、创造读书学习环境氛围、建立有效的考核评估机制，培养节约环保消费模式等措施，加大生态文化建设投入，培育和构建生态文化体系，支撑长泰县生态文明建设有序推进。

# 第四节　辽宁省西丰县科技创新对生态文明建设的贡献

西丰县位于辽宁省东北部，是个"七山半水半分田，半分道路和庄园"的山区农业县，也是辽宁省林业重点县之一，享有中国梅花鹿之乡、中国柞蚕之乡、东北中草药之乡"三乡"美誉，森林覆盖率高达61%。西丰县提出了建设"生态郡、养生谷、健康城"的发展目标，2015年底完成了省级生态县创建并通过原辽宁省环境保护厅的验收，荣获"省级生态县"称号。

西丰县从2002年开始，就将生态建设列入了工作重点，在国家部委、辽宁省铁岭市相关政策部署下，制定了一系列科技支撑生态文明建设的行动实施方案，通过实施青山工程、碧水工程、蓝天工程、农村新能源建设和绿色产业开发等举措，以"科技、绿色、融合"为主题，打造"生态郡、养生谷、健康城"。全县生态环境保护工作取得积极成效。2014年，辽宁省铁岭市西丰县被确定为国家可持续发展实验区。从生态文明建设情况来看，西丰县 $SO_2$ 排放量和 COD 排放量均呈下降趋势，$SO_2$ 的年均下降率达到5.19%，COD 排放量年均下降率达到26.92%；西丰县空气质量（AQI）优良率及地表水达到或好于Ⅲ类水体比例均越来越高，地表水达到或好于Ⅲ类水体比例在2017年增长到100%，空气质量优良率也从2013年的67.6%上升到2017年的89.9%。但是，西丰县也存在生态环境建设的长效机制还没有建立起来、生态环境保护和经济发展之间的矛盾未解决、环境保护薄弱环节较突出等问题，也据此提出了相应对策建议。

# 一、西丰县科技创新对生态文明建设贡献的现状

## （一）西丰县生态文明建设主要政策

西丰县从 2002 年开始，将生态建设列入了人大工作重点，生态文明建设在政府的推动下，围绕生态文明建设制定的主要政策如表 10-7 所示。

**表 10-7　2003~2019 年西丰县生态文明建设主要政策**

| 时间 | 政策文件 | 相关内容 |
|---|---|---|
| 2003 年 | 中共西丰县委十二届党代会 | 提出"生态立县"的发展战略，将生态建设摆到了西丰县经济和社会发展的首要位置，拉开生态环境建设的序幕 |
| | 《西丰县关于加强生态建设的决定》 | 有力地支持了政府生态建设工作 |
| 2011 年 | 《西丰县 2011 年清理乱占林业用地工作实施方案》 | 为了加快西丰县生态环境建设进程，促进全县经济可持续发展，决定依法对乱占林业用地进行清理 |
| 2012 年 | 《西丰县林木采伐管理（暂行）办法》 | 对西丰县境内的森林主伐、更新采伐、抚育间伐、低产林改造、农民自用材林采伐等各类森林采伐作业进行管理 |
| 2012 年 | 《关于推进西丰县"工业五项工程"的实施意见》 | 提出要全力推动节能降耗和淘汰落后工作，立足绿色发展，推进五项节能降耗工程。严格按照环保、能耗、安全、质量、土地等方面的法律法规和标准，对不符合要求的落后产能坚决淘汰，对产能过剩行业坚持新增产能与淘汰产能"减量置换"或"等量置换" |
| 2016 年 | 《西丰县人民政府关于划定高污染燃料禁燃区的决定》 | 指出燃区内不得新建、改建、扩建高污染燃料燃用设施，对于现有的高污染燃料燃用设施，有关单位和个人应当按照要求予以拆除或者改造，改用天然气、液化石油气、电或者其他清洁能源 |
| 2017 年 | 《西丰县党委、政府及有关部门环境保护工作责任规定（试行）》 | 指出将环境保护科技进步纳入科学技术发展计划并组织实施。加强环境保护科学技术研究、开发和应用，提高环境保护科学技术水平 |

续表

| 时间 | 政策文件 | 相关内容 |
|------|----------|----------|
| 2018 年 | 《西丰县秸秆焚烧防控责任追究办法》 | 指出要有效防控农作物秸秆焚烧污染大气环境，落实秸秆焚烧防控责任 |
| | 《辽宁省打赢蓝天保卫战三年行动方案（2018—2020 年）》 | 要求深入调整能源结构、推进调整产业结构、积极调整交通运输结构，促进绿色低碳出行，深入治理扬尘污染，加强基础能力建设 |
| 2019 年 | 《西丰县集中式饮用水水源地环境保护专项行动实施方案》 | 依法依规完善保护区划定工作，健全完善保护区边界标志标识，认真整治保护区内环境违法问题，确保实现西丰县地表水集中式饮用水水源地水质保持与改善的目标 |

资料来源：国家部委、辽宁省、铁岭市、西丰县政府等网站公开资源。

## （二） 西丰县科技创新支撑生态文明建设的具体行动

"绿水青山就是金山银山"，西丰县始终把生态作为发展之基、立县之本，以守好"山青、水清、天蓝"为底线，将生态文明建设融入社会建设，融入民生建设，多措并举，多点齐发，全力推进生态文明建设。为早日将蓝图化为现实，西丰县进一步明晰了发展思路：通过生态保护，促进资源涵养；通过资源涵养，形成产业链条；通过产业链条，推动经济发展；通过经济发展，反哺生态建设。遵循这一符合县情的可持续发展的循环链，西丰县科学规划、强力推进、持之以恒，在发展中保护，在保护中发展，以良好的生态环境推动县域经济持续蓬勃发展。

西丰县深入推进"蓝天、碧水、青山、净土、农村环保"五大工程，努力改善全县环境质量；加强生态保护与建设，划定生态保护红线，实施重大生态修复工程，加强重要生态功能区保护与恢复；严格环境监管和执法，开展中央环境保护督察组交办问题"回头看"，继续开展环境保护大检查专项行动，积极推进体制机制改革，推进生态文明制度建设。

在以上政策和支持框架下，西丰县在科技促进生态文明建设实践方面具体有以下行动①：

1. 建立领导责任机制

西丰县坚定不移地实施"生态立县"战略，在领导责任机制建立方面的主要措施如下：

第一，建立统一协调和分工负责的工作机制。2004年西丰县政府成立了由县长任组长、主管农业副县长任副组长，林业、农村经济委员会、水利、畜牧、财政、环保等部门为成员单位的生态环境建设领导小组，并下设办公室在林业局，对成员单位进行了职责分工，落实任务，各乡镇也相应成立了生态建设领导组织，建立了统一协调和分工负责的工作机制。

第二，明确责任机制。西丰县政府与各乡镇政府、乡镇与各村之间都签订了生态环境建设责任状，西丰县委将生态环境建设工作任务纳入县直部门和各乡镇目标考核责任制当中，实行一票否决。

第三，加大监督力度。西丰县人大每年至少开展一次检查或视察活动，并且每年的人民代表大会都要听取审议县政府关于生态建设工作的报告，有力地促进了这项工作的开展。同时，为促进全县生态建设工作深入开展，形成良好社会氛围，县委、人大和政府积极组织广泛宣传加强生态环境建设的目的和重大意义。

第四，加大宣传力度。西丰县成立了由宣传部、文明办、广播局、教委、林业、农业、畜牧、环保、共青团等部门参加的宣传组织，在西丰有线电视台开办了专栏；西丰县乡政府每年都印发了大量的有关封山林禁牧、严禁开荒种植等保护生态的宣传通告；县人大常委会专题召开各乡镇和县直有关部门参加的生态环境建设宣传座谈会，人大常委会副主任刘学增同志在有线电视台做了加强生态环境建设的专题讲话，极大地激发和鼓舞了全县干部群众加强生态建设的士气和热情，为全县生态环境建设工作顺利推进营造了良好的社会氛围。

2. 实施青山工程：植树造林和退耕还林

西丰县进行生态环境建设工作首要任务是开展植树造林和认真清理各类开荒种植、实施退耕还林青山工程。西丰县通过转变机制、落实各项林

_____

① 文中所涉及的数据，均整理自国家部委、辽宁省、铁岭市、西丰县政府等网站公开资源，包括政府工作报告、新闻报道等。

业发展政策、清理开荒种植，植树造林和退耕还林的积极性逐年高涨，造林数量和质量连年攀升。西丰县持续开展青山工程，形成"三退一围一补"（即"小开荒"还林、超坡地还林、明显沙化蚕场还林、林源空地补植、生态围栏）西丰县独有模式。

一是植树造林成果显著。共完成"小开荒"清退还林 4.19 万亩，退坡地还林 4.3 万亩，围栏封育 749 千米，补植、补造 4600 亩，栽植各类苗木 3300 万株；大力实施造林绿化工程，3 年来，全县共完成人工造林 3.4 万亩，封山育林 16.6 万亩，退化林分修复 2.5 万亩，村屯绿化 84 个，义务植树 300 万株。以实施青山工程为重点，加强生态环境保护建设工作。

二是闭坑矿生态治理效果明显。经过积极向上争取，闭坑矿生态治理项目成功落户西丰，共争取资金 1500 万元，治理面积 1260 亩，重点对山体裸露、滑坡、高速公路取土等生态破坏严重的地段实施生态治理，共完成 31 处、16 个标段，栽植樟子松、云杉等树种 63 万株，爬山虎 8 万延长米，有效地恢复了植被，消除了地质灾害隐患。

三是封山禁牧工作全面加强。西丰县自 2002 年实行封山禁牧以来，西丰县委、县政府高度重视此项工作，将封山禁牧纳入年终考核。按照辽宁省政府封山禁牧工作要求，进一步加大封山禁牧工作力度，加强宣传，落实责任，坚决制止野外放牧行为，做到全年死封死禁。

3. 封山禁牧与蚕场生态建设

西丰县实施封山禁牧是保护森林和地表植被最直接和最有效的措施，具体行动措施如下：

首先，全县所有山地实行长期封育，全年禁牧，并大力推行牛羊的舍饲圈养，不准牛羊上山，严禁打柴、剥树皮、挖树根、开荒种植农作物、开砂、采石、挖沙、取土等破坏森林植被行为。

其次，对现有森林资源进行分类经营，全县共划定公益林 56461.2 公顷，全县普遍建立了护林组织，聘任监管员 80 人，护林员 527 人，并明确职责、签订管护合同，落实了责任；为有效实行全年禁牧、实行牛羊舍饲圈养，积极组织和引导农民推行饲养方式转变和饮料改革。3 年来，建畜牧小区 9 个，种植牧草 3.5 万亩，建青贮窖 1000 多个，秸秆贮运 9000 万公斤，推广各种饲料机械 3000 多台（套），目前，全县牛羊基本实现舍饲圈养。

最后，针对西丰柞蚕场比重较大（占全县有林面积的 30% 多）且稀疏、砂化、退化蚕场占有相当比例的实际情况，将蚕场生态建设列为重点之一，近 3 年来从完善承包合同、延长蚕场承包期、对稀疏蚕场进行柞树补植、对严重退化、沙化蚕场实行封育等方面加强柞蚕场生态建设。全县共投入 32 万元补贴蚕农 400 户，植柞蚕场 6.7 万亩；封育柞蚕场 19 万亩，停蚕育林 3 万亩，3000 多份蚕场承包合同进行了完善，柞蚕场生态功能提高。

4. 实施碧水工程

西丰县以实施碧水工程为关键，加强生态环境保护建设工作，主要体现在以下几个方面：

第一，加大了基础设施建设力度。在 2003 年实施了"引宝入丰"工程，投资 2800 多万元，将宝兴水库水源引入西丰县城，并建净水厂，使县城日供水能力比原来提高 1 万多吨；2004 年正式开始进行诚信水库建设工程，总投资约为 1.6 亿元，将建成总库容量达 3294 万立方米，兴利库容 2052 万立方米的中型水库；建设农村饮水安全工程 61 处，解决 30054 人的饮水不安全问题；打水源井 577 眼，完成节水增粮、节水滴灌工程 5.5 万亩；投资 150 万元，完成水库除险加固工程 1 座；投资 470 万元，完成小型泵站维修 24 座；投资 498 万元，完成水利工程维修养护 35 处；投资 200 万元，完成小型农田水利建设工程 10 处。

第二，加强水源地保护和水污染防治。对诚信水库进行小流域治理和河道垃圾清理，城市集中式饮用水源水质达标率 100%；严格开展环境执法监管，确保县生活污水处理厂、工业园区污水处理厂稳定运行，水质环境得到明显改善。2017 年铁岭市和西丰县人民政府共同启动生活污水处理厂提标扩建工程，项目总投资 3570 万元。工程建成投入使用后，西丰县生活污水处理厂的污水处理能力将由每天 1.5 万吨提高到 2.5 万吨，污水处理后出水水质由一级 B 提高到一级 A 标准。

第三，加快推进碧水工程。累计投入资金 1.6 亿元，完成河道治理 156 千米。被当地人民称为"小西湖"的寇河湿地公园，2018 年新栽植的荷花已竞相开放，规划面积达 133.44 公顷，是省级湿地公园，目前已完成 16.5 万平方米的碧荷园湿地和月亮湖湿地建设。寇河湿地公园已成为西丰县生态工程和百姓幸福工程的代表之一。

5. 农村新能源建设和绿色产业开发

农村能源建设是解决林柴矛盾，减少林木资源消耗的重要措施。西丰县在农村新能源建设和绿色产业开发方面的具体措施如下：

第一，减少了林木资源消耗。全县建成北方"四位一体"生态模式户100户，被动式太阳能房 4000 平方米，高效预制组装架空炕灶 2000 铺，中型沼气池 2 座。仅柏榆乡鹿鸣村生态园的 50 个集中连片"四位一体"大棚每年所提供的沼气能源可节省烧柴 150 多吨，全县每年可节省枝柴6942 吨，相当于减少林木消耗近 9000 万立方米，获益 200 多万元。

第二，加快了绿色、无公害农产品开发生产。绿色、无公害农产品不仅有利于食品安全和人民身体健康，还可大大减少化肥、农药对生态环境的污染。几年来，共完成全县土地环评 261 万亩；取得绿色标识 7 项，生产面积达 8.5 万亩；无公害农产品认证 6 项，面积达 8.9 万亩，正在审无公害农产品 6 项，面积达 41.8 万亩，届时西丰将有 38 万亩玉米无公害生长。

第三，深入实施宜居乡村工程。累计投入资金 20128 万元，建设垃圾处理厂 3 个、填埋场和填埋点 75 个，植树 66 万株。及时召开县宜居乡村建设工作会议，制定《西丰县人民政府关于开展宜居乡村建设的实施意见》，出台农村环境整治实施方案，确定 4 个试点乡镇和 40 个试点村。2014 年，共清理路边、宅边、水边、田边等各种垃圾 13200 吨，集贸市场31 个，柴草垛 1112 个，粪便堆 791 个，杂物堆 1094 个。新建垃圾填埋场和填埋点 75 个、处理场 3 个、收集池 93 个、收集箱 96 个。植树 26 万株，新安路灯 1980 盏，新建文化广场 30 个。配备保洁员 116 人、垃圾清运车18 台。村屯环境发生深刻变化，环境整治排名保持铁岭市前两名。

6. 部署蓝天工程

西丰县保障环保督察问题整改落实的措施之一是部署蓝天工程。在开展贯彻落实中央环保督察反馈问题整改工作中，西丰县坚决贯彻落实中央决策部署，切实把环境保护摆在更加突出的位置，严格落实"党政同责、一岗双责"要求，强化生态文明建设和环境保护考核评价，严格责任追究，进一步加大环境保护投入力度。加快结构调整和促进产业转型升级，充分发挥规划引领和标准倒逼作用，坚决化解过剩产能，坚决调整能源结构，扎实推进节能减排。

从 2018 年初开始，西丰县实施了"蓝天工程"，加快集中供热工程建设、全面淘汰 10 吨及以下燃煤小锅炉、深化 10 吨以上燃煤锅炉全面达标治理、20 吨以上燃煤锅炉安装在线监控设施并与环保部门联网。到目前为止，已经拆除 10 吨以下锅炉 6 台，停止运行 5 台。同时西丰县还加快了重点行业污染治理，加大施工、道路、采矿区扬尘整治、加强城乡绿化，通过一系列措施的实施，有效治理了大气污染，让西丰县的天空更蓝、空气更清新。主要措施有以下几点：

一是有序推进专项整治活动。开展大气污染治理和秸秆燃烧等专项整治活动；全面加强机动车排气污染监管工作，机动车排气达标率达到 80%以上；依法整治超标排气企业，西丰县污染企业达标排放率达到 80%以上。

二是扎实有效开展重点工作。建成寇河、碾盘河、猪咀河三个流域农村中心环保所，实现 18 个乡镇农村环保工作全覆盖。完成 19 个加油站油气回收工作。同时，加强环境监测，争取上级资金 100 万元，配备完善大气监测设备，完成监测站化验室升级改造工程，监测水平明显提高。全年城区环境空气质量二级以上达标天数达 350 天。

## （三）西丰县科技创新支撑生态文明建设成效

2014 年，西丰县政府牢固树立"生态立县、生态兴县、生态强县"理念，以创建省级生态县和生态文明示范县为目标，以实施"宜居乡村"工程为抓手，大力开展"青山、碧水、蓝天"工程，坚持走可持续发展之路，认真贯彻执行《西丰县人大常委会关于加强生态环境建设的决定》，将加强和保护生态环境放在经济社会发展的突出位置，生态环境建设多项工作取得新突破。2015 年底完成了省级生态县创建并通过原辽宁省环境保护厅的验收，荣获"省级生态县"称号。目前，西丰县可持续发展的循环链已经形成，其在保护中发展、在发展中保护的成功实践也受到了辽宁省委领导的高度肯定。科技支撑生态文明建设成效如下：

一是造林绿化工作进一步加强。投资 3441 万元，完成造林绿化 4.1 万亩，其中，清退"小开荒"还林 2 万亩，退坡地还林 2.1 万亩；投资 525 万元，实施围栏封育 150 千米；投资 2818 万元，新植、改造经济林 8.4 万亩；投资 520 万元，实施森林抚育工程 5.2 万亩，全县森林覆盖率达到

60.47%。陶然镇绿色生态经济长廊被评为省级精品工程，寇河湿地公园被评为省级湿地公园。

二是生态资源积蓄进一步提高。在科学的规划下，西丰县一系列生态保护工作的开展，进一步促进了当地生态资源的积蓄，全县有林面积达到16.2万公顷，活立木积蓄量达820万立方米，多年看不到的狐狸、狍子、苍鹭、野猪等又回到了山林，当地空气中每立方厘米负氧离子含量均值达1.3万个，超过世界卫生组织标准13倍。

总体来看，西丰县生态环境保护工作取得积极成效，科技创新支撑生态文明建设的成效逐渐显著。西丰县也因此被评为国家级可持续发展实验区、生态保护与建设示范区。

## 二、西丰县科技创新对生态文明建设贡献的相关指标分析

### （一）西丰县 $SO_2$ 排放量和COD 排放量指标分析

西丰县 $SO_2$ 排放量和COD 排放量变化趋势如图 10-12 所示。西丰县 $SO_2$ 排放量和COD 排放量变化均呈下降趋势。$SO_2$ 排放量由 2011 年的 5968 吨下降到 2017 年的 4405 吨，下降率达 26.19%；COD 排放量始终保持下降的趋势，从 2012 年的 11539 吨的排放量下降到 2017 年的 3504 吨，下降率达到 69.63%。总体来看，西丰县污染排放控制良好。

### （二）西丰县空气质量优良率及地表水达到或好于Ⅲ类水体比例分析

西丰县空气质量（AQI）优良率及地表水达到或好于Ⅲ类水体比例如图 10-13 所示，西丰县空气质量（AQI）优良率及地表水达到或好于Ⅲ类水体比例均越来越高。2013~2017 年地表水达到或好于Ⅲ类水体比例不断上升，至 2017 年达到 100%，年均增长率达到 35.8%。空气质量优良率也从 2013 年的 67.6% 上升到 2017 年的 89.9%，年均增长率达到 7.39%。可见，西丰县的空气质量及地表水质量有了很大的提升。

**图 10-12　2010~2017 年西丰县 SO$_2$ 排放量和 COD 排放量情况**

资料来源：西丰县统计局依申请公开数据。

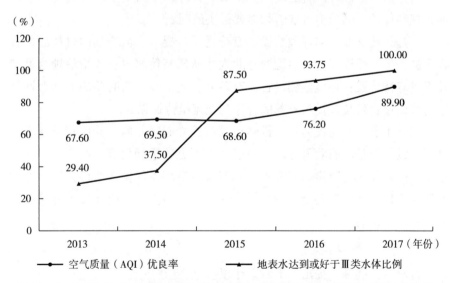

**图 10-13　2013~2017 年西丰县空气质量优良率及地表水达到或好于 III 类水体比例**

资料来源：西丰县统计局依申请公开数据。

## 三、西丰县科技创新对生态文明建设贡献的相关问题及建议

### （一）存在的问题

西丰县虽然在生态环境建设工作中取得一定成绩，但仍然存在如下问题：

一是科技支撑生态环境建设的政策体系有待进一步完善。尽管西丰县在生态文明建设过程中已经制定了一系列的规划、政策与方案，取得了一定成效，但是如何把国家、省市各级政策落实到位，如何结合西丰县实际，创造性制定出符合县情的低碳、环保、可持续发展的政策，则是未来必须解决的现实问题。

二是生态保护与发展的矛盾突出。乱占林地、上山放牧、乱堆乱放等破坏生态环境的现象还时有发生。生态隐患问题严重，如何处理好发展与保护的关系，把握好两者之间的平衡点，确保西丰县的生态环境得到有效的管理和保护，已成为目前迫切需要解决的问题。

三是科技支撑生态环境建设还有待进一步提升。清丰县的科技研发投入不高；生态环境保护与治理的专业人才队伍有待培养；环境治理与低碳技术等有待普及；环境监测设备相对落后，线上线下实时监测的动态网络还有待建设；科技人员与外部的合作与交流亟待加强等。

四是生态文明建设的长效机制还没有建立起来。西丰县比较重视生态文明建设，但是政府看得见的手与市场看不见的手如何有机结合，如何改变资金投入渠道主要靠国家为主，如何对生态环境保护违法行为进行有效监测与管理，如何调动公众的积极性并积极参与生态文明建设等方面都需要建立长效机制。

### （二）对策及建议

针对以上问题，提出如下对策建议：

一是进一步完善生态文明建设的政策体系。尽快制定适合西丰生态县建设的法规政策体系，颁布生态县建设政策；加强部门协调配合，消除生态文明建设政策的"缺位"与"越位"；与现行环境管理制度相结合，将

生态县建设规划的实施与目标责任制相结合；将生态文明建设成效作为部门考核的主要指标，实行"一票否决制"等。通过这些完善生态文明建设的政策，为西丰县加快生态文明建设保驾护航。

二是促进生态环境保护和经济发展协同共生。在造林绿化上，按照适地适树的原则，以林种、树种结构调整为主线，以低产林改造为突破口，全面提高造林质量，积极推广应用造林新技术，提高造林成活率；在森林资源管护上，加大中幼林抚育力度，逐年削减采伐限额，保持森林资源的连续性，提高森林净蓄积；农村能源建设上，注重推广"四位一体"生态模式户、秸秆气化等农村新能源技术；在小流域综合治理上，实行山、水、林、田、路综合治理；切实加快生态蚕场、优质饲料作物种植、绿色食品开发、环境污染防治与保护步伐，提高生态环境建设与经济发展协调水平。

三是加大科技创新支撑生态环境建设力度。生态环境建设是系统化复杂工程，涉及工业、农业各个领域，必须尊重科学、依靠科技，实现治理环境科学化，才能实现标本兼治，全面恢复生态功能。加大生态文明建设的研发投入；加强生态文明建设专业人才与复合型人才队伍建设；推动生态环境治理、节能环保、低碳能源技术、有机农业等创新成果在西丰县转移转化，支撑国家级可持续发展实验区、生态保护与建设示范区更上新台阶；以"互联网+生态文明建设"为切入点，建立线上线下实时的生态环境监测网络；扩大国内外合作与交流；推进生态产业、技术、产品标准化与规范化。

四是建立生态文明建设的长效机制。成立生态县建设领导小组，由县长亲自带头，各分管副县长和相关部门负责人为生态县建设领导小组成员，全面负责协调生态县在建设实施过程中的领导和决策。坚持环保投入优先原则，并积极争取国家、省级与市级生态补偿资金，将农村生态环境综合整治专项资金列入污染防治资金预算；建立和健全自然资源与环境补偿机制；发挥政府资金的引导作用，吸引社会资本投入生态文明建设，拓宽生态建设项目融资渠道；建立公众参与的生态文明建设动态监测与管理的长效机制，公开环保政务信息、扩大公民对生态建设的知情权、参与权、监督权，使违纪违法行为无处遁形。

# 参考文献

[1] 白春礼. 科技支撑我国生态文明建设的探索、实践与思考 [J]. 中国科学院院刊, 2013, 28 (2): 125-131.

[2] 陈浩, 陈平, 罗艳. 京津冀地区环境效率及其影响因素分析 [J]. 生态经济, 2015, 31 (8): 142-146, 150.

[3] 陈军, 徐士元. 技术进步对中国能源效率的影响: 1979～2006 [J]. 科学管理研究, 2008 (1): 9-13.

[4] 成艾华. 技术进步、结构调整与中国工业减排——基于环境效应分解模型的分析 [J]. 中国人口·资源与环境, 2011, 21 (3): 41-47.

[5] 成金华, 陈军, 李悦. 中国生态文明发展水平测度与分析 [J]. 数量经济技术经济研究, 2013, 30 (7): 36-50.

[6] 程中华, 李廉水, 刘军. 环境约束下技术进步对能源效率的影响 [J]. 统计与信息论坛, 2016, 31 (6): 70-76.

[7] 付丽娜, 陈晓红, 冷智花. 基于超效率 DEA 模型的城市群生态效率研究——以长株潭 "3+5" 城市群为例 [J]. 中国人口·资源与环境, 2013, 23 (4): 169-175.

[8] 高珊, 黄贤金. 基于绩效评价的区域生态文明指标体系构建——以江苏省为例 [J]. 经济地理, 2010, 30 (5): 823-828.

[9] 龚勤林, 曹萍. 省区生态文明建设评价指标体系的构建与验证——以四川省为例 [J]. 四川大学学报 (哲学社会科学版), 2014 (3): 109-115.

[10] 郭四代, 仝梦, 郭杰, 韩玥. 基于三阶段 DEA 模型的省际真实环境效率测度与影响因素分析 [J]. 中国人口·资源与环境, 2018, 28 (3): 106-116.

[11] 何小钢, 张耀辉. 技术进步、节能减排与发展方式转型——基

于中国工业 36 个行业的实证考察 [J]．数量经济技术经济研究，2012（3）：19-33.

[12] 雷婷婷，杨喜光，李毓倩．我国金融业可持续发展指标体系构建与评价 [J]．统计与决策，2014（14）：72-73.

[13] 李艳芳，曲建武．城市生态文明建设评价指标体系设计与实证 [J]．统计与决策，2018，34（5）：57-59.

[14] 李勇，周学馨．基于模糊灰色统计的生态文明建设综合评价研究 [J]．重庆工商大学学报（自然科学版），2013，30（3）：35-38.

[15] 刘衍君，张保华，曹建荣，陈伟．省域生态文明评价体系的构建——以山东省为例．安徽农业科学，2010，38（7）：3676-3678.

[16] 齐心．生态文明建设评价指标体系研究 [J]．生态经济，2013，（12）：182-186.

[17] 世界可持续发展年度报告研究组．2015 世界可持续发展年度报告 [M]．北京：科学出版社，2015.

[18] 王锋，冯根福．基于 DEA 窗口模型的中国省际能源与环境效率评估 [J]．中国工业经济，2013（7）：56-68.

[19] 王俊能，许振成，胡习邦，彭晓春，周杨．基于 DEA 理论的中国区域环境效率分析 [J]．中国环境科学，2010，30（4）：565-570.

[20] 玮娜．中国环境污染治理科技创新及其机制研究 [J]．科学管理研究，2017，35（3）：30-33.

[21] 魏晓双．中国省域生态文明建设评价研究 [D]．北京林业大学博士学位论文，2013.

[22] 武春友，吴琦．基于超效率 DEA 的能源效率评价模型研究 [J]．管理学报，2009，6（11）：1460-1465.

[23] 吴明红．中国省域生态文明发展态势研究 [D]．北京林业大学博士学位论文，2012.

[24] 向丽．中国省域科技创新与生态环境协调发展的时空特征 [J]．技术经济，2016，35（11）：28-35.

[25] 徐娟，梁称福．县域生态文明建设指标体系初探 [J]．中南林业科技大学学报，2015，9（3）：24-28.

[26] 许力飞．我国城市生态文明建设评价指标体系研究——以武汉

市为例［D］.中国地质大学博士学位论文，2014.

［27］张欢，成金华，冯银，陈丹，倪琳，孙涵等.特大型城市生态文明建设评价指标体系及应用［J］.生态学报，2015，35（2）：547-556.

［28］张欢，成金华，陈军.中国省域生态文明建设差异分析［J］.中国人口·资源与环境，2014（6）：22-29.

［29］张静，尚清芳.城市生态文明建设评估指标体系及评估方法研究——以甘肃省陇南市为例［J］.荆楚理工学院学报，2012，27（7）：56-61.

［30］张伟，蒋洪强，王金南，曾维华，张静.科技创新在生态文明建设中的作用和贡献［J］.中国环境管理，2015，7（3）：52-56.

［31］赵卉卉.基于物质流和生态足迹的可持续发展指标体系构建——以安徽省铜陵市为例［J］.生态学报，2012，32（7）：2025-2032.

［32］赵领娣，郝青.人力资本和科技进步对能源效率的影响效应——基于区域面板数据［J］.北京理工大学学报（社会科学版），2013，15（1）：19-25，33.

［33］朱成全，蒋北.基于HDI的生态文明指标的理论构建和实证检验［J］.自然辩证法研究，2009，25（8）：114-118.

［34］An Q., Pang Z., Chen H., Liang L. Closest targets in environmental efficiency evaluation based on enhanced Russell measure［J］.Ecological Indicators, 2015 (51)：59-66.

［35］Ananda J., Hampf B. Measuring environmentally sensitive productivity growth：An application to the urban water sector［J］.Ecological Economics, 2015 (116)：211-219.

［36］Arabi B., Munisamy S., Emrouznejad A., Shadman F. Power industry restructuring and eco-efficiency changes：A new slacks-based model in Malmquist-Luenberger Index measurement［J］.Energy Policy, 2014 (68)：132-145.

［37］Arabi B., Doraisamy S. M., Emrouznejad A., Khoshroo A. Eco-efficiency measurement and material balance principle：An application in power plants Malmquist Luenberger index［J］.Annals of Operations Research, 2017, 255 (1-2)：221-239.

［38］Balezentis T., Li T. X., Streimikiene D., Balezentis A. Is the

Lithuanian economy approaching the goals of sustainable energy and climate change mitigation? Evidence from DEA-based environmental performance index [J]. Journal of Cleaner Production, 2016 (116): 23-31.

[39] Cai B., Wang J., He J., Geng Y. Evaluating $CO_2$ emission performance in China's cement industry: An enterprise perspective [J]. Applied Energy, 2016 (166): 191-200.

[40] Charnes A., Cooper W. W., Rhodes E. Measuring the efficiency of decision making units [J]. European Journal of Operational Research, 1978, 2 (6): 429-444.

[41] Camioto F. D. C., Mariano E. B., Rebelatto D. A. D. Efficiency in Brazil's industrial sectors in terms of energy and sustainable development [J]. Environmental Science and Policy, 2014 (37): 50-60.

[42] Chen L., Wang Y. M., Lai F. J., Feng F. An investment analysis for China's sustainable development based on inverse data envelopment analysis [J]. Journal of Cleaner Production, 2017 (142): 1638-1649.

[43] Chen Y. X., Han Y. M., Zhu Q. X. Energy and environmental efficiency evaluation based on a novel data envelopment analysis: An application in petrochemical industries [J]. Applied Thermal Engineering, 2017 (119): 156-164.

[44] Chung Y. H., Färe R., Grosskopf S. Productivity and undesirable outputs: A directional distance function approach [J]. Journal of Environmental Management, 1997, 51 (3): 229-240.

[45] Dong F. X., Mitchell P. D., Colquhoun J. Measuring farm sustainability using data envelope analysis with principal components: The case of Wisconsin cranberry [J]. Journal of Environmental Management, 2015 (147): 175-183.

[46] Dong X., Zhang X. Y., Zeng S. Y. Measuring and explaining eco-efficiencies of wastewater treatment plants in China: An uncertainty analysis perspective [J]. Water Research, 2017 (112): 195-207.

[47] Egilmez G., Gumus S., Kucukvar M., Tatari O. A fuzzy data envelopment analysis framework for dealing with uncertainty impacts of input-output

life cycle assessment models on eco - efficiency assessment ［J］. Journal of Cleaner Production, 2016 (129): 622-636.

［48］ Emrouznejad A., Yang G. L. A framework for measuring global Malmquist-Luenberger productivity index with $CO_2$ emissions on Chinese manufacturing industries ［J］. Energy, 2016 (115): 840-856.

［49］ Fan M. T., Shao S., Yang L. L. Combining global Malmquist-Luenberger index and generalized method of moments to investigate industrial total factor $CO_2$ emission performance: A case of Shanghai (China) ［J］. Energy Policy, 2015 (79): 189-201.

［50］ Färe R., Grosskopf S., Pasurka C. A. Environmental productionfunctions and environmental directional distance functions ［J］. Energy, 2007, 32 (7): 1055-1066.

［51］ Galán-Martín A., Guillen-Gosalbez G., Stamford L., Azapagic A. Enhanced data envelopment analysis for sustainability assessment: A novel methodology and application to electricity technologies ［J］. Computers and Chemical Engineering, 2016 (90): 188-200.

［52］ Gerdessen J. C., Pascucci S. Data envelopment analysis of sustainability indicators of European agricultural systems at regional level ［J］. Agricultural Systems, 2013 (18): 78-90.

［53］ Gimenez V., Thieme C., Prior D. Comparing the performance of national educational aystems: Inequality versus achievement? ［J］. Social Indicators Research, 2019, 141 (2): 581-609.

［54］ Golany B., Roll Y. An application procedure for DEA ［J］. Omega-International Journal of Management Science, 1989, 17 (3): 237-250.

［55］ Gokgoz F., Guvercin M. T. Energy security and renewable energy efficiency in EU ［J］. Renewable and Sustainable Energy Reviews, 2018 (96): 226-239.

［56］ Gomes E. G., Mello J. C. C. B. S., Souza G. D., Meza L. A., Mangabeira J. A. D. Efficiency and sustainability assessment for a group of farmers in the Brazilian Amazon ［J］. Annals of Operations Research, 2009, 169 (1): 167-181.

［57］He J. , Wan Y. , Feng L. , Ai J. , Wang Y. An integrated data envelopment analysis and emergy-based ecological footprint methodology in evaluating sustainable development: A case study of Jiangsu Province, China ［J］. Ecological Indicators, 2016 (70): 23-34.

［58］Koeijer T. J. , Wossinik G. A. A. , Smit A. B. , Janssens S. R. M. , Renkema J. A. , Struik P. C. Assessment of the quality of farmers' environmental management and its effects on resource use efficiency: A Dutch case study ［J］. Agricultural Systems, 2003, 78 (1): 85-103.

［59］Li D. S. , Wu R. W. A dynamic analysis of green productivity growth for cities in Xinjiang ［J］. Sustainability, 2018, 10 (2): 1-13.

［60］Li K. , Lin B. Meta-frontier energy efficiency with $CO_2$ emissions andits convergence analysis for China ［J］. Energy Economics, 2015 (48): 230-241.

［61］Li W. D. , Hilmola O. P. , Panova Y. Container sea ports and dry ports: Future $CO_2$ emission reduction potential in China ［J］. Sustainability, 2019, 11 (6): 1515.

［62］Liu C. C. , Cheng A. C. , Chen S. H. A Study for sustainable development in optoelectronics industry using multiple criteria decision making methods ［J］. Technological and Economic Development of Economy, 2017, 23 (2): 221-242.

［63］Maziotis A. , Molinos-Senante M. , Sala-Garrido R. Assessing the impact of quality of service on the productivity of water industry: A malmquist-luenberger approach for England and Wales ［J］. Water Resources Management, 2017, 31 (8): 2407-2427.

［64］Oh D. H. A global Malmquist-Luenberger productivity index ［J］. Journal of Productivity Analysis, 2010, 34 (3): 183-197.

［65］Pahlavan R. , Omid M. , Akram A. Energy use efficiency in greenhouse tomato production in Iran ［J］. Energy, 2011, 36 (12): 6714-6719.

［66］Qin Q. , Li X. , Li L. , Zhen W. , Wei Y. M. Air emissions perspective on energy efficiency: An empirical analysis of China's coastal areas ［J］. Applied Energy, 2017 (185): 604-614.

［67］Rebolledo‐Leiva R., Angulo‐Meza L., Iriarte A., González‐Araya M. C. Joint carbon footprint assessment and data envelopment analysis for the reduction of greenhouse gas emissions in agriculture production ［J］. Science of the Total Environment, 2017 (593): 36-46.

［68］Ren W. H., Ji, J. Y., Chen L., Zhang Y. Evaluation of China's marine economic efficiency under environmental constraints-an empirical analysis of China's eleven coastal regions ［J］. Journal of Cleaner Production, 2018 (184): 806-814.

［69］Robaina‐Alves M., Moutinho V., Macedo P. A new frontier approach to model the eco‐efficiency in European countries ［J］. Journal of Cleaner Production, 2015 (103): 562-573.

［70］Schoenherr T., Talluri S. Environmental sustainability initiatives: A comparative analysis of plant efficiencies in Europe and the U. S ［J］. IEEE Transactions on Engineering Management, 2013, 60 (2): 353-365.

［71］Shortall O. K., Barnes A. P. Greenhouse gas emissions and the technical efficiency of dairy farmers ［J］. Ecological Indicators, 2013 (29): 478-488.

［72］Song M., Zheng W., Wang S. Measuring green technology progress in large‐scale thermoelectric enterprises based on Malmquist‐Luenberger life cycle assessment ［J］. Resources Conservation and Recycling, 2017 (122): 261-269.

［73］Sueyoshi T., Goto M. Investment strategy for sustainable society by development of regional economies and prevention of industrial pollutions in Japanese manufacturing sectors ［J］. Energy Economics, 2014 (42): 299-312.

［74］Sueyoshi T., Yuan Y. Social sustainability measured by intermediate approach for DEA environmental assessment: Chinese regional planning for economic development and pollution prevention ［J］. Energy Economics, 2017 (66): 154-166.

［75］Shi X. A., Li L. S. Green total factor productivity and its decomposition of Chinese manufacturing based on the MML index: 2003-2015 ［J］. Journal of Cleaner Production, 2019 (222): 998-1008.

［76］Tao F., Zhang H., Hu J., Xia X. H. Dynamics of green productivity growth for major Chinese urban agglomerations [J]. Applied Energy, 2017 (196): 170-179.

[77] Walheer B., Zhang L. Profit Luenberger and Malmquist-Luenberger indexes for multi-activity decision making units: The case of the star-rated hotel industry in China [J]. Tourism Management, 2018 (69): 1-11.

[78] Wang X. L., Shao Q. L. Non-linear effects of heterogeneous environmental regulations on green growth in G20 countries: Evidence from panel threshold regression [J]. Science of the Total Environment, 2019 (660): 1346-1354.

[79] Wang H., Zhou P., Wang Q. Constructing slacks-based composite indicator of sustainable energy development for China: A meta-frontier nonparametric approach [J]. Energy, 2016 (101): 218-228.

[80] Wang Y., Shen N. Environmental regulation and environmental productivity: The case of China [J]. Renewable and Sustainable Energy Reviews, 2016 (62): 758-766.

[81] Wang K., Wei Y. M., Huang Z. Environmental efficiency and abatement efficiency measurements of China's thermal power industry: A data envelopment analysis based materials balance approach [J]. European Journal of Operational Research, 2018, 269 (1): 35-50.

[82] Wang X. L., Sun C. J., Wang S. Going green or going away? A spatial empirical examination of the relationship between environmental regulations, biased technological progress, and green total factor productivity [J]. International Journal of Environmental Research and Public Health, 2018, 15 (9): 1917.

[83] Wei Y., Li Y., Wu M., Li Y. The decomposition of total-factor $CO_2$ emission efficiency of 97 contracting contries in Paris Agreement [J]. Energy Economics, 2019 (78): 365-378.

[84] Woo C., Chung Y., Chun D., Seo H., Hong S. The static and dynamic environmental efficiency of renewable energy: A Malmquist index analysis of OECD countries [J]. Renewable and Sustainable Energy Reviews, 2015 (47): 367-376.

［85］ Wu L. P. , Chen Y. , Feylizadeh M. R. , Liu W. J. Estimation of China's macro-carbon rebound effect: Method of integrating Data envelopment analysis production model and sequential Malmquist-Luenberger index ［J］. Journal of Cleaner Production, 2018 (198): 1431-1442.

［86］ Xia K. , Guo J. K. , Han Z. L. , Dong M. R. , Xu Y. Analysis of the scientific and technological innovation efficiency and regional differences of the land-sea coordination in China's coastal areas ［J］. Ocean and Coastal Management, 2019 (172): 157-165.

［87］ Yang H. R. , Wu Q. Study on the eco-efficiency of land use transformation in Jiangsu province from the perspective of carbon emission based on the mixed directional distance function ［J］. Journal of Natural Resources, 2017, 32 (10): 1718-1730.

［88］ Zhang N. , Wang B. , Liu Z. Carbon emissions dynamics, efficiencygains, and technological innovation in China's industrial sectors ［J］. Energy, 2016 (99): 10-19.

# 附录 科技创新对生态文明建设 贡献率计量技术指南①

## 目录

---

① 本标准按照 GB/T 1.1–2009 起草。

本标准规定了科技创新对生态文明建设贡献率计量程序、方法与技术要求。

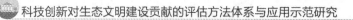

## 1　范围

本标准规定了科技创新对生态文明建设贡献率计量程序、方法与技术要求。

本标准适用于科技创新对生态文明建设贡献率的计量。

## 2　规范性引用文件

下列文件对于本文件的应用是必不可少的。凡是注日期的引用文件，仅注日期的版本适用于本标准。凡是不注日期的引用文件，其最新版本（包括所有的修改单）适用于本文件。

GB 3095-2012　　　环境空气质量标准

GB/T 24004-2017 环境管理体系　通用实施指南

GB/T 28747-2012 资源循环利用产品评价指标体系编制通则

GB/T 31118-2014 土地生态服务评估　原则与要求

## 3　术语和定义

下列术语和定义适用于本文件。

### 3.1　生态空间

包括绿色生态空间、其他生态空间。绿色生态空间包括天然草地、林地、湿地、水库水面、河流水面、湖泊水面等。其他生态空间包括荒草地、沙地、盐碱地、高原荒漠等。

### 3.2　能源加工转换效率

一定时期内能源经过加工转换后，产出的各种能源产品的数量与投入加工转换的各种能源数量的比率。

### 3.3　农业灌溉水有效利用系数

在一次灌水期间被农作物利用的净水量与水源渠首处总引进水量的比值。

### 3.4　土壤污染指数

包括单项污染指数与综合污染指数。单项污染指数为单一污染物（如重金属、有机毒物、酸度、其他非金属毒物等）在土壤中的实测浓度与其污染评价标准的比值。综合污染指数为土壤中各项污染物的实测浓度与其污染指数的比值之和。

### 3.5 生态资产指数

生态资产质量等级指数与生态资产面积指数的乘积。生态资产质量等级指数为不同质量等级的生态资产面积与相应质量权重因子的乘积和该类生态资产总面积与最高质量权重因子乘积的比值。生态资产面积指数为生态资产的面积与全国总面积的比值。

### 3.6 生态系统生产总值

生态系统为人类提供的产品与服务价值的总和。

## 4 计量指标要求

科技创新对生态文明建设贡献率计量指标由目标层、要素层和指标层三个层级指标组成。目标层包括国土空间优化板块、资源集约节约板块、环境治理改善板块、生态环境保护板块、创新支撑发展板块的指标。科技创新对生态文明建设贡献率计量指标如表1所示。

**表1 科技创新对生态文明建设贡献率计量指标**

| 目标层 | 要素层 | 指标层 | 单位 |
|---|---|---|---|
| 国土空间优化 | 生活空间优化 | 城镇化率 | % |
| | | 人均绿地面积 | 平方米/人 |
| | 生产空间优化 | 城镇 GDP 占地区 GDP 比重 | % |
| | | 第三产业增加值 | 亿元 |
| | 生态空间优化 | 生态空间比例 | % |
| | | 自然保护区面积比例 | % |
| 资源集约节约 | 土地集约利用 | 万元 GDP 地耗 | 平方千米 |
| | | 单位播种面积粮食产量 | 千克/公顷 |
| | 能源集约利用 | 万元 GDP 能耗 | 吨标准煤 |
| | | 能源加工转换效率 | % |
| | 用水集约利用 | 万元 GDP 水耗 | 立方米 |
| | | 农业灌溉水有效利用系数 | — |

| 目标层 | 要素层 | 指标层 | 单位 |
|---|---|---|---|
| 环境治理改善 | 土壤污染控制 | 土壤污染指数 | — |
| | | 受污染耕地面积比例 | % |
| | 大气污染控制 | 万元工业产值 $SO_2$ 排放量 | 吨 |
| | | 地级及以上城市空气质量优良天数比率 | % |
| | 水体污染控制 | 万元工业产值 COD 排放量 | 吨 |
| | | 地表水达到或好于Ⅲ类水体比例 | % |
| 生态环境保护 | 生态资产增加 | 生态资产指数 | — |
| | | 单位面积生态系统生产总值 | 亿元/平方千米 |
| | 生态服务增值 | 生态系统生产总值 | 亿元 |
| | | 人均生态系统生产总值 | 万元/人 |
| | 气候变化应对 | 非化石能源占一次能源比重 | % |
| | | 万元 GDP 的 $CO_2$ 排放量 | 亿吨 |
| 创新支撑发展 | 创新资源投入 | 人力资本存量 | 人 |
| | | 每万人拥有研发人员数 | 人 |
| | | 研发投入强度 | % |
| | 新动能培育 | 信息化发展指数 | — |
| | | 技术合同成交额 | 万元 |
| | | 高技术产值占 GDP 比重 | % |
| | 高质量发展 | 全员劳动生产率 | 万元/人 |
| | | 生态生产率 | — |
| | | 人均可支配收入 | 元 |

## 5 贡献率计量流程

### 5.1 确定评价对象

确定需计量科技创新对生态文明建设贡献率的地区。

### 5.2 数据预处理

计算价格指数（具体方法见附录 A），消除价格因素对经济指标的影响。

5.3  数据标准化处理

计算生态文明各个指标的时间序列值并进行标准化处理（具体方法见附录B）。

5.4  确定投入增速

计算资本和劳动力投入的增长速度（具体方法见附录C）。

5.5  确定弹性系数

计算资本和劳动的弹性系数（具体方法见附录D）。

5.6  生态文明指数计算

计算生态文明指数。

5.7  贡献率计量

计算科技创新对生态文明建设的贡献率。

5.8  剔除政策影响

采用政策变量校正计算得到的贡献率，得到科技创新对生态文明的贡献率。

## 6  贡献率计量方法

6.1  生产函数

希克斯中性技术条件下的柯布—道格拉斯生产函数可表示为 $Y_t = A_t K_t^\alpha L_t^\beta$，其中Y是产值，K为资本，L为劳动力，A为技术因素，α、β为资本和劳动力的产出弹性，t为时间。

进一步可变形为 $r_Y = r_A + \alpha r_K + \beta r_L$，即产值的增长率等于技术进步的增长率，资本增长率和资本弹性乘积，劳动增长率与劳动弹性乘积之和，以此为基础可得到技术进步的贡献率。

6.2  科技创新速度

由6.1可进一步得到科技创新速度 $r_A = r_Y - \alpha r_K - \beta r_L$。

6.3  科技创新贡献率

科技创新对经济增长的贡献率 $EA = \dfrac{r_A}{r_Y} \times 100\%$。即在产值增长速度中科技创新要素所占比重，反映科技创新对经济增长作用大小。

6.4  科技创新对生态文明建设贡献率

将经济产值替换为生态文明建设的产出（即生态文明指数），得到科技创新对生态文明建设的贡献率 $E = \dfrac{r_A}{r_Y} \times 100\% = \dfrac{r_Y - \alpha r_K - \beta r_L}{r_Y} \times 100\%$。其中 $r_Y$ 为生态文明建设的增长速度，$r_A$ 为科技创新速度。

### 6.5 政策影响

考虑政策对生态文明建设的影响，对计算得到的贡献率采用政策变量予以校正，得到科技创新对生态文明建设的贡献率。

# 附录 A
# （规范性附录）
# 价格指数的调整

在进行计量分析的过程中，需对涉及的经济指标（如 GDP、增加值、固定资产投资等）进行价格指数的调整，以消除其中价格因素的影响，在实际应用中，所有经济指标根据地区生产总值指数、第一产业增加值指数、第二产业增加值指数、第三产业增加值指数折算为以 2005 年为基础的数据。

# 附录 B
# （资料性附录）
# 数据标准化处理方法

### B.1 给定最大最小值的 Min-Max 标准化

基于原始数据的最大值和最小值进行数据的标准化。设 MinA 和 MaxA 分别为指标 A 的最小值和最大值，将 A 的一个原始值 X 通过 MinA-MaxA 标准化映射成在区间 [0, 1] 中的值 $\overline{X}$。其公式为 $\overline{X} = \dfrac{X - minA}{maxA - minA}$。

### B.2 Z-score 标准化

基于原始数据的均值 $\mu$ 和标准差 $\sigma$ 进行数据的标准化。将 A 的原始值 X 使用 Z-score 标准化到 $\overline{X}$。其公式为 $\overline{X} = \dfrac{X-\mu}{\sigma}$。

### B.3 对数标准化

将原始数据分别取对数得到新的序列。其公式为 $\overline{X} = \ln X$。

### B.4 小数定标标准化

通过移动数据的小数点位置来进行标准化。小数点移动多少位取决于属性 A 的取值中的最大绝对值。将属性 A 的原始值 X 使用 Decimal Scaling 标准化到 $\overline{X}$ 的计算公式为 $\overline{X} = \dfrac{X}{10 \times j}$，其中 j 是满足条件的最小整数。

### B.5 定基标准化

令第一年的数据为1，则第 i 年的数据为第二年的原始数据除以第一年的原始数据。其公式为 $\overline{X}_i = \dfrac{X_i}{X_1}$。在此选择定基标准化方法对数据进行处理。

# 附录 C
# （规范性附录）
# 资本盘存、资本和劳动投入增速的计算方法

### C.1 资本盘存方法

此处的资本是一个存量的核算口径。普遍采用 Goldsmith（1951）的永续盘存法计算资本存量。其基本公式为 $K_t = I_t + (1-\delta_t) K_{t-1}$，其中 $K_t$ 为第 t 年的资本存量，$K_{t-1}$ 为第 t-1 年的资本存量，$I_t$ 为第 t 年的投资，$\delta_t$ 为第 t 年的折旧率。

本标准对资本折旧率 $\delta_t$ 取3%。

为剔除价格因素的影响，每年新增的投资量均经过固定资产投资价格指数的调整，调整为2005年为基期的数据。

C.2 资本存量增速计算

资本存量的年平均增长速度采用水平法计算。计算公式为 $r_{K_t} = \left(\sqrt[t]{\dfrac{rK_t}{r_{K_0}}} - 1\right) \times 100\%$。

C.3 劳动力数量增速计算

劳动力的数量指的是所对应行业的就业人员的数量,资本的数量采用的是用永续盘存法计算的资本存量。

劳动力的年平均增长速度采用水平法计算。计算公式为 $y = \left(\sqrt[t]{\dfrac{y_t}{y_0}} - 1\right) \times 100\%$,其中 $y_t$ 为计算期 t 年的产出;$y_0$ 为基期的产出。

# 附录 D
# (规范性附录)
# 资本和劳动弹性系数的计算方法

采用校准法对资本产出弹性 α、劳动产出弹性 β 进行估计。其公式为 $\alpha = \dfrac{m}{N}$,$\beta = \dfrac{V_1}{N}$,$P = \dfrac{T}{N}$。其中 $V_1$ 为劳动的增加值,即投入产出表中的劳动报酬,m 为资本的增加值,即投入产出表中的营业盈余,N 是增加值。

此处将生产税占增加值的比例 P 作为政策变量进行处理,即在计算贡献率后,扣除政策变量以后,得到技术进步对生态文明的贡献率。初始 P 值计算后,通过专家打分法进行进一步校正。

表 D.1 显示了根据该方法计算得到的资本和劳动的弹性系数。

表 D.1　根据投入产出表计算得到的弹性系数

| 年份 | α | β |
| --- | --- | --- |
| 2006 | 0.3015 | 0.4779 |
| 2007 | 0.3015 | 0.4779 |

续表

| 年份 | α | β |
|------|------|------|
| 2008 | 0.3015 | 0.4779 |
| 2009 | 0.3015 | 0.4779 |
| 2010 | 0.3015 | 0.4779 |
| 2011 | 0.2373 | 0.4921 |
| 2012 | 0.2373 | 0.4921 |
| 2013 | 0.2373 | 0.4921 |
| 2014 | 0.2373 | 0.4921 |
| 2015 | 0.2373 | 0.4921 |
| 2016 | 0.2373 | 0.4921 |

# 附录 E
# （规范性附录）
# 部分指标计算公式

E.1 城镇化率

$$城镇化率 = \frac{城镇人口}{总人口}$$

E.2 人均绿地面积

$$人均绿地面积 = \frac{城市绿地面积}{总人口}$$

E.3 城镇 GDP 占地区 GDP 比重

$$城镇\ GDP\ 占地区\ GDP\ 比重 = \frac{市辖区\ GDP}{地区生产总值}$$

E.4 万元 GDP 地耗

$$万元\ GDP\ 地耗 = \frac{建成区面积}{地区生产总值}$$

因万元 GDP 地耗为逆向指标，对其做正向化处理，即采用单位地耗的地区生产总值衡量。

E.5 万元 GDP 能耗

$$万元 GDP 能耗 = \frac{能源消费总量}{地区生产总值}$$

因万元 GDP 能耗为逆向指标，在此对其做正向化处理，即采用单位能耗的地区生产总值衡量。

E.6 万元 GDP 水耗

$$万元 GDP 水耗 = \frac{用水总量}{地区生产总值}$$

因万元 GDP 水耗为逆向指标，在此对其做正向化处理，即采用单位水耗的地区生产总值衡量。

E.7 受污染耕地面积比例

因受污染耕地面积比例为逆向指标，在此对其做正向化处理，即采用受污染耕地面积比例的倒数衡量。

E.8 万元工业产值 $SO_2$ 排放量

$$万元工业产值 SO_2 排放量 = \frac{SO_2 排放量}{工业增加值}$$

因万元工业产值 $SO_2$ 排放量为逆向指标，在此对其做正向化处理，即采用单位 $SO_2$ 排放量的工业总值衡量。

E.9 万元工业产值 COD 排放量

$$万元工业产值 COD 排放量 = \frac{COD 排放量}{工业增加值}$$

因万元工业产值 COD 排放量为逆向指标，在此对其做正向化处理，即采用单位 COD 排放量的工业总值衡量。

E.10 万元 GDP 的 $CO_2$ 排放量

$$万元 GDP 的 CO_2 排放量 = \frac{CO_2 排放量}{地区生产总值}$$

因万元 GDP 的 $CO_2$ 排放量为逆向指标，在此对其做正向化处理，即采用单位 $CO_2$ 排放量的地区生产总值衡量。

E.11 研发投入强度

$$研发投入强度 = \frac{R\&D 投入额}{地区生产总值}$$

E.12 高技术产值占 GDP 比重

$$高技术产值占 GDP 比重 = \frac{高技术产业产值}{地区生产总值}$$

E.13 全员劳动生产率

$$全员劳动生产率 = \frac{地区生产总值}{就业人口数量}$$

E.14 生态生产率

$$生态生产率 = \frac{生态系数生产总值}{生态系统生产总值 + 地区生产总值}$$

# 参考文献

［1］《中华人民共和国民法通则》（中华人民共和国主席令第三十七号 全国人民代表大会常务委员会 1986 年 4 月 12 日）。

［2］《中华人民共和国环境保护法》（中华人民共和国主席令第九号 全国人民代表大会常务委员会 2014 年 4 月 24 日）。

［3］《中华人民共和国科学技术进步法》（中华人民共和国主席令第八十二号 全国人民代表大会常务委员会 2007 年 12 月 29 日）。

［4］《国家中长期科学和技术发展规划纲要（2006—2020）》（国发〔2005〕第 044 号 国务院 2006 年 2 月 9 日）。

［5］《中共中央 国务院关于加快推进生态文明建设的意见》（中发〔2015〕12 号 中共中央 国务院 2015 年 4 月 25 日）。

［6］《环境空气质量标准》（GB 3095-2012）。

［7］《环境管理体系 通用实施指南》（GB/T 24004-2017）。

［8］《资源循环利用产品评价指标体系编制通则》（GB/T 28747-2012）。

［9］《土地生态服务评估 原则与要求》（GB/T 31118-2014）。